박문각

KB197007

기출로 합격까지

김화현 기출문제

민법·민사특별법 1차

박문각 공인중개사

브랜드만족
1위
박문각

2025

근거자료
별면표기

이 책의 차례

PART
03

계약법

PART
04

민사특별법

박문각 공인중개사

PART

01

민법총칙

01 법률행위의 종류

01 상대방 있는 단독행위에 해당하지 않는 것은? (다툼이 있으면 판례에 따름)

제32회

① 공유지분의 포기
② 무권대리행위의 추인
③ 상계의 의사표시
④ 취득시효 이익의 포기
⑤ 재단법인의 설립행위

해설
⑤ 재단법인의 설립행위는 상대방 없는 단독행위이다.

02 상대방 없는 단독행위에 해당하는 것은?

제33회

① 착오로 인한 계약의 취소
② 무권대리로 체결된 계약에 대한 본인의 추인
③ 미성년자의 법률행위에 대한 법정대리인의 동의
④ 손자에 대한 부동산의 유증
⑤ 이행불능으로 인한 계약의 해제

해설
④ 상대방 없는 단독행위
①②③⑤ 상대방 있는 단독행위

02 법률행위의 해석

01 매도인은 자기소유의 X토지에 대하여 매수인과 매매계약을 체결하였으나 X토지의 지번 등에 착오를 일으켜 Y토지에 관하여 매수인 명의로 이전등기를 해주었다. 다음 설명 중 틀린 것은? (다툼이 있으면 판례에 의함) 제15회
① X토지에 관하여 매매계약이 성립한다.
② Y토지에 관하여 경료된 이전등기는 무효이다.
③ Y토지가 매수인으로부터 제3자에게 적법하게 양도되어도 제3자는 유효하게 소유권을 취득할 수 없다.
④ 매도인은 착오를 이유로 X토지에 대한 계약을 취소할 수 있다.
⑤ 매수인은 X토지에 관하여 등기의 이전을 청구할 수 있다.

해설
④ 오표시 무해의 원칙이 적용되는 사안으로, 계약은 X토지에 관하여 유효하게 성립되었으므로 매도인은 착오를 이유로 취소할 수 없다.

02 甲은 乙 소유의 X토지를 임차하여 사용하던 중 이를 매수하기로 乙과 합의하였으나, 계약서에는 Y토지로 잘못 기재하였다. 다음 설명 중 옳은 것은? (다툼이 있으면 판례에 따름) 제27회
① 매매계약은 X토지에 대하여 유효하게 성립한다.
② 매매계약은 Y토지에 대하여 유효하게 성립한다.
③ X토지에 대하여 매매계약이 성립하지만, 당사자는 착오를 이유로 취소할 수 있다.
④ Y토지에 대하여 매매계약이 성립하지만, 당사자는 착오를 이유로 취소할 수 있다.
⑤ X와 Y 어느 토지에 대해서도 매매계약이 성립하지 않는다.

해설
②③④⑤ 당사자가 X토지에 관하여 매매하기로 합의하였다면 계약서에는 Y토지라고 기재하였더라도 X토지에 관하여 유효하게 매매계약이 성립되고 Y토지에 관하여 매매계약이 성립된다고 볼 수 없다(오표시 무해의 원칙). 그러므로 X토지, Y토지 어떤 토지에 관하여 착오를 이유로 계약을 취소할 수 없다.

정답 01 ⑤ 02 ④ / 01 ④ 02 ①

03 법률행위의 목적

01 효력규정이 아닌 것을 모두 고른 것은? (다툼이 있으면 판례에 따름)   제32회

> ㉠ 「부동산등기 특별조치법」상 중간생략등기를 금지하는 규정
> ㉡ 「공인중개사법」상 개업공인중개사가 중개의뢰인과 직접 거래를 하는 행위를 금지하는 규정
> ㉢ 「공인중개사법」상 개업공인중개사가 법령에 규정된 중개보수 등을 초과하여 금품을 받는 행위를 금지하는 규정

① ㉠   ② ㉡   ③ ㉢
④ ㉠, ㉡   ⑤ ㉡, ㉢

해설

㉠ 「부동산등기 특별조치법」상 중간생략등기를 금지하는 규정은 단속규정이다(대판).
㉡ 「공인중개사법」상 개업공인중개사가 중개의뢰인과 직접 거래를 하는 행위를 금지하는 규정은 단속규정이다(대판).

02 다음 중 무효인 법률행위는? (다툼이 있으면 판례에 따름)   제33회

① 개업공인중개사가 임대인으로서 직접 중개의뢰인과 체결한 주택임대차계약
② 공인중개사 자격이 없는 자가 우연히 1회성으로 행한 중개행위에 대한 적정한 수준의 수수료 약정
③ 민사사건에서 변호사와 의뢰인 사이에 체결된 적정한 수준의 성공보수약정
④ 매도인이 실수로 상가지역을 그보다 가격이 비싼 상업지역이라 칭하였고, 부동산 거래의 경험이 없는 매수인이 이를 믿고서 실제 가격보다 2배 높은 대금을 지급한 매매계약
⑤ 보험계약자가 오로지 보험사고를 가장하여 보험금을 취득할 목적으로 선의의 보험자와 체결한 생명보험계약

해설

⑤ 반사회질서 법률행위로 무효이다.
① 단속규정 위반으로 유효하다.
② 공인중개사 자격이 없는 자가 "우연한 기회"에 단 1회 타인 간의 거래행위를 중개한 경우 등과 같이 '중개를 업으로 한 것'이 아니라면 그에 따른 중개수수료 지급약정이 강행법규에 위배되어 무효라고 할 것은 아니고, 다만 중개수수료 약정이 부당하게 과다하여 민법상 신의성실 원칙이나 형평 원칙에 반한다고 볼만한 사정이 있는 경우에는 상당하다고 인정되는 범위 내로 감액된 보수액만을 청구할 수 있다(대판 2010다86525).

③ 형사사건에서의 성공보수약정은 반사회질서 법률행위로 무효이지만, 민사소송에서의 성공보수약정은 반사회질서 법률행위가 아니다(대판 전합 2015다200111).

03 법률행위의 목적에 관한 설명으로 옳은 것은? (다툼이 있으면 판례에 의함)

제19회

① 농지취득자격증명은 농지매매의 효력발생요건이다.

② **탈세를 목적으로 하는 중간생략등기는 언제나 무효이다.**

③ 계약 성립 후 채무이행이 불가능하게 되더라도, 계약이 무효로 되는 것은 아니다.

④ 법률행위의 표시된 동기가 사회질서에 반하는 경우, 그 법률행위는 반사회적 법률행위라고 할 수 없다.

⑤ **단순히 강제집행을 면하기 위해 부동산에 허위의 근저당권설정등기를 경료하더라도, 이는 반사회적 법률행위에 해당한다.**

해설

① 농지취득자격증명은 농지매매의 효력발생요건이 아니고 등기요건이다.

② 탈세를 목적으로 하는 중간생략등기라도 토지거래허가구역이 아닌 한 원칙적으로 유효이다.

④ 법률행위의 표시된 동기가 사회질서에 반하는 경우, 그 법률행위는 반사회적 법률행위에 해당한다.

⑤ 강제집행을 면하기 위해 부동산에 허위의 근저당권설정등기를 경료한 행위는 반사회적 법률행위에 해당하지 않는다.

OX

• 강행규정을 위반한 법률행위는 당사자의 주장이 없더라도 법원이 직권으로 판단할 수 있다. (   )　　　　　　　　　　　　　　　　　　　　▶ **정답** ○

정답　01 ④　02 ⑤　03 ③

04 반사회적 법률행위로서 무효가 아닌 것은? (다툼이 있으면 판례에 의함) 제24회

① 어떤 일이 있어도 이혼하지 않기로 하는 약정
② 불륜관계의 종료를 해제조건으로 하여 내연녀에게 한 증여
③ 수증자가 부동산 매도인의 배임행위에 적극 가담하여 체결한 증여계약
④ 관계 당사자 전원의 합의로 이루어진 중간생략등기
⑤ 공무원의 직무에 관하여 특별한 청탁을 하고 그 보수로 고액의 금전을 지급할 것을 내용으로 한 약정

해설

④ 관계 당사자 전원의 합의로 이루어진 중간생략등기는 유효하다(단속규정).

05 반사회질서의 법률행위에 해당하여 무효로 되는 것을 모두 고른 것은? (다툼이 있으면 판례에 따름) 제27회

> ㉠ 성립 과정에서 강박이라는 불법적 방법이 사용된 데 불과한 법률행위
> ㉡ 강제집행을 면할 목적으로 허위의 근저당권을 설정하는 행위
> ㉢ 양도소득세를 회피할 목적으로 실제로 거래한 매매대금보다 낮은 금액으로 매매계약을 체결한 행위
> ㉣ 이미 매도된 부동산임을 알면서도 매도인의 배임행위에 적극 가담하여 이루어진 저당권설정행위

① ㉢   ② ㉣   ③ ㉠, ㉡
④ ㉠, ㉢   ⑤ ㉡, ㉣

해설

㉣ 부동산의 이중매매의 경우 매도인의 배임행위에 제2매수인이 적극 가담한 경우에는 반사회적 행위에 해당하여 무효가 된다. 그리고 이러한 법리는 이미 매도된 부동산임을 알면서도 매도인의 배임행위에 적극 가담하여 이루어진 저당권설정행위에도 마찬가지로 적용된다(대판 97다26524).

06 반사회질서의 법률행위에 관한 설명으로 틀린 것은? (다툼이 있으면 판례에 따름)

제30회

① 반사회질서의 법률행위에 해당하는지 여부는 해당 법률행위가 이루어진 때를 기준으로 판단해야 한다.

② 반사회질서의 법률행위의 무효는 이를 주장할 이익이 있는 자는 누구든지 주장할 수 있다.

③ 법률행위가 사회질서에 반한다는 판단은 부단히 변천하는 가치관념을 반영한다.

④ 다수의 보험계약을 통하여 보험금을 부정취득할 목적으로 체결한 보험계약은 반사회질서의 법률행위이다.

⑤ 대리인이 매도인의 배임행위에 적극 가담하여 이루어진 부동산의 이중매매는 본인인 매수인이 그러한 사정을 몰랐다면 반사회질서의 법률행위가 되지 않는다.

해설

⑤ 대리행위의 하자는 대리인을 표준으로 판단하므로, 대리인이 매도인의 배임행위에 적극 가담하여 이루어진 부동산의 이중매매는 본인인 매수인이 그러한 사정을 몰랐더라도 반사회질서의 법률행위가 될 수 있다.

07 법률행위의 효력에 관한 설명으로 틀린 것은? (다툼이 있으면 판례에 따름) 제31회

① 무효행위 전환에 관한 규정은 불공정한 법률행위에 적용될 수 있다.

② 경매에는 불공정한 법률행위에 관한 규정이 적용되지 않는다.

③ 강제집행을 면할 목적으로 허위의 근저당권을 설정하는 행위는 반사회질서의 법률행위로 무효이다.

④ 상대방에게 표시되거나 알려진 법률행위의 동기가 반사회적인 경우, 그 법률행위는 무효이다.

⑤ 소송에서 증언할 것을 조건으로 통상 용인되는 수준을 넘는 대가를 지급하기로 하는 약정은 무효이다.

해설

③ 강제집행을 면할 목적으로 허위의 근저당권을 설정하는 행위는 민법 제108조 통정허위표시로서 무효이지만 민법 제103조 반사회질서의 법률행위로서 무효가 되는 것은 아니다.

정답 | 04 ④　05 ②　06 ⑤　07 ③

④ 동기의 불법 : 법률행위 자체는 사회질서에 위배되지 않으나 그 의사표시를 하게 된 동기가 반사회성이 있는 경우에는 원칙적으로 반사회적 법률행위에 해당하지 않지만, 표시되거나 상대방에게 알려진 법률행위의 동기가 사회질서에 반하면 그 법률행위는 무효이다.

08 반사회질서의 법률행위에 해당하는 것은? (다툼이 있으면 판례에 따름) 제35회

① 법령에서 정한 한도를 초과하는 부동산 중개수수료 약정
② **강제집행을 면할 목적으로 허위의 근저당권을 설정하는 행위**
③ **다수의 보험계약을 통해 보험금을 부정취득할 목적으로 체결한 보험계약**
④ 반사회적 행위에 의하여 조성된 비자금을 소극적으로 은닉하기 위한 임치계약
⑤ **양도소득세를 회피할 목적으로 실제 거래가액보다 낮은 금액을 대금으로 기재한 매매계약**

해설

① 부동산 중개수수료에 관한 규정들은 강행법규에 해당하고, 따라서 법령에서 정한 한도를 초과하는 부동산 중개수수료 약정은 그 한도를 초과하는 범위 내에서 무효이지만 반사회질서의 법률행위에 해당하여 무효인 것은 아니다. 따라서 초과 지급된 중개수수료는 부당이득으로 반환청구를 할 수 있다.
② 강제집행을 면할 목적으로 허위의 근저당권을 설정하는 행위는 민법 제108조 무효이지만 반사회질서의 법률행위에 해당하지 않는다.
④ 반사회적 행위에 의하여 조성된 비자금을 소극적으로 은닉하기 위한 '임치계약'은 반사회질서의 법률행위에 해당하지 않는다.
⑤ 양도소득세를 회피할 목적으로 실제 거래가액보다 낮은 금액을 대금으로 기재한 매매계약은 반사회질서의 법률행위에 해당하지 않는다.

OX

1. 전통사찰의 주지직을 거액의 금품을 대가로 양도·양수하기로 하는 약정이 있음을 알고도 이를 묵인 혹은 방조한 상태에서 한 종교법인의 주지임명행위는 민법 제103조 소정의 반사회질서의 법률행위에 해당한다. (   )
2. 변호사 아닌 자가 승소 조건의 대가로 소송당사자로부터 소송목적물 일부를 양도받기로 한 약정은 반사회질서의 법률행위에 해당한다. (   )
3. 도박채무의 변제를 위하여 채무자가 그 소유의 부동산 처분에 관하여 도박채권자에게 대리권을 수여한 행위는 반사회질서의 법률행위에 해당한다. (   )
4. 도박 채무의 변제를 위하여 채무자로부터 부동산의 처분을 위임받은 도박채권자가 이를 모르는 제3자와 체결한 매매계약은 반사회질서의 법률행위에 해당한다. (   )

▶**정답** 1. × 2. ○ 3. × 4. ×

09 甲은 자신의 X토지를 乙에게 매도하고 중도금을 수령한 후, 다시 丙에게 매도하고 소유권이전등기까지 경료해주었다. 다음 설명 중 틀린 것은? (다툼이 있으면 판례에 따름)

제26회

① 특별한 사정이 없는 한 丙은 X토지의 소유권을 취득한다.
② 특별한 사정이 없는 한 乙은 최고 없이도 甲과의 계약을 해제할 수 있다.
③ 丙이 甲의 乙에 대한 배임행위에 적극 가담한 경우, 乙은 丙을 상대로 직접 등기의 말소를 청구할 수 없다.
④ 甲과 丙의 계약이 사회질서 위반으로 무효인 경우, 丙으로부터 X토지를 전득한 丁은 선의이더라도 그 소유권을 취득하지 못한다.
⑤ 만약 丙의 대리인 戊가 丙을 대리하여 X토지를 매수하면서 甲의 배임행위에 적극 가담하였다면, 그러한 사정을 모르는 丙은 그 소유권을 취득한다.

해설

⑤ 대리행위의 하자의 유무는 대리인인을 표준으로 결정하므로(제116조 제1항), 대리인 戊가 甲의 배임행위에 적극 가담하였다면 본인 丙이 그러한 사정을 몰랐더라도 丙은 그 소유권을 취득할 수 없다.
①②③ 이중매매는 제2매수인의 선의·악의를 불문하고 원칙적으로 유효이므로 丙이 유효하게 소유권을 취득한다. 다만 제2매수인이 매도인의 배임행위에 적극 가담한 경우에는 반사회적 법률행위로서 무효가 되며, 제1매수인은 제2매수인에게 직접 등기의 말소를 청구할 수 없고 매도인을 대위하여 말소를 청구할 수 있다.
④ 이중매매가 반사회적 법률행위로서 무효인 경우, 이는 절대적 무효이므로 丙으로부터 전득한 丁은 선의이어도 소유권을 취득하지 못한다.

정답 08 ③ 09 ⑤

10 甲은 자신의 X부동산을 乙에게 매도하고 계약금과 중도금을 지급받았다. 그 후 丙이 甲의 배임행위에 적극 가담하여 甲과 X부동산에 대한 매매계약을 체결하고 자신의 명의로 소유권이전등기를 마쳤다. 다음 설명으로 틀린 것은? (다툼이 있으면 판례에 따름)
제28회

① 乙은 丙에게 소유권이전등기를 직접 청구할 수 없다.

② 乙은 丙에 대하여 불법행위를 이유로 손해배상을 청구할 수 있다.

③ 甲은 계약금 배액을 상환하고 乙과 체결한 매매계약을 해제할 수 없다.

④ 丙명의의 등기는 甲이 추인하더라도 유효가 될 수 없다.

⑤ 만약 선의의 丁이 X부동산을 丙으로부터 매수하여 이전등기를 받은 경우, 丁은 甲과 丙의 매매계약의 유효를 주장할 수 있다.

해설

⑤ 부동산의 이중매매에서 제2매수인이 적극 가담한 경우에는 사회질서 위반으로 무효가 되고, 사회질서 위반은 절대적 무효이므로 선의의 제3자라도 보호되지 않는다. 따라서 丁은 선의이더라도 甲과 丙의 이중매매가 유효라고 주장할 수 없다(대판).

④ 이중매매가 반사회적 법률행위로서 무효인 경우, 무효행위를 추인하더라도 유효가 될 수 없다(제139조).

11 부동산이중매매에 관한 설명으로 틀린 것은? (다툼이 있으면 판례에 따름) 제32회

① 반사회적 법률행위에 해당하는 제2매매계약에 기초하여 제2매수인으로부터 그 부동산을 매수하여 등기한 선의의 제3자는 제2매매계약의 유효를 주장할 수 있다.

② 제2매수인이 이중매매사실을 알았다는 사정만으로 제2매매계약을 반사회적 법률행위에 해당한다고 볼 수 없다.

③ 특별한 사정이 없는 한, 먼저 등기한 매수인이 목적 부동산의 소유권을 취득한다.

④ 반사회적 법률행위에 해당하는 이중매매의 경우, 제1매수인은 제2매수인에 대하여 직접 소유권이전등기말소를 청구할 수 없다.

⑤ 부동산이중매매의 법리는 이중으로 부동산임대차계약이 체결되는 경우에도 적용될 수 있다.

해설

① 부동산의 이중매매가 반사회적 법률행위에 해당하는 경우에는 이중매매계약은 절대적으로 무효이므로, 당해 부동산을 제2매수인으로부터 다시 취득한 제3자는 설사 제2매수인이 당해 부동산의 소유권을 유효하게 취득한 것으로 믿었더라도 이중매매계약이 유효하다고 주장할 수 없다(대판).

12 반사회질서의 법률행위에 해당하지 않는 것을 모두 고른 것은? (다툼이 있으면 판례에 따름)

제34회

> ㉠ 2023년 체결된 형사사건에 관한 성공보수약정
> ㉡ 반사회적 행위에 의해 조성된 비자금을 소극적으로 은닉하기 위해 체결한 임치약정
> ㉢ 산모가 우연한 사고로 인한 태아의 상해에 대비하기 위해 자신을 보험수익자로, 태아를 피보험자로 하여 체결한 상해보험계약

① ㉠   ② ㉢   ③ ㉠, ㉡
④ ㉡, ㉢   ⑤ ㉠, ㉡, ㉢

해설

㉡ 반사회적 행위에 의하여 조성된 재산인 이른바 비자금을 소극적으로 은닉하기 위하여 체결한 임치약정은 사회질서에 반하는 법률행위로 볼 수 없다.
㉢ 출생 전 상태인 태아의 신체에 대한 상해를 보험의 담보범위에 포함하는 것이 보험제도의 목적과 취지에 부합하고 보험계약자나 피보험자에게 불리하지 않으므로 민법 제103조의 공서양속에도 반하지 않는다(대판 2016다211224).

정답 10 ⑤ 11 ① 12 ④

13 **불공정한 법률행위**(민법 제104조)에 **관한 설명으로 틀린 것은?** (다툼이 있으면 판례에 따름)
제28회

① 경매에는 적용되지 않는다.
② 무상계약에는 적용되지 않는다.
③ 불공정한 법률행위에 무효행위 전환의 법리가 적용될 수 있다.
④ 법률행위가 대리인에 의하여 행해진 경우, 궁박 상태는 대리인을 기준으로 판단하여야 한다.
⑤ 매매계약이 불공정한 법률행위에 해당하는지는 계약체결 당시를 기준으로 판단하여야 한다.

해설
④ 대리인의 법률행위의 경우, 궁박은 본인을 기준으로 판단하고, 경솔과 무경험은 대리인을 기준으로 판단한다(대판 71다2255).

14 **불공정한 법률행위에 관한 설명으로 틀린 것은?** (다툼이 있으면 판례에 따름)
제29회

① 궁박은 정신적·심리적 원인에 기인할 수도 있다.
② 무경험은 거래일반에 대한 경험의 부족을 의미한다.
③ 대리인에 의해 법률행위가 이루어진 경우, 궁박 상태는 본인을 기준으로 판단하여야 한다.
④ 급부와 반대급부 사이에 현저한 불균형이 존재하는지는 특별한 사정이 없는 한 법률행위 당시를 기준으로 판단하여야 한다.
⑤ 급부와 반대급부 사이의 현저한 불균형은 피해자의 궁박·경솔·무경험의 정도를 고려하여 당사자의 주관적 가치에 따라 판단한다.

해설
⑤ 급부와 반대급부 사이의 현저한 불균형의 여부는 객관적 가치에 의하여 판단한다(대판).

15 불공정한 법률행위에 관한 설명으로 옳은 것은? (다툼이 있으면 판례에 따름)

① 불공정한 법률행위에도 무효행위의 전환에 관한 법리가 적용될 수 있다.
② 경락대금과 목적물의 시가에 현저한 차이가 있는 경우에도 불공정한 법률행위가 성립할 수 있다.
③ 급부와 반대급부 사이에 현저한 불균형이 있는 경우, 원칙적으로 그 불균형 부분에 한하여 무효가 된다.
④ 대리인에 의한 법률행위에서 궁박과 무경험은 대리인을 기준으로 판단한다.
⑤ 계약의 피해당사자가 급박한 곤궁 상태에 있었다면 그 상대방에게 폭리행위의 악의가 없었더라도 불공정한 법률행위는 성립한다.

해설

② 경매는 법률행위가 아니므로, 경락대금과 목적물의 시가에 현저한 차이가 있는 경우에도 불공정한 법률행위가 성립할 수 없다.
③ 급부와 반대급부 사이에 현저한 불균형이 있는 경우, 원칙적으로 그 법률행위 전부가 무효이다.
④ 대리인에 의한 법률행위에서 궁박은 본인을 기준으로 판단한다.
⑤ 계약의 피해당사자가 급박한 곤궁 상태에 있었더라도 그 상대방에게 폭리행위의 악의가 없었다면 불공정한 법률행위는 성립하지 않는다.

OX

1. 불공정한 법률행위로서 무효인 법률행위는 원칙적으로 법정추인에 의하여 유효로 될 수 없다. (   )
2. 대가관계 없는 일방적 급부행위에 대해서는 불공정한 법률행위에 관한 민법 제104조가 적용되지 않는다. (   )
3. 어떠한 법률행위가 불공정한 법률행위에 해당하는지는 이행기를 기준으로 판단해야 한다. (   )
▶정답 1. ○ 2. ○ 3. ×

정답 13 ④ 14 ⑤ 15 ①

01 진의 아닌 의사표시

01 진의 아닌 의사표시에 관한 설명으로 틀린 것은? (다툼이 있으면 판례에 따름)

제27회

① 진의란 특정한 내용의 의사표시를 하고자 하는 표의자의 생각을 말하는 것이지 표의자가 진정으로 마음속에서 바라는 사항을 뜻하는 것은 아니다.

② 상대방이 표의자의 진의 아님을 알았을 경우, 표의자는 진의 아닌 의사표시를 취소할 수 있다.

③ 대리행위에 있어서 진의 아닌 의사표시인지 여부는 대리인을 표준으로 결정한다.

④ 진의 아닌 의사표시의 효력이 없는 경우, 법률행위의 당사자는 진의 아닌 의사표시를 기초로 새로운 이해관계를 맺은 선의의 제3자에게 대항하지 못한다.

⑤ 진의 아닌 의사표시는 상대방과 통정이 없다는 점에서 통정허위표시와 구별된다.

해설

② 비진의표시는 원칙적으로 유효이지만 상대방이 표의자의 진의 아님을 알았거나 알 수 있었을 경우에는 무효로 되는 것이지 취소할 수 있는 것은 아니다.

OX

• 공무원의 사직의 의사표시와 같은 공법행위에도 비진의표시에 관한 규정이 적용된다.
( )
▶정답 ✕

02 통정허위표시

01 甲은 자신의 X토지를 乙에게 증여하고, 세금을 아끼기 위해 이를 매매로 가장하여 乙명의로 소유권이전 등기를 마쳤다. 그 후 乙은 X토지를 丙에게 매도하고 소유권 이전등기를 마쳤다. 다음 설명 중 옳은 것을 모두 고른 것은? (다툼이 있으면 판례에 따름) 제29회

> ㉠ 甲과 乙 사이의 매매계약은 무효이다.
> ㉡ 甲과 乙 사이의 증여계약은 유효하다.
> ㉢ 甲은 丙에게 X토지의 소유권 이전등기말소를 청구할 수 없다.
> ㉣ 丙이 甲과 乙 사이에 증여계약이 체결된 사실을 알지 못한 데 과실이 있더라도 丙은 소유권을 취득한다.

① ㉠
② ㉠, ㉢
③ ㉡, ㉣
④ ㉡, ㉢, ㉣
⑤ ㉠, ㉡, ㉢, ㉣

해설

㉠ 가장매매로서 무효이다.
㉡ 은닉행위로서 유효이다.
㉢㉣ 소유자인 乙로부터 매수하여 이전등기를 마친 丙은 선의·악의를 불문하고 적법하게 소유권을 취득하므로, 甲은 丙에게 X토지의 소유권이전등기말소를 청구할 수 없다.

02 甲은 자신의 부동산에 관하여 乙과 통정한 허위의 매매계약에 따라 소유권이전등기를 乙에게 해주었다. 그 후 乙은 이러한 사정을 모르는 丙과 위 부동산에 대한 매매계약을 체결하고 그에게 소유권이전등기를 해주었다. 다음 설명 중 틀린 것은? (다툼이 있으면 판례에 따름) 제27회

① 甲과 乙은 매매계약에 따른 채무를 이행할 필요가 없다.
② 甲은 丙을 상대로 이전등기의 말소를 청구할 수 없다.
③ 丙이 부동산의 소유권을 취득한다.
④ 甲이 자신의 소유권을 주장하려면 丙의 악의를 증명해야 한다.
⑤ 丙이 선의이더라도 과실이 있으면 소유권을 취득하지 못한다.

해설

⑤ 허위표시에서 제3자는 선의이면 보호되는 것이지 무과실을 요하지 않는다.
④ 법률행위에 무효사유나 취소사유가 있다는 사실은 그 사유를 주장하는 자가 증명하여야 한다. 즉 丙은 선의로 추정되므로 甲이 자신의 소유권을 주장하려면 丙의 악의를 증명해야 한다.

정답 01 ② / 01 ⑤ 02 ⑤

03 甲은 강제집행을 피하기 위해 자신의 X부동산을 乙에게 가장매도하여 소유권이전 등기를 해 주었는데, 乙이 이를 丙에게 매도하고 소유권이전등기를 해 주었다. 다음 설명 중 틀린 것은? (다툼이 있으면 판례에 따름) 제35회

① 甲과 乙사이의 계약은 무효이다.

② 甲과 乙사이의 계약은 채권자취소권의 대상이 될 수 있다.

③ 丙이 선의인 경우, 선의에 대한 과실의 유무를 묻지 않고 丙이 소유권을 취득 한다.

④ 丙이 악의라는 사실에 관한 증명책임은 허위표시의 무효를 주장하는 자에게 있다.

⑤ 만약 악의의 丙이 선의의 丁에게 X부동산을 매도하고 소유권이전등기를 해 주더라도 丁은 소유권을 취득하지 못한다.

해설

⑤ 만약 악의의 丙이 선의의 丁에게 X부동산을 매도하고 소유권이전등기를 해 준 경우, 악의의 丙은 소유권을 취득할 수 없으나 丙으로부터 X부동산을 매수한 丁이 선의라면 제3자로 보호되므로 X부동산의 소유권을 취득한다.

04 허위표시의 무효로 대항할 수 없는 선의의 제3자에 해당되지 않는 자는? (다툼이 있으면 판례에 의함) 제23회

① 가장전세권자의 전세권부채권을 가압류한 자

② **허위로 체결된 제3자를 위한 계약의 수익자**

③ 가장양수인으로부터 저당권을 설정받은 자

④ 가장양수인으로부터 소유권이전등기청구권 보전을 위한 가등기를 경료받은 자

⑤ **가장행위에 기한 근저당권부채권을 가압류한 자**

해설

② 제3자를 위한 계약에서의 제3자(수익자)는 민법 전체에서 보호되는 제3자에 해당하지 않는다.

05 통정허위표시의 무효는 선의의 '제3자'에게 대항하지 못한다는 규정의 '제3자'에 해당하는 자를 모두 고른 것은? (다툼이 있으면 판례에 따름) 제26회

> ㉠ 통정허위표시에 의한 채권을 가압류한 자
> ㉡ 통정허위표시에 의해 설정된 전세권에 대해 저당권을 설정 받은 자
> ㉢ 대리인의 통정허위표시에서 본인
> ㉣ 통정허위표시에 의해 체결된 제3자를 위한 계약에서 제3자

① ㉠, ㉡　　　　　　　② ㉠, ㉢　　　　　　　③ ㉡, ㉢
④ ㉡, ㉣　　　　　　　⑤ ㉢, ㉣

해설

㉢ 대리에 있어서 본인은 제3자에 해당하지 않는다.
㉣ 제3자를 위한 계약에 있어서 제3자는 보호되는 제3자에 해당하지 않는다.

06 통정허위표시에 관한 설명으로 틀린 것은? (다툼이 있으면 판례에 따름) 제30회
① 통정허위표시가 성립하기 위해서는 진의와 표시의 불일치에 관하여 상대방과 합의가 있어야 한다.
② 통정허위표시로서 무효인 법률행위라도 채권자취소권의 대상이 될 수 있다.
③ 당사자가 통정하여 증여를 매매로 가장한 경우, 증여와 매매 모두 무효이다.
④ 통정허위표시의 무효로 대항할 수 없는 제3자의 범위는 통정허위표시를 기초로 새로운 법률상 이해관계를 맺었는지 여부에 따라 실질적으로 파악해야 한다.
⑤ 통정허위표시의 무효로 대항할 수 없는 제3자에 해당하는지의 여부를 판단할 때, 파산관재인은 파산채권자 모두가 악의로 되지 않는 한 선의로 다루어진다.

해설

③ 당사자가 통정하여 증여를 매매로 가장한 경우, 매매는 가장행위로서 무효이지만, 증여(은닉행위)는 유효이다.

정답　03 ⑤　04 ②　05 ①　06 ③

07 통정허위표시를 기초로 새로운 법률상 이해관계를 맺은 제3자에 해당하지 않는 자는? (다툼이 있으면 판례에 따름)　　　　　　　　　　　　　　제31회

① 가장채권을 가압류한 자
② 가장전세권에 저당권을 취득한 자
③ 채권의 가장양도에서 변제 전 채무자
④ 파산선고를 받은 가장채권자의 파산관재인
⑤ 가장채무를 보증하고 그 보증채무를 이행한 보증인

해설

③ 채권의 가장양도에서 변제 전 채무자는 통정허위표시 이전에 있는 자이므로 통정허위표시를 기초로 새로운 법률상 이해관계를 맺은 제3자에 해당하지 않는다.

OX

• 통정허위표시인 채권양도계약의 양도인에 대하여 채무를 부담하고 있던 사람은 통정허위표시에 기하여 새롭게 이해관계를 맺은 제3자에 해당하지 않는다. (　　)　▶**정답** ○

08 의사와 표시가 불일치하는 경우에 관한 설명으로 옳은 것은? (다툼이 있으면 판례에 따름)　　　　　　　　　　　　　　제32회

① 통정허위표시의 무효로 대항할 수 없는 제3자에 해당하는지를 판단할 때, 파산관재인은 파산채권자 일부가 선의라면 선의로 다루어진다.
② 비진의 의사표시는 상대방이 표의자의 진의 아님을 알 수 있었을 경우 취소할 수 있다.
③ 비진의 의사표시는 상대방과 통정이 없었다는 점에서 착오와 구분된다.
④ 통정허위표시의 무효에 대항하려는 제3자는 자신이 선의라는 것을 증명하여야 한다.
⑤ 매수인의 채무불이행을 이유로 매도인이 계약을 적법하게 해제했다면, 착오를 이유로 한 매수인의 취소권은 소멸한다.

해설

① 파산채무자가 상대방과 통정한 허위의 의사표시를 통하여 가장채권을 보유하고 있다가 파산이 선고된 경우, 파산관재인은 그 허위표시에 따라 외형상 형성된 법률관계를 토대로 실질적으로 새로운 법률상 이해관계를 가지게 된 민법 제108조 제2항의 제3자에 해당하고, 그 선의·악의도 총파산채권자를 기준으로 하여 파산채권자 모두가 악의로 되지 않는 한 파산관재인은 선의의 제3자라고 할 수밖에 없다(대판 2013다1952).

② 비진의표시는 상대방이 표의자의 진의 아님을 알았거나 이를 알 수 있었을 경우에는 무효로 한다(제107조 제1항).
③ 비진의 의사표시는 상대방과 통정이 없었다는 점에서 통정허위표시와 구분된다.
④ 통정허위표시에서 제3자는 선의로 추정되므로 자신이 선의라는 것을 증명할 필요 없다.
⑤ 매도인이 매수인의 중도금 지급채무 불이행을 이유로 매매계약을 적법하게 해제한 후라도 매수인으로서는 착오를 이유로 한 취소권을 행사하여 매매계약 전체를 무효로 돌리게 할 수 있다.

09 통정허위표시(민법제108조)에 관한 설명으로 옳은 것은? (다툼이 있으면 판례에 따름)

제33회

① 통정허위표시는 표의자가 의식적으로 진의와 다른 표시를 한다는 것을 상대방이 알았다면 성립한다.
② 가장행위가 무효이면 당연히 은닉행위도 무효이다.
③ 대리인이 본인 몰래 대리권의 범위 안에서 상대방과 통정허위표시를 한 경우, 본인은 선의의 제3자로서 그 유효를 주장할 수 있다.
④ 민법 제108조 제2항에 따라 보호받는 선의의 제3자에 대해서는 그 누구도 통정허위표시의 무효로써 대항할 수 없다.
⑤ 가장소비대차에 따른 대여금채권의 선의의 양수인은 민법 제108조 제2항에 따라 보호받는 제3자가 아니다.

해설
① 통정허위표시가 성립하기 위해서는 인식 외에 상대방과의 통정(합의)이 있어야 한다.
② 가장행위는 무효이지만 은닉행위는 자체 요건을 갖추는 한 유효하다.
③ 대리행위에서 본인은 제3자에 해당하지 않는다.
⑤ 가장소비대차에 따른 대여금채권(가장채권)의 선의의 양수인은 보호받는 제3자에 해당한다.

10 통정허위표시를 기초로 새로운 법률상 이해관계를 맺은 제3자에 해당하는 자를 모두 고른 것은? (다툼이 있으면 판례에 따름) 제34회

> ㉠ 파산선고를 받은 가장채권자의 파산관재인
> ㉡ 가장채무를 보증하고 그 보증채무를 이행하여 구상권을 취득한 보증인
> ㉢ 차주와 통정하여 가장소비대차계약을 체결한 금융기관으로부터 그 계약을 인수한 자

① ㉠　　　　　　　② ㉢　　　　　　　③ ㉠, ㉡
④ ㉡, ㉢　　　　　　⑤ ㉠, ㉡, ㉢

해설

㉢ 구 상호신용금고법 소정의 계약이전은 금융거래에서 발생한 계약상의 지위가 이전되는 사법상의 법률효과를 가져오는 것이므로, 계약이전을 받은 금융기관은 계약이전을 요구받은 금융기관과 대출채무자 사이의 통정허위표시에 따라 형성된 법률관계를 기초로 하여 새로운 법률상 이해관계를 가지게 된 민법 제108조 제2항의 제3자에 해당하지 않는다(대판 2002다31537).

OX

1. 통정허위표시에 관한 급부는 특별한 사정이 없는 한 불법원인급여이다. (　)
2. 부동산 가장양수인으로부터 해당 부동산을 취득한 제3자 A가 악의이고, 그로부터 그 부동산을 전득한 B가 선의라면 통정허위표시의 무효로써 B에게 대항할 수 없다. (　)
3. 가장매매계약의 매수인과 직접 이해관계를 맺은 제3자가 악의라 하더라도 그와 다시 법률상 이해관계를 맺은 전득자가 선의라면 가장매매계약의 무효로써 전득자에게 대항할 수 없다. (　)
4. 악의의 제3자로부터 선의로 전득한 자는 선의의 제3자로 보호받지 못한다. (　)

▶정답 1. ✕ 2. ○ 3. ○ 4. ✕

03 착오로 인한 의사표시

01 착오에 관한 설명으로 옳은 것은? (다툼이 있으면 판례에 따름)   제26회

① 매도인이 계약을 적법하게 해제한 후에도 매수인은 계약해제에 따른 불이익을 면하기 위하여 중요부분의 착오를 이유로 취소권을 행사하여 계약 전체를 무효로 할 수 있다.

② 표의자가 착오를 이유로 의사표시를 취소한 경우, 취소된 의사표시로 인해 손해를 입은 상대방은 불법행위를 이유로 손해배상을 청구할 수 있다.

③ 착오에 의한 의사표시로 표의자가 경제적 불이익을 입지 않더라도 착오를 이유로 그 의사표시를 취소할 수 있다.

④ 착오가 표의자의 중대한 과실로 인한 경우에는 상대방이 표의자의 착오를 알고 이용하더라도 표의자는 의사표시를 취소할 수 없다.

⑤ 표의자의 중대한 과실 유무는 착오에 의한 의사표시의 효력을 부인하는 자가 증명하여야 한다.

해설

② 표의자가 착오를 이유로 의사표시를 취소한 경우, 손해를 입은 상대방은 불법행위를 이유로 손해배상을 청구할 수 없다.

③ 표의자가 경제적 불이익을 입은 경우가 아니라면 중요부분의 착오에 해당하지 않으므로 그 의사표시를 취소할 수 없다.

④ 착오가 표의자의 중대한 과실로 인한 경우라도 상대방이 표의자의 착오를 알고 이용한 경우라면 표의자는 의사표시를 취소할 수 있다.

⑤ 표의자의 중대한 과실 유무는 착오에 의한 의사표시의 효력을 인정하려는 자 즉, 상대방이 증명하여야 한다.

02 착오에 관한 설명으로 옳은 것을 모두 고른 것은? (다툼이 있으면 판례에 따름) 제31회

> ㉠ 매도인의 하자담보책임이 성립하더라도 착오를 이유로 한 매수인의 취소권은 배제되지 않는다.
> ㉡ 경과실로 인해 착오에 빠진 표의자가 착오를 이유로 의사표시를 취소한 경우, 상대방에 대하여 불법행위로 인한 손해배상책임을 진다.
> ㉢ 상대방이 표의자의 착오를 알고 이용한 경우, 표의자는 착오가 중대한 과실로 인한 것이더라도 의사표시를 취소할 수 있다.
> ㉣ 매도인이 매수인의 채무불이행을 이유로 계약을 적법하게 해제한 후에는 매수인은 착오를 이유로 취소권을 행사할 수 없다.

① ㉠, ㉡   ② ㉠, ㉢   ③ ㉠, ㉣
④ ㉡, ㉢   ⑤ ㉡, ㉣

[해설]

㉡ 경과실로 인해 착오에 빠진 표의자가 착오를 이유로 의사표시를 취소한 경우, 이는 위법성이 없으므로 상대방에 대하여 불법행위를 인한 손해배상책임을 지지 않는다.
㉣ 매도인이 매수인의 채무불이행을 이유로 계약을 적법하게 해제한 후라도 매수인은 해제로 인한 불이익을 면하기 위하여 착오를 이유로 취소권을 행사할 수 있다.

03 착오로 인한 의사표시에 관한 설명으로 옳은 것을 모두 고른 것은? (다툼이 있으면 판례에 따름) 제35회

> ㉠ 착오로 인한 의사표시의 취소는 선의의 제3자에게 대항하지 못한다.
> ㉡ 의사표시의 상대방이 의사표시자의 착오를 알고 이용한 경우, 착오가 중대한 과실로 인한 것이라도 의사표시자는 의사표시를 취소할 수 있다.
> ㉢ X토지를 계약의 목적물로 삼은 당사자가 모두 지번에 착오를 일으켜 계약서에 목적물을 Y토지로 표시한 경우, 착오를 이유로 의사표시를 취소할 수 있다.

① ㉠   ② ㉢   ③ ㉠, ㉡
④ ㉡, ㉢   ⑤ ㉠, ㉡, ㉢

[해설]

㉢ X토지를 계약의 목적물로 삼은 당사자가 모두 지번에 착오를 일으켜 계약서에 목적물을 Y토지로 표시한 경우, X토지에 대하여 유효하게 매매계약이 성립하므로 착오를 이유로 의사표시를 취소할 수 없으며, Y토지에 대하여 매매계약이 성립하지 않았으므로 착오를 이유로 의사표시를 취소할 수 없다(오표시 무해).

OX

1. 법률에 관한 착오는 그것이 법률행위 내용의 중요부분에 관한 것이라면 착오를 이유로 취소할 수 있다. (   )

2. 착오에 관한 민법규정은 법률의 착오에 적용되지 않는다. (   )

3. 계약 당시를 기준으로 장래의 미필적(未必的) 사실의 발생에 대한 기대나 예상이 빗나 간 경우, 착오취소는 인정되지 않는다. (   )

4. 동기의 착오를 이유로 취소하기 위하여 당사자 사이에 동기를 의사표시의 내용으로 삼 기로 하는 합의까지 이루어져야 한다. (   )　　　　▶**정답** 1. ○　2. ×　3. ○　4. ×

---

04 사기 · 강박에 의한 의사표시

01 사기 · 강박에 의한 의사표시에 관한 설명으로 틀린 것은? (다툼이 있으면 판례에 의함)　　　　　　　제25회

① 사기나 강박에 의한 소송행위는 원칙적으로 취소할 수 없다.

② 대리인의 기망행위로 계약을 체결한 상대방은 본인이 선의이면 계약을 취소 할 수 없다.

③ 강박으로 의사결정의 자유가 완전히 박탈되어 법률행위의 외형만 갖춘 의사 표시는 무효이다.

④ 교환계약의 당사자 일방이 자기 소유 목적물의 시가를 묵비한 것은 특별한 사정이 없는 한 기망행위가 아니다.

⑤ 제3자의 사기로 계약을 체결한 경우, 피해자는 그 계약을 취소하지 않고 그 제3자에게 불법행위책임을 물을 수 있다.

해설

② 대리인의 기망행위는 제3자의 사기에 해당하지 않는다. 따라서 상대방은 본인이 선의이더라 도 계약을 취소할 수 있다(제110조 제1항).

OX

• 상대방의 피용자는 제3자에 의한 사기에 관한 민법 제110조 제2항에서 정한 제3자에 해당하지 않는다. (   )　　　　　　　　　　　　　　　　　　▶**정답** ×

정답　02 ②　03 ③ / 01 ②

02 사기에 의한 의사표시에 관한 설명으로 틀린 것은? (다툼이 있으면 판례에 따름)

① 아파트분양자가 아파트단지 인근에 공동묘지가 조성되어 있다는 사실을 분양계약자에게 고지하지 않은 경우에는 기망행위에 해당한다.

② 아파트분양자에게 기망행위가 인정된다면, 분양계약자는 기망을 이유로 분양계약을 취소하거나 취소를 원하지 않을 경우 손해배상만을 청구할 수 있다.

③ 분양회사가 상가를 분양하면서 그 곳에 첨단 오락타운을 조성하여 수익을 보장한다는 다소 과장된 선전광고를 하는 것은 기망행위에 해당한다.

④ 제3자의 사기에 의해 의사표시를 한 표의자는 상대방이 그 사실을 알았거나 알 수 있었을 경우에 그 의사표시를 취소할 수 있다.

⑤ 대리인의 기망행위에 의해 계약이 체결된 경우, 계약의 상대방은 본인이 선의이더라도 계약을 취소할 수 있다.

> **해설**
>
> ③ 상가를 분양하면서 그 곳에 첨단 오락타운을 조성·운영하고 전문경영인에 의한 위탁경영을 통하여 분양계약자들에게 일정액 이상의 수익을 보장한다는 광고를 하고, 분양계약 체결시 이러한 광고내용을 계약상대방에게 설명하였더라도, 체결된 분양계약서에는 이러한 내용이 기재되지 않은 점과, 그 후의 위 상가 임대운영경위 등에 비추어 볼 때, 위와 같은 광고 및 분양계약 체결시의 설명은 '청약의 유인'에 불과할 뿐 상가 분양계약의 내용으로 되었다고 볼 수 없고, 이로써 상대방을 '기망'하여 분양계약을 체결하게 하였다거나 상대방이 계약의 중요부분에 관하여 '착오'를 일으켜 분양계약을 체결하게 된 것이라 볼 수 없다(대판 99다55601).

03 사기·강박에 의한 의사표시에 관한 설명으로 옳은 것을 모두 고른 것은? (다툼이 있으면 판례에 따름)

> ㉠ 아파트 분양자가 아파트단지 인근에 대규모 공동묘지가 조성된 사실을 알면서 수분양자에게 고지하지 않은 경우, 이는 기망행위에 해당한다.
>
> ㉡ 교환계약의 당사자가 목적물의 시가를 묵비한 것은 원칙적으로 기망행위에 해당한다.
>
> ㉢ '제3자의 강박'에 의한 의사표시에서 상대방의 대리인은 제3자에 포함되지 않는다.

① ㉠   ② ㉡   ③ ㉠, ㉢

④ ㉡, ㉢   ⑤ ㉠, ㉡, ㉢

> **해설**
>
> ㉡ 교환계약의 당사자가 목적물의 시가를 묵비한 것은 원칙적으로 기망행위에 해당하지 않는다.

05 의사표시의 효력발생

01 의사표시의 효력발생에 관한 설명으로 틀린 것은? (다툼이 있으면 판례에 의함) 제22회

① 과실 없이 상대방의 소재를 알지 못하는 표의자는 공시송달에 의하여 의사표시의 효력을 발생시킬 수 있다.

② 표의자가 의사표시 발신 후 행위능력을 상실하더라도 그 의사표시의 효력에 영향이 없다.

③ 표의자는 의사표시가 도달하기 전에는 그 의사표시를 철회할 수 있다.

④ 우편물이 등기우편의 방법으로 발송되었다는 사실만으로는 상당기간 내에 도달하였다고 추정할 수 없다.

⑤ 내용증명 우편물이 반송되지 않았다면 특별한 사정이 없는 한 그 무렵에 송달되었다고 보아야 한다.

> **해설**
> ④ 우편물이 등기취급의 방법으로 발송된 경우 반송되는 등의 특별한 사정이 없는 한 그 무렵 수취인에게 배달되었다고 보아야 한다(대판 91누3819).

02 의사표시의 효력발생에 관한 설명으로 틀린 것은? (다툼이 있으면 판례에 따름)

제27회

① 표의자가 매매의 청약을 발송한 후 사망하여도 그 청약의 효력에 영향을 미치지 아니한다.

② 상대방이 정당한 사유 없이 통지의 수령을 거절한 경우에도 그가 통지의 내용을 알 수 있는 객관적 상태에 놓인 때에 의사표시의 효력이 생긴다.

③ 의사표시가 기재된 내용증명우편이 발송되고 달리 반송되지 않았다면 특별한 사정이 없는 한 그 의사표시는 도달된 것으로 본다.

④ 표의자가 그 통지를 발송한 후 제한능력자가 된 경우, 그 법정대리인이 통지 사실을 알기 전에는 의사표시의 효력이 없다.

⑤ 매매계약을 해제하겠다는 내용증명우편이 상대방에게 도착하였으나, 상대방이 정당한 사유 없이 그 우편물의 수취를 거절한 경우에 해제의 의사표시가 도달한 것으로 볼 수 있다.

> **해설**
> ①④ 의사표시자가 그 통지를 발송한 후 사망하거나 제한능력자가 되어도 의사표시의 효력에 영향을 미치지 아니한다(제111조 제2항). 즉 유효이다.

정답 02 ③ 03 ③ / 01 ④ 02 ④

03 甲은 乙과 체결한 매매계약에 대한 적법한 해제의 의사표시를 내용증명우편을 통하여 乙에게 발송하였다. 다음 설명 중 옳은 것은? (다툼이 있으면 판례에 따름)

제30회

① 甲이 그 후 사망하면 해제의 의사표시는 효력을 잃는다.

② 乙이 甲의 해제의 의사표시를 실제로 알아야 해제의 효력이 발생한다.

③ 甲은 내용증명우편이 乙에게 도달한 후에도 일방적으로 해제의 의사표시를 철회할 수 있다.

④ 甲의 내용증명우편이 반송되지 않았다면, 특별한 사정이 없는 한 그 무렵에 乙에게 송달되었다고 봄이 상당하다.

⑤ 甲의 내용증명우편이 乙에게 도달한 후 乙이 성년후견개시의 심판을 받은 경우, 甲의 해제의 의사표시는 효력을 잃는다.

해설

① 甲이 의사표시를 발송한 후 사망하더라도 해제의 의사표시는 효력을 잃지 않는다(제111조 제2항).

② 乙이 甲의 해제의 의사표시를 실제로 알지 않았더라도 알 수 있는 객관적 상태에 있으면 해제의 효력이 발생한다(요지가능성).

③ 甲은 내용증명우편이 乙에게 도달한 후에는 일방적으로 해제의 의사표시를 철회할 수 없다.

⑤ 甲의 내용증명우편이 乙에게 도달한 후 乙이 성년후견개시의 심판을 받은 경우, 甲의 해제의 의사표시는 효력을 잃지 않는다.

OX

1. 의사표시의 부도달로 인한 불이익은 표의자가 부담한다. (   )

2. 도달주의 원칙을 정하는 민법 제111조는 임의규정이므로 당사자는 약정으로 의사표시의 효력발생시기를 달리 정할 수 있다. (   )

3. 제한능력자는 원칙적으로 의사표시의 수령무능력자이다. (   )

4. 표의자가 과실로 상대방을 알지 못하는 경우에는 민사소송법 공시송달의 규정에 의하여 의사표시의 효력을 발생시킬 수 있다. (   ) ▶정답 1. ○ 2. ○ 3. ○ 4. ×

04 甲의 乙에 대한 의사표시에 관한 설명으로 옳은 것은? (다툼이 있으면 판례에 따름)

제35회

① 甲이 부동산 매수청약의 의사표시를 발송한 후 사망하였다면 그 효력은 발생하지 않는다.

② 乙이 의사표시를 받은 때에 제한능력자이더라도 甲은 원칙적으로 그 의사표시의 효력을 주장할 수 있다.

③ 甲의 의사표시가 乙에게 도달되었다고 보기 위해서는 乙이 그 내용을 알았을 것을 요한다.

④ 甲의 의사표시가 등기우편의 방법으로 발송된 경우, 상당한 기간 내에 도달되었다고 추정할 수 없다.

⑤ 乙이 정당한 사유 없이 계약해지 통지의 수령을 거절한 경우, 乙이 그 통지의 내용을 알 수 있는 객관적 상태에 놓여 있는 때에 의사표시의 효력이 생긴다.

해설

① 의사표시자가 그 통지를 발송한 후 사망하거나 제한능력자가 되어도 의사표시의 효력에 영향을 미치지 아니한다(제111조 제2항). 따라서 甲이 부동산 매수청약의 의사표시를 발송한 후 사망하여도 그 효력은 발생한다.

② 의사표시의 상대방이 의사표시를 받은 때에 제한능력자인 경우에는 의사표시자는 그 의사표시로써 대항할 수 없다. 다만, 그 상대방의 법정대리인이 의사표시가 도달한 사실을 안 후에는 그러하지 아니하다(제112조). 따라서 乙이 의사표시를 받은 때에 제한능력자라면 甲은 원칙적으로 그 의사표시의 효력을 주장할 수 없다.

③ 도달이라 함은 사회관념상 상대방이 통지의 내용을 알 수 있는 객관적 상태에 놓여졌다고 인정되는 상태를 지칭한다고 해석되므로, 상대방이 이를 현실적으로 수령하였다거나 그 통지의 내용을 알았을 것까지는 필요로 하지 않는다.

④ 甲의 의사표시가 등기우편 또는 내용증명의 방법으로 발송된 경우, 반송되는 등 특별한 사정이 없는 한 상당한 기간 내에 도달되었다고 추정할 수 있다.

Chapter 03 | 법률행위의 대리

01 대리 일반

01 대리에 관한 설명으로 틀린 것은? (다툼이 있으면 판례에 의함) 　　　제25회

① 대리인이 파산선고를 받아도 그의 대리권은 소멸하지 않는다.
② 대리인이 수인인 때에는 원칙적으로 각자가 본인을 대리한다.
③ 대리인은 본인의 허락이 있으면 당사자 쌍방을 대리할 수 있다.
④ 대리인의 대리권 남용을 상대방이 알았거나 알 수 있었을 경우, 대리행위는 본인에게 효력이 없다.
⑤ 매매계약을 체결할 대리권을 수여받은 대리인은 특별한 사정이 없는 한 중도금과 잔금을 수령할 권한이 있다.

해설

① 대리인이 파산선고를 받으면 대리권은 소멸한다.
④ 대리권 남용 : 대리인이 대리권을 남용하여도 원칙적으로 본인에게 그 효과가 귀속되지만(원칙 : 유효), 대리인이 본인의 이익을 위하여 대리하는 것이 아니라는 사실을 상대방이 알았거나 알 수 있었을 경우에는 그 대리인의 대리행위는 본인에 대하여 효력이 없다(제107조 제1항 단서 유추적용).

02 甲은 자신의 X토지를 매도하기 위해 乙에게 대리권을 수여하였고, 乙은 甲을 위한 것임을 표시하고 X토지에 대하여 丙과 매매계약을 체결하였다. 다음 설명 중 틀린 것은? (다툼이 있으면 판례에 따름) 　　　제29회

① 乙은 특별한 사정이 없는 한 丙으로부터 매매계약에 따른 중도금이나 잔금을 수령할 수 있다.
② 丙이 매매계약을 적법하게 해제한 경우, 丙은 乙에게 손해배상을 청구할 수 있다.
③ 丙의 채무불이행이 있는 경우, 乙은 특별한 사정이 없는 한 계약을 해제할 수 없다.
④ 丙이 매매계약을 적법하게 해제한 경우, 그 해제로 인한 원상회복의무는 甲과 丙이 부담한다.
⑤ 만약 甲이 매매계약의 체결과 이행에 관하여 포괄적 대리권을 수여한 경우, 乙은 특별한 사정이 없는 한 약정된 매매대금 지급기일을 연기해 줄 권한도 가진다.

해설

②④ 대리행위의 효력이 착오, 사기, 강박, 선의, 악의, 과실 등으로 영향을 받을 경우에 그 사실의 유무는 대리인을 기준으로 결정한다(제116조). 다만 이러한 하자에서 발생한 효과(취소권, 무효주장권 등)는 본인에게 귀속한다. 따라서 丙이 매매계약을 적법하게 해제한 경우, 丙은 대리인 乙에게 손해배상을 청구할 수 없다. 마찬가지로 계약상 채무의 불이행을 이유로 계약이 상대방 당사자에 의하여 유효하게 해제되었다면, 해제로 인한 원상회복의무는 대리인이 아니라 계약의 당사자인 본인이 부담한다(대판 2011다30871). 따라서 丙이 매매계약을 적법하게 해제한 경우, 그 해제로 인한 원상회복의무는 甲과 丙이 부담한다.

03 법률행위의 대리에 관한 설명으로 틀린 것은? 　　　　　　　　제29회

① 임의대리인은 원칙적으로 복임권이 없다.
② 복대리인은 그 권한 내에서 대리인을 대리한다.
③ 대리인이 다수인 경우에 원칙적으로 각자가 본인을 대리한다.
④ 대리권의 범위를 정하지 않은 경우, 대리인은 보존행위를 할 수 있다.
⑤ 제한능력자인 대리인이 법정대리인의 동의 없이 대리행위를 하더라도 법정대리인은 그 대리행위를 취소할 수 없다.

해설

② 복대리인은 그 권한 내에서 본인을 대리한다(제123조).

OX

• 임의대리인은 본인의 승낙이 있는 때에 한하여 복임권을 갖는다. (　) 　　▶정답 ×

---

04 甲은 자신의 X토지를 매도하기 위하여 乙에게 대리권을 수여하였다. 다음 설명 중 틀린 것은? (다툼이 있으면 판례에 따름)　　　　제30회

① 乙이 한정후견개시의 심판을 받은 경우, 특별한 사정이 없는 한 乙의 대리권은 소멸한다.
② 乙은 甲의 허락이 있으면 甲을 대리하여 자신이 X토지를 매수하는 계약을 체결할 수 있다.
③ 甲은 특별한 사정이 없는 한 언제든지 乙에 대한 수권행위를 철회할 수 있다.
④ 甲의 수권행위는 불요식행위로서 묵시적인 방법에 의해서도 가능하다.
⑤ 乙은 특별한 사정이 없는 한 대리행위를 통하여 체결된 X토지 매매계약에 따른 잔금을 수령할 권한도 있다.

해설

① 乙이 한정후견개시의 심판을 받은 경우, 특별한 사정이 없는 한 乙의 대리권은 소멸하지 않는다. 다만 乙이 성년후견개시의 심판을 받은 경우라면 乙의 대리권은 소멸한다.

05 임의대리에 관한 설명으로 틀린 것을 모두 고른 것은? (다툼이 있으면 판례에 따름)　　　　제30회

> ⊙ 대리인이 여러 명인 때에는 공동대리가 원칙이다.
> ⓒ 권한을 정하지 아니한 대리인은 보존행위만을 할 수 있다.
> ⓒ 유권대리에 관한 주장 속에는 표현대리의 주장이 포함되어 있다.

① ⊙　　　　　　② ⓒ　　　　　　③ ⊙, ⓒ
④ ⓒ, ⓒ　　　　⑤ ⊙, ⓒ, ⓒ

해설

⊙ 대리인이 여러 명인 때에는 각자대리가 원칙이다.
ⓒ 권한을 정하지 아니한 대리인은 보존행위뿐만 아니라 성질이 변하지 않는 범위 내에서 이용 또는 개량행위를 할 수 있다.
ⓒ 유권대리에 관한 주장 속에는 표현대리의 주장이 포함되어 있지 않다.

06 복대리에 관한 설명으로 틀린 것은? (다툼이 있으면 판례에 따름) 제30회

① 복대리인은 본인의 대리인이다.

② 임의대리인이 본인의 승낙을 얻어서 복대리인을 선임한 경우, 본인에 대하여 그 선임감독에 관한 책임이 없다.

③ 대리인이 복대리인을 선임한 후 사망한 경우, 특별한 사정이 없는 한 그 복대리권도 소멸한다.

④ 복대리인의 대리행위에 대하여도 표현대리에 관한 규정이 적용될 수 있다.

⑤ 법정대리인은 부득이한 사유가 없더라도 복대리인을 선임할 수 있다.

> **해설**
> ② 임의대리인이 본인의 승낙을 얻어서 복대리인을 선임한 경우, 본인에 대하여 그 선임감독에 관한 책임이 있다.

07 甲은 자신의 X부동산의 매매계약체결에 관한 대리권을 乙에게 수여하였고, 乙은 甲을 대리하여 丙과 매매계약을 체결하였다. 이에 관한 설명으로 옳은 것은? (다툼이 있으면 판례에 따름) 제31회

① 계약이 불공정한 법률행위인지가 문제된 경우, 매도인의 경솔, 무경험 및 궁박 상태의 여부는 乙을 기준으로 판단한다.

② 乙은 甲의 승낙이나 부득이한 사유가 없더라도 복대리인을 선임할 수 있다.

③ 乙이 丙으로부터 대금 전부를 지급받고 아직 甲에게 전달하지 않았더라도 특별한 사정이 없는 한 丙의 대금지급의무는 변제로 소멸한다.

④ 乙의 대리권은 특별한 사정이 없는 한 丙과의 계약을 해제할 권한을 포함한다.

⑤ 乙이 미성년자인 경우, 甲은 乙이 제한능력자임을 이유로 계약을 취소할 수 있다.

> **해설**
> ① 계약이 불공정한 법률행위인지가 문제된 경우, 본인의 궁박 상태의 여부는 대리인이 아닌 본인 甲을 기준으로 판단하며, 경솔과 무경험 여부는 대리인을 기준으로 판단한다.
> ② 임의대리인 乙은 甲의 승낙이나 부득이한 사유가 없다면 원칙적으로 복대리인을 선임할 수 없다(제120조).
> ④ 乙의 매도할 대리권은 특별한 사정이 없는 한 丙과의 계약을 해제할 권한을 포함하지 않는다.
> ⑤ 제한능력자도 대리인이 될 수 있으므로(제117조), 乙이 미성년자인 경우에도 甲은 乙이 제한능력자임을 이유로 계약을 취소할 수 없다.

정답 04 ① 05 ⑤ 06 ② 07 ③

08 임의대리에 관한 설명으로 옳은 것은? (다툼이 있으면 판례에 따름)　제31회

① 원인된 법률관계가 종료하기 전에는 본인은 수권행위를 철회하여 대리권을 소멸시킬 수 없다.

② 권한을 넘은 표현대리의 경우, 기본대리권이 표현대리 행위와 동종 내지 유사할 필요는 없다.

③ 복대리인은 대리인이 자기의 명의로 선임하므로 대리인의 대리인이다.

④ 대리인이 여럿인 경우, 대리인은 원칙적으로 공동으로 대리해야 한다.

⑤ 대리인의 기망행위로 계약을 체결한 상대방은 본인이 그 기망행위를 알지 못한 경우, 사기를 이유로 계약을 취소할 수 없다.

해설

① 원인된 법률관계가 종료하기 전에 본인은 수권행위를 철회하여 대리권을 소멸시킬 수 있다 (제128조).

③ 복대리인은 대리인이 자기의 명의로 선임한 "본인의 대리인"이다.

④ 대리인이 여럿인 경우, 대리인은 원칙적으로 각자 본인을 대리한다(제119조).

⑤ 대리인의 기망행위로 계약을 체결한 상대방은 본인이 그 기망행위를 알지 못한 경우에도 사기를 이유로 계약을 취소할 수 있다.

09 甲은 자기 소유 X토지를 매도하기 위해 乙에게 대리권을 수여하였다. 이후 乙은 丙을 복대리인으로 선임하였고, 丙은 甲을 대리하여 X토지를 매도하였다. 이에 관한 설명으로 옳은 것은? (다툼이 있으면 판례에 따름)　제32회

① 丙은 甲의 대리인임과 동시에 乙의 대리인이다.

② X토지의 매매계약이 갖는 성질상 乙에 의한 처리가 필요하지 않다면, 특별한 사정이 없는 한 丙의 선임에 관하여 묵시적 승낙이 있는 것으로 보는 것이 타당하다.

③ 乙이 甲의 승낙을 얻어 丙을 선임한 경우 乙은 甲에 대하여 그 선임감독에 관한 책임이 없다.

④ 丙을 적법하게 선임한 후 X토지 매매계약 전에 甲이 사망한 경우, 특별한 사정이 없다면 丙의 대리권은 소멸하지 않는다.

⑤ 만일 대리권이 소멸된 乙이 丙을 선임하였다면, X토지 매매에 대하여 민법 제129조에 의한 표현대리의 법리가 적용될 여지가 없다.

해설

② 대리의 목적인 법률행위의 성질상 대리인 자신에 의한 처리가 필요하지 아니한 경우에는 본인이 복대리 금지의 의사를 명시하지 아니하는 한 복대리인의 선임에 관하여 묵시적인 승낙이 있는 것으로 보는 것이 타당하다(대판 94다30690).

① 복대리인은 본인의 대리인이다. 따라서 丙은 甲의 대리인이다.

③ 임의대리인이 본인의 승낙이나 부득이한 사유에 의하여 복대리인을 선임한 때에는 본인에게 대하여 그 선임감독에 관한 책임이 있다(제121조 제1항).

④ 본인이 사망하면 대리권이 소멸한다. 그리고 대리권이 소멸하면 그 복대리권도 소멸한다(제127조 제1호).

⑤ 대리인이 대리권 소멸 후 복대리인을 선임하여 복대리인으로 하여금 상대방과 사이에 대리행위를 하도록 한 경우에도, 상대방이 대리권 소멸 사실을 알지 못하여 복대리인에게 적법한 대리권이 있는 것으로 믿었고 그와 같이 믿은 데 과실이 없다면 민법 제129조에 의한 표현대리가 성립할 수 있다(대판 97다55317).

10 甲은 그 소유의 X건물을 매도하기 위하여 乙에게 대리권을 수여하였다. 이에 관한 설명으로 틀린 것은? (다툼이 있으면 판례에 따름)   제33회

① 乙이 사망하면 특별한 사정이 없는 한 乙의 상속인에게 그 대리권이 승계된다.

② 乙은 특별한 사정이 없는 한 X건물의 매매계약에서 약정한 중도금이나 잔금을 수령할 수 있다.

③ 甲의 수권행위는 묵시적인 의사표시에 의하여도 할 수 있다.

④ 乙이 대리행위를 하기 전에 甲이 그 수권행위를 철회한 경우, 특별한 사정이 없는 한 乙의 대리권은 소멸한다.

⑤ 乙은 甲의 허락이 있으면 甲을 대리하여 자신을 X건물의 매수인으로 하는 계약을 체결할 수 있다.

해설

① 대리인이 사망하면 대리권은 소멸한다(제127조 제2호).

11 甲으로부터 甲 소유 X토지의 매도 대리권을 수여받은 乙은 甲을 대리하여 丙과 X 토지에 대한 매매계약을 체결하였다. 다음 설명 중 틀린 것은? (다툼이 있으면 판례에 따름)
제34회

① 乙은 특별한 사정이 없는 한 매매잔금의 수령 권한을 가진다.
② 丙의 채무불이행이 있는 경우, 특별한 사정이 없는 한 乙은 매매계약을 해제할 수 없다.
③ 매매계약의 해제로 인한 원상회복의무는 甲과 丙이 부담한다.
④ 丙이 매매계약을 해제한 경우, 丙은 乙에게 채무불이행으로 인한 손해배상을 청구할 수 없다.
⑤ 乙이 자기의 이익을 위하여 배임적 대리행위를 하였고 丙도 이를 안 경우, 乙의 대리행위는 甲에게 효력을 미친다.

해설
⑤ 대리권의 남용은 대리인이 대리권한 범위 내에서 대리행위를 한 것이므로 원칙적으로 유효하므로 본인에게 그 효력이 미친다. 다만 상대방이 대리권의 남용 사실을 알았거나 알 수 있었을 경우에는 본인에게 그 효력이 없다(제107조 제1항 유추적용).
②③④ 대리인이 그 권한 내에서 본인을 위한 것임을 표시한 의사표시는 직접 본인에 대하여 효력이 있다. 의사표시의 효과뿐만 아니라 그 부수적인 효과인 취소권, 해제권, 무효의 주장 등도 본인에게 귀속한다. 그리고 계약상 채무의 불이행을 이유로 계약이 상대방 당사자에 의하여 유효하게 해제되었다면, 해제로 인한 원상회복의무나 손해배상의무는 대리인이 아니라 계약의 당사자인 본인이 부담한다.

12 복대리에 관한 설명으로 틀린 것은? (특별한 사정은 없으며, 다툼이 있으면 판례에 따름)
제34회

① 복대리인은 행위능력자임을 요하지 않는다.
② 복대리인은 본인에 대하여 대리인과 동일한 권리의무가 있다.
③ 법정대리인은 그 책임으로 복대리인을 선임할 수 있다.
④ 대리인의 능력에 따라 사업의 성공여부가 결정되는 사무에 대해 대리권을 수여받은 자는 본인의 묵시적 승낙으로도 복대리인을 선임할 수 있다.
⑤ 대리인이 대리권 소멸 후 선임한 복대리인과 상대방 사이의 법률행위에도 민법 제129조의 표현대리가 성립할 수 있다.

해설
④ 임의대리인은 본인의 승낙이 있거나 부득이한 사유가 있지 아니하면 복대리인을 선임할 수 없는 것인바, 아파트 분양업무는 그 성질상 분양 위임을 받은 수임인의 능력에 따라 그 분양사업의 성공 여부가 결정되는 사무로서, 본인의 명시적인 승낙 없이는 복대리인의 선임이 허용되지 아니하는 경우로 보아야 한다(대판 97다56099).

13 甲은 자신의 토지에 관한 매매계약 체결을 위해 乙에게 대리권을 수여하였고, 乙은 甲의 대리인으로서 丙과 매매계약을 체결하였다. 다음 설명 중 옳은 것을 모두 고른 것은? (다툼이 있으면 판례에 따름) 제35회

> ㉠ 乙은 원칙적으로 복대리인을 선임할 수 있다.
> ㉡ 乙은 특별한 사정이 없는 한 계약을 해제할 권한이 없다.
> ㉢ 乙이 丙에게 甲의 위임장을 제시하고 계약을 체결하면서 계약서상 매도인을 乙로 기재한 경우, 특별한 사정이 없는 한 甲에게 그 계약의 효력이 미치지 않는다.

① ㉡   ② ㉢   ③ ㉠, ㉡
④ ㉠, ㉢   ⑤ ㉡, ㉢

해설
㉠ 대리권이 법률행위에 의하여 부여된 경우(임의대리)에는 대리인은 본인의 승낙이 있거나 부득이한 사유있는 때가 아니면 복대리인을 선임하지 못한다(제120조)
㉢ 매매위임장을 제시하고 매매계약을 체결하는 자는 특단의 사정이 없는 한 소유자를 대리하여 매매행위를 하는 것이라고 보아야 한다(대판 1982.5.25., 81다1349).

---

02 무권대리

01 무권대리인 乙이 甲의 토지를 丙에게 매도하고 인도와 동시에 소유권이전등기를 마쳐 주었다. 다음 중 틀린 것은? (다툼이 있으면 판례에 의함) 제22회

① 乙·丙 사이의 매매계약은 원칙적으로 甲에게 효력이 없다.
② 甲은 乙·丙 사이의 매매계약에 대하여 추인을 거절할 수 있다.
③ 丙이 계약당시 乙의 대리권 없음을 안 경우에는 甲의 추인 전이라도 매매계약을 철회할 수 없다.
④ 乙이 甲을 단독상속한 경우, 乙은 소유자의 지위에서 丙 명의의 소유권이전등기의 말소등기를 청구할 수 없다.
⑤ 乙이 甲을 단독상속한 경우, 乙은 소유자의 지위에서 丙에 대하여 토지의 점유로 인한 부당이득반환을 청구할 수 있다.

해설
④⑤ 乙이 甲을 단독상속한 경우, 乙은 소유자의 지위에서 丙 명의의 소유권이전등기의 말소를 청구하거나 丙에 대하여 토지의 점유로 인한 부당이득반환을 청구할 수 없다(판례).

정답 11 ⑤   12 ④   13 ① / 01 ⑤

02 무권대리에 관한 설명으로 옳은 것은? (다툼이 있으면 판례에 따름)   제26회

① 무권대리행위의 일부에 대한 추인은 상대방의 동의를 얻지 못하는 한 효력이 없다.

② 무권대리행위를 추인한 경우 원칙적으로 추인한 때로부터 유권대리와 마찬가지의 효력이 생긴다.

③ 무권대리행위의 추인의 의사표시는 본인이 상대방에게 하지 않으면, 상대방이 그 사실을 알았더라도 상대방에게 대항하지 못한다.

④ 무권대리인의 계약상대방은 계약 당시 대리권 없음을 안 경우에도 본인에 대해 계약을 철회할 수 있다.

⑤ 무권대리행위가 무권대리인의 과실 없이 제3자의 기망 등 위법행위로 야기된 경우, 특별한 사정이 없는 한 무권대리인은 상대방에게 책임을 지지 않는다.

해설

② 무권대리행위를 추인한 경우 다른 의사표시가 없는 때에는 계약시에 소급하여 그 효력이 생긴다(제133조).

③ 무권대리행위의 추인의 의사표시는 본인이 상대방에 대하여 하지 아니하면 그 상대방에 대하여 대항하지 못하나, 상대방이 그 사실을 안 때에는 대항할 수 있다(제132조).

④ 무권대리의 철회는 상대방이 계약 당시 대리권 없음을 알지 못한 경우에만 가능하다(제134조).

⑤ 상대방에 대한 무권대리인의 책임(제135조)은 법정 무과실책임이므로 무권대리행위가 무권대리인의 과실 없이 야기된 경우라도 무권대리인은 상대방에 대하여 책임을 져야 한다.

03 대리권 없는 乙이 甲을 대리하여 丙에게 甲소유의 토지를 매도하였다. 다음 설명 중 틀린 것은? (다툼이 있으면 판례에 따름)   제28회

① 乙이 甲을 단독상속한 경우, 乙은 본인의 지위에서 추인거절권을 행사할 수 없다.

② 乙과 계약을 체결한 丙은 甲의 추인의 상대방이 될 수 없다.

③ 甲의 추인은 그 무권대리행위가 있음을 알고 이를 추인하여야 그 행위의 효과가 甲에게 귀속된다.

④ 甲이 乙에게 추인한 경우에 丙이 추인이 있었던 사실을 알지 못한 때에는 甲은 丙에게 추인의 효과를 주장하지 못한다.

⑤ 만약 乙이 미성년자라면, 甲이 乙의 대리행위에 대해 추인을 거절하더라도 丙은 乙에 대해 계약의 이행이나 손해배상을 청구할 수 없다.

해설

② 무권대리행위의 추인은 무권대리인, 상대방, 상대방의 승계인에게도 할 수 있다(대판).

④ 제132조

⑤ 대리인으로서 계약을 맺은 자에게 대리권이 없다는 사실을 상대방이 알았거나 알 수 있었을 때 또는 대리인으로서 계약을 맺은 사람이 제한능력자일 때에는 대리인은 계약을 이행할 책임 또는 손해를 배상할 책임이 없다(제135조 제2항).

04 대리권 없는 乙이 甲을 대리하여 甲의 토지에 대한 임대차계약을 丙과 체결하였다. 다음 설명 중 틀린 것은? (다툼이 있으면 판례에 따름) 제30회

① 위 임대차계약은 甲이 추인하지 아니하면, 특별한 사정이 없는 한 甲에 대하여 효력이 없다.

② 甲은 위 임대차계약을 묵시적으로 추인할 수 있다.

③ 丙이 계약 당시에 乙에게 대리권 없음을 알았던 경우에는 丙의 甲에 대한 최고권이 인정되지 않는다.

④ 甲이 임대기간을 단축하여 위 임대차계약을 추인한 경우, 丙의 동의가 없는 한 그 추인은 무효이다.

⑤ 甲이 추인하면, 특별한 사정이 없는 한 위 임대차계약은 계약 시에 소급하여 효력이 생긴다.

해설

③ 丙이 계약 당시에 乙에게 대리권 없음을 알았던 경우에도 丙의 甲에 대한 최고권이 인정된다.

정답 02 ① 03 ② 04 ③

05 대리권 없는 甲은 乙 소유의 X부동산에 관하여 乙을 대리하여 丙과 매매계약을 체결하였고, 丙은 甲이 무권대리인이라는 사실에 대하여 선의·무과실이었다. 이에 관한 설명으로 틀린 것은? (다툼이 있으면 판례에 따름) 제33회

① 丙이 乙에 대하여 상당한 기간을 정하여 추인여부를 최고하였으나 그 기간 내에 乙이 확답을 발하지 않은 때에는 乙이 추인한 것으로 본다.

② 乙이 甲에 대해서만 추인의 의사표시를 하였더라도 丙은 乙의 甲에 대한 추인이 있었음을 주장할 수 있다.

③ 乙이 甲에게 매매계약을 추인하더라도 그 사실을 알지 못하고 있는 丙은 매매계약을 철회할 수 있다.

④ 乙이 丙에 대하여 추인하면 특별한 사정이 없는 한, 추인은 매매계약 체결시에 소급하여 그 효력이 생긴다.

⑤ 乙이 丙에게 추인을 거절한 경우, 甲이 제한능력자가 아니라면 甲은 丙의 선택에 따라 계약을 이행할 책임 또는 손해를 배상할 책임이 있다.

> **해설**
> ① 추인을 '거절'한 것으로 본다(제131조).

06 무권대리인 乙이 甲을 대리하여 甲 소유의 X토지를 丙에게 매도하는 계약을 체결하였다. 다음 설명 중 옳은 것은? (다툼이 있으면 판례에 따름) 제34회

① 위 매매계약이 체결된 후에 甲이 X토지를 丁에게 매도하고 소유권이전등기를 마쳤다면, 甲이 乙의 대리행위를 추인하더라도 丁은 유효하게 그 소유권을 취득한다.

② 乙이 甲을 단독상속한 경우, 특별한 사정이 없는 한 乙은 본인의 지위에서 추인을 거절할 수 있다.

③ 甲의 단독상속인 戊는 丙에 대해 위 매매계약을 추인할 수 없다.

④ 丙은 乙과 매매계약을 체결할 당시 乙에게 대리권이 없음을 안 경우에도 甲의 추인이 있을 때까지 그 매매계약을 철회할 수 있다.

⑤ 甲이 乙의 대리행위에 대하여 추인을 거절하면, 乙이 미성년자라도 丙은 乙에 대해 손해배상을 청구할 수 있다.

> **해설**
> ① 추인은 다른 의사표시가 없는 때에는 계약시에 소급하여 그 효력이 생긴다. 그러나 제삼자의 권리를 해하지 못한다(제133조). 위 매매계약이 체결된 후에 甲이 X토지를 丁에게 매도하고 소유권이전등기를 마쳤다면, 甲이 乙의 대리행위를 추인하더라도 제3자의 권리를 해하지 못하므로 丁은 유효하게 그 소유권을 취득한다.

② 무권대리인이 본인을 단독상속한 경우, 특별한 사정이 없는 한 무권대리인이 본인의 지위에서 추인을 거절하는 것은 신의성실의 원칙에 반하여 허용되지 않는다(대판).
③ 무권대리인이 아닌 戊가 甲을 상속한 경우, 상속인 戊는 포괄승계인으로서 본인 甲의 지위를 승계하므로 추인할 수 있다.
④ 철회권은 선의의 상대방에게만 인정된다(제134조).
⑤ 제한능력자는 무권대리인의 책임(계약의 이행, 손해배상책임)을 지지 않는다(제135조 제2항).

07 계약의 무권대리에 관한 설명으로 옳은 것은? (다툼이 있으면 판례에 따름) 제35회
① 본인이 추인하면 특별한 사정이 없는 한 그때부터 계약의 효력이 생긴다.
② 본인의 추인의 의사표시는 무권대리행위로 인한 권리의 승계인에 대하여는 할 수 없다.
③ 계약 당시 무권대리행위임을 알았던 상대방은 본인의 추인이 있을 때까지 의사표시를 철회할 수 있다.
④ 무권대리의 상대방은 상당한 기간을 정하여 본인에게 추인여부의 확답을 최고할 수 있고, 본인이 그 기간 내에 확답을 발하지 않으면 추인한 것으로 본다.
⑤ 본인이 무권대리행위를 안 후 그것이 자기에게 효력이 없다고 이의를 제기하지 않고 이를 장시간 방치한 사실만으로는 추인하였다고 볼 수 없다.

해설

⑤ 묵시적 추인을 부정한 사례

> ㉠ 무권대리행위에 대한 추인은 무권대리행위로 인한 효과를 자기에게 귀속시키려는 의사표시이므로 무권대리행위에 대한 추인이 있었다고 하려면 그러한 의사가 표시되었다고 볼 만한 사유가 있어야 하고, 무권대리행위가 범죄가 되는 경우에 대하여 그 사실을 알고도 장기간 형사고소를 하지 아니하였다 하더라도 그 사실만으로 묵시적인 추인이 있었다고 할 수는 없다.
> ㉡ 무권대리행위에 대하여 본인이 그 직후에 그것이 자기에게 효력이 없다고 이의를 제기하지 아니하고 이를 장시간에 걸쳐 방치하였다고 하여 무권대리행위를 추인하였다고 볼 수 없다.

① 본인이 추인하면 특별한 사정이 없는 한 계약시에 소급하여 계약의 효력이 생긴다(제133조).
② 본인의 추인의 의사표시는 무권대리인, 무권대리행위의 상대방, 무권대리행위로 인한 권리의 승계인에 대하여 할 수 있다.
③ 철회는 선의의 상대방만 할 수 있으므로, 계약 당시 무권대리행위임을 알았던 상대방은 본인의 추인이 있기 전이라도 의사표시를 철회할 수 없다(제134조).
④ 무권대리의 상대방은 상당한 기간을 정하여 본인에게 추인여부의 확답을 최고할 수 있고, 본인이 그 기간 내에 확답을 발하지 않으면 추인을 '거절'한 것으로 본다(제131조).

정답 05 ① 06 ① 07 ⑤

03 **표현대리**

01 표현대리에 관한 설명으로 옳은 것은? (다툼이 있으면 판례에 의함) 제20회

① 소멸한 대리권을 기본대리권으로 하는 권한을 넘은 표현대리는 성립할 수 없다.
② 일상가사대리권은 권한을 넘은 표현대리의 기본대리권이 될 수 없다.
③ 등기신청대리권을 기본대리권으로 하여 사법상의 법률행위를 한 경우에도 권한을 넘은 표현대리가 성립할 수 있다.
④ 복대리인의 법률행위에 대해서는 표현대리의 법리가 적용되지 않는다.
⑤ 표현대리가 성립한 경우, 상대방에게 과실이 있으면 이를 이유로 본인의 책임을 감경할 수 있다.

해설

① 소멸한 대리권을 기본대리권으로 하는 권한을 넘은 표현대리는 성립할 수 있다(대판).
② 일상가사대리권은 권한을 넘은 표현대리의 기본대리권이 될 수 있다(대판).
④ 복대리인의 법률행위에 대해서는 표현대리의 법리가 적용될 수 있다(대판).
⑤ 표현대리가 성립한 경우 과실상계는 허용되지 않으므로, 상대방에게 과실이 있더라도 본인은 전적인 책임을 져야 하고 이를 이유로 본인의 책임을 감경할 수 없다(대판).

02 표현대리에 관한 설명으로 옳은 것은? (다툼이 있으면 판례에 따름) 제32회

① 본인이 타인에게 대리권을 수여하지 않았지만 수여하였다고 상대방에게 통보한 경우, 그 타인이 통보받은 상대방 외의 자와 본인을 대리하여 행위를 한 때는 민법 제125조의 표현대리가 적용된다.
② 표현대리가 성립하는 경우, 과실상계의 법리를 유추적용하여 본인의 책임을 경감할 수 있다.
③ 민법 제129조의 표현대리를 기본대리권으로 하는 민법 제126조의 표현대리는 성립될 수 없다.
④ 대리행위가 강행법규에 위반하여 무효인 경우에는 표현대리의 법리가 적용되지 않는다.
⑤ 유권대리의 주장 속에는 표현대리의 주장이 포함되어 있다.

해설

① 본인이 타인에게 대리권을 수여하지 않았지만 수여하였다고 상대방에게 통보한 경우, 그 타인이 "통보받은 상대방 외의 자"와 본인을 대리하여 행위를 한 때는 본인이 "통보받은 상대방 외의 자"에게 신뢰를 부여한 것이 아니므로 민법 제125조의 표현대리가 적용되지 않는다.
② 표현대리가 성립하는 경우, 본인은 표현대리행위에 대하여 전적인 책임을 져야 하고 상대방에게 과실이 있다고 하여 과실상계의 법리를 유추적용하여 본인의 책임을 경감할 수 없다(대판).
③ 민법 제129조의 표현대리를 기본대리권으로 하는 민법 제126조의 표현대리는 성립될 수 있다(대판).
⑤ 표현대리가 성립한다고 하여 무권대리의 성질이 유권대리로 전환되는 것은 아니므로, 유권대리의 주장 속에는 무권대리에 속하는 표현대리의 주장이 포함되어 있다고 볼 수 없다(대판).

03 권한을 넘은 표현대리에 관한 설명으로 옳은 것은? (다툼이 있으면 판례에 따름)

제33회

① 기본대리권이 처음부터 존재하지 않는 경우에도 표현대리는 성립할 수 있다.
② 복임권이 없는 대리인이 선임한 복대리인의 권한은 기본대리권이 될 수 없다.
③ 대리행위가 강행규정을 위반하여 무효인 경우에도 표현대리는 성립할 수 있다.
④ 법정대리권을 기본대리권으로 하는 표현대리는 성립할 수 없다.
⑤ 상대방이 대리인에게 대리권이 있다고 믿을 만한 정당한 이유가 있는지의 여부는 대리행위 당시를 기준으로 판정한다.

해설

① 기본적인 어떠한 대리권도 없는 자에게는 권한을 넘은 표현대리가 성립할 수 없다.
② 복임권이 없는 대리인이 선임한 복대리인의 권한도 기본대리권이 될 수 있다.
③ 대리행위가 강행규정을 위반하여 무효인 경우에는 표현대리는 성립할 여지가 없다.
④ 법정대리권, 즉 일상가사대리권도 권한을 넘은 표현대리의 기본대리권이 될 수 있다.

정답   01 ③   02 ④   03 ⑤

제1편 민법총칙 **45**

Chapter 04 법률행위의 무효와 취소

01 법률행위의 무효

01 추인하여도 효력이 생기지 않는 무효인 법률행위를 모두 고른 것은? (다툼이 있으면 판례에 의함) 제25회

> ㉠ 불공정한 법률행위
> ㉡ 무권대리인의 법률행위
> ㉢ 불법조건이 붙은 법률행위
> ㉣ 통정허위표시에 의한 임대차계약

① ㉠, ㉡   ② ㉠, ㉢   ③ ㉡, ㉣
④ ㉠, ㉢, ㉣   ⑤ ㉡, ㉢, ㉣

해설

㉠㉢ 강행규정 위반, 반사회적 법률행위, 불공정한 법률행위는 추인하여도 유효가 되지 않는다.

02 무효인 법률행위에 해당하는 것은? 제29회

① 착오로 체결한 매매계약
② 기망행위로 체결한 교환계약
③ 대리인의 사기에 의한 법률행위
④ 사회질서에 위반한 조건이 붙은 법률행위
⑤ 상대방이 유발한 착오에 의한 임대차계약

해설

④ 사회질서에 위반한 조건이 붙은 법률행위는 무효이다.

03 법률행위의 무효에 관한 설명으로 틀린 것은? (다툼이 있으면 판례에 따름) 제29회

① 불공정한 법률행위로서 무효인 경우, 무효행위 전환의 법리가 적용될 수 있다.

② 토지거래허가구역 내의 토지매매계약은 관할관청의 불허가 처분이 있으면 확정적 무효이다.

③ 매도인이 통정한 허위의 매매를 추인한 경우, 다른 약정이 없으면 계약을 체결한 때로부터 유효로 된다.

④ 이미 매도된 부동산에 관하여, 매도인의 채권자가 매도인의 배임행위에 적극 가담하여 설정된 저당권은 무효이다.

⑤ 토지거래허가구역 내의 토지거래계약이 확정적으로 무효가 된 경우, 그 계약이 무효로 되는데 책임 있는 사유가 있는 자도 무효를 주장할 수 있다.

해설

③ 무효인 법률행위를 추인하면 그때부터 유효로 된다(제139조).

04 甲은 토지거래허가구역 내에 있는 그 소유 X토지에 관하여 乙과 매매계약을 체결하였다. 비록 이 계약이 토지거래허가를 받지는 않았으나 확정적으로 무효가 아닌 경우, 다음 설명 중 틀린 것은? (다툼이 있으면 판례에 따름) 제30회

① 위 계약은 유동적 무효의 상태이다.

② 乙이 계약내용에 따른 채무를 이행하지 않더라도 甲은 이를 이유로 위 계약을 해제할 수 없다.

③ 甲은 乙의 매매대금 이행제공이 없음을 이유로 토지거래허가 신청에 대한 협력의무의 이행을 거절할 수 없다.

④ 토지거래허가구역 지정기간이 만료되었으나 재지정이 없는 경우, 위 계약은 확정적으로 유효로 된다.

⑤ 乙이 丙에게 X토지를 전매하고 丙이 자신과 甲을 매매당사자로 하는 허가를 받아 甲으로부터 곧바로 등기를 이전받았다면 그 등기는 유효하다.

해설

⑤ 토지거래허거구역 내에서는 乙이 丙에게 X토지를 전매하고 丙이 자신과 甲을 매매당사자로 하는 허가를 받아 甲으로부터 곧바로 등기를 이전받았다고 하더라도 그 등기는 무효이다.

정답 01 ② 02 ④ 03 ③ 04 ⑤

05 토지거래허가구역 내의 토지에 대한 매매계약이 체결된 경우(유동적 무효)에 관한 설명으로 옳은 것을 모두 고른 것은? (다툼이 있으면 판례에 따름) 제33회

> ㉠ 해약금으로서 계약금만 지급된 상태에서 당사자가 관할관청에 허가를 신청하였다면 이는 이행의 착수이므로 더 이상 계약금에 기한 해제는 허용되지 않는다.
> ㉡ 당사자 일방이 토지거래허가 신청절차에 협력할 의무를 이행하지 않는다면 다른 일방은 그 이행을 소구할 수 있다.
> ㉢ 매도인의 채무가 이행불능임이 명백하고 매수인도 거래의 존속을 바라지 않는 경우, 위 매매계약은 확정적 무효로 된다.
> ㉣ 위 매매계약 후 토지거래허가구역 지정이 해제되었다고 해도 그 계약은 여전히 유동적 무효이다.

① ㉠, ㉡   ② ㉠, ㉣   ③ ㉡, ㉢
④ ㉢, ㉣   ⑤ ㉠, ㉡, ㉢

해설

㉠ 토지거래허가구역 내에서의 토지거래허가를 받은 것만으로는 이행의 착수에 해당하지 않으므로 계약금해제가 가능하다.
㉣ 유동적 무효상태에서 토지거래허가구역 지정이 해제되면 더 이상 허가를 받을 필요 없이 계약은 확정적 유효가 된다.

06 甲은 허가받을 것을 전제로 토지거래허가구역 내 자신의 토지에 대해 乙과 매매계약을 체결하였다. 다음 설명 중 옳은 것을 모두 고른 것은? (다툼이 있으면 판례에 따름) 제34회

> ㉠ 甲은 특별한 사정이 없는 한 乙의 매매대금 이행제공이 있을 때까지 허가신청절차 협력의무의 이행을 거절할 수 있다.
> ㉡ 乙이 계약금 전액을 지급한 후, 당사자의 일방이 이행에 착수하기 전이라면 특별한 사정이 없는 한 甲은 계약금의 배액을 상환하고 계약을 해제할 수 있다.
> ㉢ 일정기간 내 허가를 받기로 약정한 경우, 특별한 사정이 없는 한 그 허가를 받지 못하고 약정기간이 경과하였다는 사정만으로도 매매계약은 확정적 무효가 된다.

① ㉠   ② ㉡   ③ ㉠, ㉢
④ ㉡, ㉢   ⑤ ㉠, ㉡, ㉢

해설

㉠ 매도인의 허가절차 협력의무와 매수인의 대금지급의무는 동시이행관계가 아니다. 즉, 매수인은 협력의무의 이행을 청구함에 있어 대금채무의 이행제공을 할 필요가 없으므로, 매도인은 매매대금의 이행제공이 없었음을 이유로 협력의무의 이행을 거절할 수 없다(대판).

㉢ 매매계약 체결 당시 일정한 기간 안에 토지거래허가를 받기로 약정하였다고 하더라도, 특별한 사정이 없는 한 이를 쌍무계약에서 이행기를 정한 것과 달리 볼 것이 아니므로 위 약정기간이 경과하였다는 사정만으로 곧바로 매매계약이 확정적으로 무효가 된다고 할 수 없다(대판 2008다50615).

OX

• 토지거래허가구역 내의 토지를 매매한 당사자가 계약체결시부터 허가를 잠탈할 의도였더라도, 그 후 해당 토지에 대한 허가구역 지정이 해제되었다면 위 매매계약은 유효하게 된다. (　)　　　　　　　　　　　　　　　　　　　　　▶정답 ✕

07 추인할 수 있는 법률행위가 아닌 것은? (다툼이 있으면 판례에 따름)　제31회

① 통정허위표시에 의한 부동산매매계약
② 상대방의 강박으로 체결한 교환계약
③ 무권대리인이 본인을 대리하여 상대방과 체결한 임대차계약
④ 미성년자가 법정대리인의 동의나 허락 없이 자신의 부동산을 매도하는 계약
⑤ 처음부터 허가를 잠탈할 목적으로 체결된 토지거래허가구역 내의 토지거래계약

해설

⑤ 제103조 반사회질서의 법률행위, 제104조 불공정한 법률행위, 강행법규 위반행위는 무효행위의 추인을 할 수 없다. 처음부터 허가를 잠탈할 목적으로 체결된 토지거래허가구역 내의 토지거래계약은 강행법규 위반행위로서 추인을 할 수 없다.

정답 05 ③　06 ②　07 ⑤

08 법률행위의 무효에 관한 설명으로 옳은 것은? (다툼이 있으면 판례에 따름)

제32회

① 무효인 법률행위의 추인은 그 무효의 원인이 소멸한 후에 하여야 그 효력이 인정된다.

② 무효인 법률행위는 무효임을 안 날로부터 3년이 지나면 추인할 수 없다.

③ 법률행위의 일부분이 무효일 때, 그 나머지 부분의 유효성을 판단함에 있어 나머지 부분을 유효로 하려는 당사자의 가정적 의사는 고려되지 않는다.

④ 무효인 법률행위의 추인은 묵시적인 방법으로 할 수는 없다.

⑤ **강행법규 위반으로 무효인 법률행위를 추인한 때에는 다른 정함이 없으면 그 법률행위는 처음부터 유효한 법률행위가 된다.**

해설

② 무효인 법률행위의 추인에는 특별한 기간제한이 없다.

③ 법률행위의 일부분이 무효일 때, 그 나머지 부분의 유효성을 판단함에 있어 나머지 부분을 유효로 하려는 당사자의 가정적 의사가 인정되어야 한다.

④ 무효인 법률행위의 추인은 묵시적인 방법으로 할 수 있다.

⑤ 반사회적 법률행위, 불공정한 법률행위, 강행법규 위반으로 무효인 법률행위는 무효행위의 추인이 인정되지 않는다.

OX

• 일부무효에 관한 민법 제137조는 당사자의 합의로 그 적용을 배제할 수 있다. (   )

▶ 정답 ○

09 법률행위의 무효와 추인에 관한 설명으로 옳은 것을 모두 고른 것은? (다툼이 있으면 판례에 따름) 제34회

> ⊙ 무효인 법률행위의 추인은 무효원인이 소멸된 후 본인이 무효임을 알고 추인해야 그 효력이 인정된다.
> ⓒ 무권리자의 처분이 계약으로 이루어진 경우, 권리자가 추인하면 원칙적으로 계약의 효과는 계약체결시에 소급하여 권리자에게 귀속된다.
> ⓒ 양도금지특약에 위반하여 무효인 채권양도에 대해 양도대상이 된 채권의 채무자가 승낙하면 다른 약정이 없는 한 양도의 효과는 승낙시부터 발생한다.

① ⊙   ② ⓒ   ③ ⊙, ⓒ
④ ⓒ, ⓒ   ⑤ ⊙, ⓒ, ⓒ

해설

⊙ 대판

ⓒ 무권리자의 처분행위에 대한 권리자의 추인은 무권대리행위의 추인을 유추적용하여 소급효가 인정된다(대판).

ⓒ 당사자의 양도금지의 의사표시로써 채권은 양도성을 상실한다. 그런데 이러한 양도금지특약에 위반하여 무효인 채권양도에 대해 양도대상이 된 채권의 채무자가 승낙하면 채무자의 사후승낙에 의하여 무효인 채권양도행위가 추인되어 유효하게 되며 이 경우 다른 약정이 없는 한 소급효가 인정되지 않고 양도의 효과는 승낙시부터 발생한다(대판 2009다47685).

OX

• 처분권자는 명문의 규정이 없더라도 처분권 없는 자의 처분행위를 추인하여 이를 유효하게 할 수 있다. (   ) ▶정답 ○

02 법률행위의 취소

01 취소할 수 있는 법률행위의 법정추인 사유가 아닌 것은? 제35회

① 혼동
② 경개
③ 취소권자의 이행청구
④ 취소권자의 강제집행
⑤ 취소권자인 채무자의 담보제공

해설

> **제145조(법정추인)** 취소할 수 있는 법률행위에 관하여 전조의 규정에 의하여 추인할 수 있는 후에 다음 각호의 사유가 있으면 추인한 것으로 본다. 그러나 이의를 보류한 때에는 그러하지 아니하다.
> 1. 전부나 일부의 이행
> 2. 이행의 청구
> 3. 경개
> 4. 담보의 제공
> 5. 취소할 수 있는 행위로 취득한 권리의 전부나 일부의 양도
> 6. 강제집행

02 甲이 乙을 기망하여 건물을 매도하는 계약을 乙과 체결하였다. 법정추인사유에 해당하는 경우는? 제25회

① 甲이 乙에게 매매대금의 지급을 청구한 경우
② 甲이 乙에 대한 대금채권을 丙에게 양도한 경우
③ 甲이 이전등기에 필요한 서류를 乙에게 제공한 경우
④ 기망상태에서 벗어난 乙이 이의 없이 매매대금을 지급한 경우
⑤ 乙이 매매계약의 취소를 통해 취득하게 될 계약금 반환청구권을 丁에게 양도한 경우

해설

④ 취소권자 乙이 기망상태에서 벗어나 이의 없이 자신의 채무를 이행한 것은 법정추인사유에 해당한다.

03 법정추인이 인정되는 경우가 아닌 것은? (단, 취소권자는 추인할 수 있는 상태이며, 행위자가 취소할 수 있는 법률행위에 관하여 이의보류 없이 한 행위임을 전제함)

① 취소권자가 상대방에게 채무를 이행한 경우
② 취소권자가 상대방에게 담보를 제공한 경우
③ 상대방이 취소권자에게 이행을 청구한 경우
④ 취소할 수 있는 행위로 취득한 권리를 취소권자가 타인에게 양도한 경우
⑤ 취소권자가 상대방과 경개계약을 체결한 경우

해설

③ 상대방이 취소권자에게 이행을 청구한 경우는 법정추인사유에 해당하지 않는다.

04 법률행위의 취소에 관한 설명으로 옳은 것은? 제27회

① 취소권은 취소할 수 있는 날로부터 3년 내에 행사하여야 한다.
② 취소권은 취소사유가 있음을 안 날로부터 10년 내에 행사하여야 한다.
③ 제한능력을 이유로 법률행위가 취소된 경우 악의의 제한능력자는 받은 이익에 이자를 붙여서 반환해야 한다.
④ 법정대리인의 추인은 취소의 원인이 소멸한 후에 하여야만 효력이 있다.
⑤ 취소할 수 있는 법률행위는 추인할 수 있는 후에 취소권자의 이행청구가 있으면 이의를 보류하지 않는 한 추인한 것으로 본다.

해설

①② 취소권은 추인할 수 있는 날로부터 3년 내에, 법률행위를 한 날로부터 10년 내에 행사하여야 한다(제146조)
③ 제한능력자는 선의·악의를 불문하고 그 행위로 인하여 받은 이익이 현존하는 한도에서 상환할 책임이 있다(제141조).
④ 법정대리인 추인하는 경우에는 취소의 소멸되기 전이라도 추인할 수 있다(제144조 제2항).

정답 01 ① 02 ④ 03 ③ 04 ⑤

05 취소할 수 있는 법률행위에 관한 설명으로 틀린 것은? 제29회

① 취소된 법률행위는 처음부터 무효인 것으로 본다.

② 제한능력자는 취소할 수 있는 법률행위를 단독으로 취소할 수 있다.

③ 제한능력자의 법률행위에 대한 법정대리인의 추인은 취소의 원인이 소멸된 후에 하여야 그 효력이 있다.

④ 제한능력자가 취소의 원인이 소멸된 후에 이의를 보류하지 않고 채무 일부를 이행하면 추인한 것으로 본다.

⑤ 취소할 수 있는 법률행위의 상대방이 확정된 경우에는 그 취소는 그 상대방에 대한 의사표시로 하여야 한다.

해설

③ 법정대리인은 취소의 원인이 소멸하기 전에도 추인할 수 있다(제144조 제2항).

06 취소권은 법률행위를 한 날부터 (㉠) 내에, 추인할 수 있는 날부터 (㉡) 내에 행사하여야 한다. ( )에 들어갈 것은? 제29회

① ㉠: 1년, ㉡: 5년   ② ㉠: 3년, ㉡: 5년

③ ㉠: 3년, ㉡: 10년   ④ ㉠: 5년, ㉡: 10년

⑤ ㉠: 10년, ㉡: 3년

해설

⑤ 제146조

07 법률행위의 취소에 관한 설명으로 틀린 것은? (다툼이 있으면 판례에 따름)

제33회

① 제한능력자가 제한능력을 이유로 자신의 법률행위를 취소하기 위해서는 법정대리인의 동의를 받아야 한다.
② 취소권은 추인할 수 있는 날로부터 3년 내에, 법률행위를 한 날로부터 10년 내에 행사하여야 한다.
③ 취소된 법률행위는 특별한 사정이 없는 한 처음부터 무효인 것으로 본다.
④ 제한능력을 이유로 법률행위가 취소된 경우, 제한능력자는 그 법률행위에 의해 받은 급부를 이익이 현존하는 한도에서 상환할 책임이 있다.
⑤ 취소할 수 있는 법률행위에 대해 취소권자가 적법하게 추인하면 그의 취소권은 소멸한다.

해설
① 제한능력자도 법정대리인의 동의 없이 단독으로 취소권을 행사할 수 있다(제140조).

08 무효와 취소에 관한 설명으로 틀린 것은? (다툼이 있으면 판례에 따름) 제28회
① 무효인 가등기를 유효한 등기로 전용하기로 약정하면 그 가등기는 소급하여 유효한 등기가 된다.
② 취소권은 추인할 수 있는 날로부터 3년 내에, 법률행위를 한날로부터 10년 내에 행사하여야 한다.
③ 무효인 법률행위를 사후에 적법하게 추인한 때에는 다른 정함이 없으면 새로운 법률행위를 한 것으로 보아야 한다.
④ 무권리자가 甲의 권리를 자기의 이름으로 처분한 경우, 甲이 그 처분을 추인하면 처분행위의 효력이 甲에게 미친다.
⑤ 무효행위의 추인은 그 무효원인이 소멸한 후에 하여야 그 효력이 있다.

해설
① 무효인 가등기를 유효한 가등기로 전용키로 한 약정은 그때부터 유효하고 이로써 그 가등기가 소급하여 유효가 되는 것은 아니다(대판 91다26546).
④ 무권리자의 처분행위에 대한 추인 : 무권리자가 타인의 권리를 처분한 경우에는 특별한 사정이 없는 한 권리가 이전되지 않는다(무효). 그러나 권리자가 무권리자의 처분행위를 추인하면 무권대리의 추인에 관한 민법규정을 유추적용하여 원칙적으로 계약의 효과가 계약을 체결했을 때에 소급하여 권리자에게 귀속된다.

정답 05 ③ 06 ⑤ 07 ① 08 ①

09 취소원인이 있는 법률행위는? 제31회

① 불공정한 법률행위
② 불법조건이 붙은 법률행위
③ 강행법규에 위반한 매매계약
④ 상대방의 사기로 체결한 교환계약
⑤ 원시적·객관적 전부불능인 임대차계약

해설

①②③⑤ 무효인 법률행위이다.

10 법률행위의 취소에 관한 설명으로 틀린 것은? 제32회

① 취소권은 추인할 수 있는 날로부터 3년 내에 법률행위를 한 날로부터 10년 내에 행사해야 한다.
② 취소할 수 있는 법률행위에 관하여 법정추인이 되려면 취소권자가 취소권의 존재를 인식해야 한다.
③ 취소된 법률행위는 처음부터 무효인 것으로 본다.
④ 취소권의 법적성질은 형성권이다.
⑤ 취소할 수 있는 법률행위의 상대방이 확정된 경우, 그 취소는 그 상대방에 대한 의사표시로 하여야 한다.

해설

② 법정추인은 법률규정에 의한 것이므로, 법정추인이 되기 위하여 취소권자가 취소권의 존재를 인식해야 하는 것은 아니다.

OX

• 취소할 수 있는 법률행위의 상대방이 그 행위로 취득한 특정의 권리를 양도한 경우, 양수인이 아닌 원래의 상대방에게 취소의 의사표시를 하여야 한다. (　)　▶정답 ○

11 의사표시의 취소에 관한 설명으로 옳은 것을 모두 고른 것은? 제35회

> ⊙ 취소권은 추인할 수 있는 날로부터 10년이 경과하더라도 행사할 수 있다.
> ⊙ 강박에 의한 의사표시를 한 자는 강박상태를 벗어나기 전에도 이를 취소할 수 있다.
> ⓒ 취소할 수 있는 법률행위의 상대방이 확정되었더라도 상대방이 그 법률행위로부터 취득한 권리를 제3자에게 양도하였다면 취소의 의사표시는 그 제3자에게 해야 한다.

① ⊙   ② ⓒ   ③ ⓒ
④ ⊙, ⓒ   ⑤ ⓒ, ⓒ

해설

ⓒ 강박에 의한 의사표시를 한 자는 강박상태를 벗어나기 전에도 이를 '추인'할 수 없으나 '취소'할 수 있다.

⊙ 취소권은 추인할 수 있는 날로부터 3년 내에 법률행위를 한 날로부터 10년 내에 행사하여야 한다(제146조).

ⓒ 취소할 수 있는 법률행위의 상대방이 확정한 경우에는 그 취소는 그 상대방에 대한 의사표시로 하여야 한다(제142조). 따라서 취소할 수 있는 법률행위의 상대방이 확정되었다면 상대방이 그 법률행위로부터 취득한 권리를 제3자에게 양도하였더라도 취소의 의사표시는 그 상대방에게 해야 하고 제3자에게 할 수 없다.

Chapter 05

법률행위의 조건과 기한

01 조건부 법률행위에 관한 설명으로 틀린 것은? (다툼이 있으면 판례에 따름)

제28회

① 상대방이 동의하면 채무면제에 조건을 붙일 수 있다.

② 정지조건부 법률행위는 조건이 불성취로 확정되면 무효로 된다.

③ 조건을 붙이는 것이 허용되지 않는 법률행위에 조건을 붙인 경우, 다른 정함이 없으면 그 조건만 분리하여 무효로 할 수 있다.

④ **당사자가 조건성취의 효력을 그 성취 전에 소급하게 할 의사를 표시한 때에는 그 의사에 의한다.**

⑤ 정지조건의 경우에는 권리를 취득한 자가 조건성취에 대한 증명책임을 부담한다.

해설

③ 조건부 법률행위에 있어 조건의 내용 자체가 불법적인 것이어서 무효일 경우 또는 조건을 붙이는 것이 허용되지 않는 법률행위에 조건을 붙일 경우, 그 조건만을 분리하여 무효로 할 수는 없고 법률행위 전부가 무효가 된다(대판 2005마541).

① 단독행위는 원칙적으로 조건을 붙일 수 없다. 다만 상대방에게 이익만 주는 경우(채무면제, 유언 등) 또는 상대방이 동의한 경우에는 예외적으로 단독행위에 조건을 붙일 수 있다.

⑤ 법률행위에 정지조건이 붙어있다고 하는 것은 법률행위의 효력을 다투는 자가 입증하여야 한다. 반면 정지조건이 성취하였다는 사실에 대해서는 조건의 성취에 의하여 권리를 취득하려는 자가 입증하여야 한다.

02 법률행위의 조건과 기한에 관한 설명으로 옳은 것은? 제29회

① 정지조건 있는 법률행위는 조건이 성취한 때로부터 그 효력을 잃는다.
② 기한은 채권자의 이익을 위한 것으로 추정하며, 기한의 이익은 포기할 수 있다.
③ 기한의 도래가 미정한 권리의무는 일반규정에 의하여 처분하거나 담보로 할 수 없다.
④ 조건이 법률행위 당시 이미 성취한 것인 경우, 그 조건이 해제조건이면 그 법률행위는 무효로 한다.
⑤ 당사자가 조건성취의 효력을 그 성취 전에 소급하게 할 의사를 표시한 경우에도 그 효력은 조건이 성취된 때부터 발생한다.

해설
④ 제151조
① 정지조건 있는 법률행위는 조건이 성취한 때로부터 그 효력이 생긴다(제147조).
② 기한은 채무자의 이익을 위한 것으로 추정하며, 기한의 이익은 포기할 수 있다(제153조).
③ 기한의 도래가 미정한 권리의무는 일반규정에 의하여 처분, 상속, 보존 또는 담보로 할 수 있다(제154조, 제149조).
⑤ 당사자가 조건성취의 효력을 그 성취 전에 소급하게 할 의사를 표시한 때에는 그 의사에 의한다(제147조 제3항).

03 조건과 기한에 관한 설명으로 옳은 것은? (다툼이 있으면 판례에 따름) 제30회

① 해제조건 있는 법률행위는 조건이 성취한 때로부터 그 효력이 발생한다.
② 기한이익 상실특약은 특별한 사정이 없는 한 정지조건부 기한이익 상실특약으로 추정한다.
③ 조건이 법률행위 당시에 이미 성취할 수 없는 것인 경우, 그 조건이 정지조건이면 그 법률행위는 무효로 한다.
④ 불확정한 사실의 발생시기를 이행기한으로 정한 경우, 그 사실의 발생이 불가능하게 되었다고 하여 이행기한이 도래한 것으로 볼 수는 없다.
⑤ 상계의 의사표시에는 시기(始期)를 붙일 수 있다.

해설
① 해제조건 있는 법률행위는 조건이 성취한 때로부터 그 효력이 상실한다.
② 기한이익 상실특약은 특별한 사정이 없는 한 형성권적 기한이익 상실특약으로 추정한다.
④ 불확정한 사실의 발생시기를 이행기한으로 정한 경우, 그 사실의 발생이 불가능하게 된 경우에도 이행기한이 도래한 것으로 볼 수 있다.
⑤ 상계는 단독행위이므로 상계의 의사표시에는 원칙적으로 시기(始期)를 붙일 수 없다.

정답 01 ③ 02 ④ 03 ③

04 법률행위의 조건과 기한에 관한 설명으로 틀린 것은? (다툼이 있으면 판례에 따름)

제31회

① 조건부 법률행위에서 불능조건이 정지조건이면 그 법률행위는 무효이다.
② 조건부 법률행위에서 기성조건이 해제조건이면 그 법률행위는 무효이다.
③ 법률행위에 조건이 붙어 있다는 사실은 그 조건의 존재를 주장하는 자가 증명해야 한다.
④ 기한이익 상실특약은 특별한 사정이 없으면 정지조건부 기한이익 상실특약으로 추정된다.
⑤ 종기(終期) 있는 법률행위는 기한이 도래한 때로부터 그 효력을 잃는다.

해설

④ 기한이익 상실특약은 특별한 사정이 없으면 형성권적 기한이익 상실특약으로 추정된다(대판).

05 법률행위의 조건과 기한에 관한 설명으로 틀린 것은?

제32회

① 법정조건은 법률행위의 부관으로서의 조건이 아니다.
② 조건이 선량한 풍속 기타 사회질서에 위반한 것이면 그 법률행위는 무효이다.
③ 조건부 법률행위는 조건이 성취되었을 때에 비로소 그 법률행위가 성립한다.
④ **조건부 법률행위에서 불능조건이 정지조건이면 그 법률행위는 무효이다.**
⑤ 과거의 사실은 법률행위의 부관으로서의 조건으로 되지 못한다.

해설

③ 조건부 법률행위에서 조건의 성취는 법률행위의 성립요건이 아니라 (특별)효력요건이다.

06 조건에 관한 설명으로 틀린 것은? (다툼이 있으면 판례에 따름)

① 조건성취의 효력은 특별한 사정이 없는 한 소급하지 않는다.

② 해제조건이 선량한 풍속 기타 사회질서에 위반한 것인 때에는 특별한 사정이 없는 한 조건 없는 법률행위로 된다.

③ 정지조건과 이행기로서의 불확정기한은 표시된 사실이 발생하지 않는 것으로 확정된 때에 채무를 이행하여야 하는지 여부로 구별될 수 있다.

④ 이행지체의 경우 채권자는 상당한 기간을 정한 최고와 함께 그 기간 내에 이행이 없을 것을 정지조건으로 하여 계약을 해제할 수 있다.

⑤ 신의성실에 반하는 방해로 말미암아 조건이 성취된 것으로 의제되는 경우, 성취의 의제시점은 그 방해가 없었더라면 조건이 성취되었으리라고 추산되는 시점이다.

해설

② 해제조건이 선량한 풍속 기타 사회질서에 위반하면 조건만이 아니라 법률행위 전부가 무효가 된다.

③ 부관이 붙은 법률행위에 있어서 부관에 표시된 사실이 발생하지 아니하면 채무를 이행하지 아니하여도 된다고 보는 것이 상당한 경우에는 조건으로 보아야 하고, 표시된 사실이 발생한 때에는 물론이고 반대로 발생하지 아니하는 것이 확정된 때에도 그 채무를 이행하여야 한다고 보는 것이 상당한 경우에는 표시된 사실의 발생 여부가 확정되는 것을 불확정기한으로 정한 것으로 보아야 한다.

⑤ 조건의 성취로 인하여 불이익을 받을 당사자가 신의성실에 반하여 조건의 성취를 방해한 경우(제150조 제1항), 조건이 성취된 것으로 의제되는 시점은 이러한 신의성실에 반하는 행위가 없었더라면 조건이 성취되었으리라고 추산되는 시점이다(대판).

07 법률행위의 부관에 관한 설명으로 틀린 것은? (다툼이 있으면 판례에 따름) 제34회

① 조건이 선량한 풍속 기타 사회질서에 위반한 경우, 그 조건만 무효이고 법률행위는 유효하다.

② 법률행위에 조건이 붙어 있는지 여부는 조건의 존재를 주장하는 자에게 증명책임이 있다.

③ 기한은 특별한 사정이 없는 한 채무자의 이익을 위한 것으로 추정한다.

④ 조건부 법률행위에서 기성조건이 해제조건이면 그 법률행위는 무효이다.

⑤ 종기(終期) 있는 법률행위는 기한이 도래한 때로부터 그 효력을 잃는다.

해설

① 조건이 선량한 풍속 기타 사회질서에 위반한 경우, 그 조건뿐만 아니라 법률행위 전부가 무효이다.

08 법률행위의 부관에 관한 설명으로 틀린 것은? (다툼이 있으면 판례에 따름) 제35회

① 조건의사가 있더라도 외부에 표시되지 않으면 그것만으로는 조건이 되지 않는다.

② 기한이익 상실특약은 특별한 사정이 없는 한 정지조건부 기한이익 상실특약으로 추정한다.

③ 조건을 붙일 수 없는 법률행위에 조건을 붙인 경우, 다른 정함이 없으면 그 법률행위 전부가 무효로 된다.

④ '정지조건부 법률행위에 해당한다는 사실'에 대한 증명책임은 그 법률행위로 인한 법률효과의 발생을 다투는 자에게 있다.

⑤ 불확정한 사실이 발상한 때를 이행기한으로 정한 경우, 그 사실의 발생이 불가능하게 된 때에도 기한이 도래한 것으로 보아야 한다.

해설

② 기한이익 상실특약은 특별한 사정이 없는 한 형성권적 기한이익 상실특약으로 추정한다.

> **OX**
>
> 1. 조건의사가 외부로 표시되지 않은 경우, 조건부 법률행위로 인정되지 않는다. ( )
>
> 2. 조건은 의사표시의 일반원칙에 따라 조건의사와 그 표시가 필요하다. ( )
>
> 3. 조건의 성취를 의제하는 효과를 발생시키는 조건성취 방해행위에는 과실에 의한 행위도 포함된다. ( )
>
> 4. 조건의 성취로 인하여 불이익을 받을 당사자가 과실로 신의성실에 반하여 조건의 성취를 방해한 때에는 상대방은 그 조건이 성취한 것으로 주장할 수 있다. ( )
>
> ▶정답 1. ○ 2. ○ 3. ○ 4. ○

박문각 공인중개사 ─────────────────────

물권법

물권법 일반

01 물권에 관한 설명으로 틀린 것은? (다툼이 있으면 판례에 따름)　제32회

① 민법 제185조에서의 '법률'은 국회가 제정한 형식적 의미의 법률을 의미한다.

② 사용·수익 권능을 대세적·영구적으로 포기한 소유권도 존재한다.

③ 처분권능이 없는 소유권은 인정되지 않는다.

④ **근린공원을 자유롭게 이용한 사정만으로 공원이용권이라는 배타적 권리를 취득하였다고 볼 수는 없다.**

⑤ **온천에 관한 권리를 관습법상의 물권이라고 볼 수는 없다.**

(해설)

② 소유권의 핵심적 권능에 속하는 사용·수익 권능의 대세적·영구적인 포기는 물권법정주의에 반하여 허용할 수 없다(대판 전합 2016다264556).

[OX]

1. 미등기 무허가건물의 양수인은 소유권이전등기를 경료 받지 않아도 소유권에 준하는 관습법상의 물권을 취득한다. (　)
   미등기 무허가건물의 양수인은 소유권이전등기를 경료 받지 않은 경우 소유권에 준하는 관습법상의 물권을 취득할 수 없다.

2. 농지 소유자의 승낙 없이 농작물을 경작한 경우 명인방법을 갖추어야만 토지와 별도로 독립된 소유권의 객체로 된다. (　)
   적법한 권원 없이 농작물을 경작한 경우라도 수확기의 농작물은 명인방법 없이도 경작자가 소유권을 취득한다(대판).

▶정답 1. × 2. ×

02 토지를 점유할 수 있는 물권을 모두 고른 것은?

제33회

> ㉠ 전세권 ㉡ 지상권
> ㉢ 저당권 ㉣ 임차권

① ㉠　　　　　　　　② ㉠, ㉡　　　　　　　　③ ㉠, ㉣

④ ㉢, ㉣　　　　　　⑤ ㉠, ㉡, ㉢

해설

㉢ 저당권은 점유를 수반하지 않는 권리이다.

㉣ 임차권은 채권이다.

03 1필의 토지의 일부를 객체로 할 수 없는 권리는? (다툼이 있으면 판례에 따름)

제33회

① 저당권　　　　　　② 전세권　　　　　　③ 지상권

④ 임차권　　　　　　⑤ 점유권

해설

① 소유권과 저당권은 원칙적으로 1필의 토지의 일부를 객체로 할 수 없다.

04 물권에 관한 설명으로 옳은 것은? (다툼이 있으면 판례에 따름)

제34회

① 물건 이외의 재산권은 물권의 객체가 될 수 없다.

② 물권은 부동산등기규칙에 의해 창설될 수 있다.

③ 구분소유의 목적이 되는 건물의 등기부상 표시에서 전유부분의 면적 표시가 잘못된 경우, 그 잘못 표시된 면적만큼의 소유권보존등기를 말소할 수 없다.

④ 1필의 토지의 일부를 객체로 하여 지상권을 설정할 수 없다.

⑤ 기술적인 착오로 지적도의 경계선이 실제 경계선과 다르게 작성된 경우, 토지의 경계는 지적도의 경계선에 의해 확정된다.

해설

③ 구분소유의 목적이 되는 하나의 부동산에 대한 등기부상 표시 중 전유부분의 면적 표시가 잘못된 경우, 이는 경정등기의 방법으로 바로 잡아야 하는 것이고 그 잘못 표시된 면적만큼의 소유권보존등기의 말소를 구하는 소는 법률상 허용되지 아니한다(대판 2000다39582).

정답 01 ② 02 ② 03 ① 04 ③

① 지상권, 전세권에 저당권을 설정할 수 있는 것처럼 권리도 물권의 객체가 될 수 있다(제371조 제1항).
② 물권은 법률 또는 관습법에 의하는 외에는 임의로 창설하지 못한다(제185조). 민법 제185조에서의 '법률'은 국회가 제정한 형식적 의미의 법률만을 의미하며, 규칙이나 명령은 이에 포함되지 않는다.
④ 용익물권은 물건의 일부 위에도 성립할 수 있다.
⑤ 실제 경계와 지적도상의 경계가 일치하지 않는 경우, 원칙적으로는 지적도상의 경계에 의하나, 기술적인 착오로 지적도의 경계선이 실제 경계선과 다르게 작성된 경우에는 실제 경계에 의한다(대판).

05 물권에 관한 설명으로 옳은 것은? (다툼이 있으면 판례에 따름)　　제35회

① 관습법에 의한 물권은 인정되지 않는다.
② 저당권은 법률규정에 의해 성립할 수 없다.
③ 부동산 물권변동에 관해서 공신의 원칙이 인정된다.
④ **1필 토지의 일부에 대해서는 저당권이 성립할 수 없다.**
⑤ 물건의 집단에 대해서는 하나의 물권이 성립하는 경우가 없다.

해설
① 관습법상 법정지상권, 분묘기지권, 동산의 양도담보 등 관습법에 의한 물권도 인정된다.
② 법률규정에 의해 저당권이 발생하는 경우도 있다.
③ 부동산 물권변동에 관해서는 공신의 원칙은 인정되지 않는다(절대적 무효).
⑤ 물건의 집단에 대해서도 특정할 수 있으면 하나의 물권이 성립할 수 있다.

06 물권적 청구권에 관한 설명으로 옳은 것을 모두 고른 것은? (다툼이 있으면 판례에 따름)　　제33회

> ㉠ 지상권을 설정한 토지의 소유자는 그 토지 일부의 불법점유자에 대하여 소유권에 기한 방해배제를 청구할 수 없다.
> ㉡ **토지의 소유권을 양도하여 소유권을 상실한 전(前)소유자도 그 토지 일부의 불법점유자에 대하여 소유권에 기한 방해배제를 청구할 수 있다.**
> ㉢ 소유자는 자신의 소유권을 방해할 염려있는 행위를 하는 자에 대하여 그 예방이나 손해배상의 담보를 청구할 수 있다.

① ㉠　　　　② ㉢　　　　③ ㉠, ㉡
④ ㉡, ㉢　　　⑤ ㉠, ㉡, ㉢

해설

㉠ 지상권을 설정한 토지 소유자는 소유권에 기한 물권적 청구권을 행사할 수 있다.

㉡ 소유권을 상실한 전소유자는 불법점유자에 대하여 소유권에 기한 방해배제를 청구할 수 없다.

07 물권적 청구권에 관한 설명으로 옳은 것은? (다툼이 있으면 판례에 따름) 제29회

① 소유자는 물권적 청구권에 의하여 방해제거비용 또는 방해예방비용을 청구할 수 없다.

② 불법원인으로 물건을 급여한 사람은 원칙적으로 소유권에 기하여 반환청구를 할 수 있다.

③ 소유자는 소유물을 불법점유한 사람의 특별승계인에 대하여는 그 반환을 청구하지 못한다.

④ 소유권에 기한 방해제거청구권은 현재 계속되고 있는 방해의 원인과 함께 방해결과의 제거를 내용으로 한다.

⑤ 소유권에 기한 물권적 청구권이 발생한 후에는 소유자가 소유권을 상실하더라도 그 청구권을 행사할 수 있다.

해설

① 민법 제214조의 규정에 의하면, 소유자가 침해자에 대하여 방해제거 행위 또는 방해예방 행위를 하는 데 드는 "비용"을 청구할 수 있는 권리는 위 규정에 포함되어 있지 않으므로, 소유자가 민법 제214조에 기하여 방해배제 '비용' 또는 방해예방 '비용'을 청구할 수는 없다(대판 2014다52612).

② 불법원인으로 급여를 한 사람은 그 원인행위가 법률상 무효라 하여 상대방에게 부당이득반환청구를 할 수 없음은 물론 급여한 물건의 소유권은 여전히 자기에게 있다고 하여 소유권에 기한 반환청구도 할 수 없고 따라서 급여한 물건의 소유권은 급여를 받은 상대방에게 귀속된다(대판 79다483).

③ 소유자는 소유물을 불법점유한 사람의 특별승계인에 대하여도 그 반환을 청구할 수 있다.

④ 소유권에 기한 방해배제청구권에 있어서 '방해'라 함은 현재에도 지속되고 있는 침해를 의미하고, 법익 침해가 과거에 일어나서 이미 종결된 경우에 해당하는 '손해'의 개념과는 다르다 할 것이어서, 소유권에 기한 방해배제청구권은 "방해결과의 제거"를 내용으로 하는 것이 되어서는 아니 되며(이는 손해배상의 영역에 해당한다 할 것이다) 현재 계속되고 있는 방해의 원인을 제거하는 것을 내용으로 한다(대판 2003다5917).

⑤ 일단 소유권을 상실한 전소유자는 제3자인 불법점유자에 대하여 물권적 청구권에 의한 방해배제를 청구할 수 없다(대판 68다725). 즉 물권적 청구권은 현재 물권자만 행사할 수 있다.

정답 05 ④ 06 ② 07 ①

08 물권적 청구권에 관한 설명으로 틀린 것은? (다툼이 있으면 판례에 따름) 제30회

① 소유권에 기한 물권적 청구권은 소멸시효에 걸리지 않는다.

② 상대방의 귀책사유는 물권적 청구권의 행사요건이 아니다.

③ 물권적 방해배제청구권의 요건으로 요구되는 방해는 개념상 손해와 구별된다.

④ 임차인은 임차목적물에 관한 임대인의 소유권에 기한 물권적 청구권을 대위 행사할 수 없다.

⑤ 유치권자는 점유권에 기한 물권적 청구권을 행사할 수 있다.

> **해설**
> ④ 임차인은 임차목적물에 관한 임대인의 소유권에 기한 물권적 청구권을 대위행사할 수 있다.

09 물권적 청구권에 관한 설명으로 옳은 것은? (다툼이 있으면 판례에 따름) 제31회

① 소유권에 기한 물권적 청구권은 소멸시효의 대상이다.

② 타인 토지에 무단으로 신축된 미등기건물을 매수하여 대금을 지급하고 점유 하는 자는 건물철거청구의 상대방이 될 수 있다.

③ 소유자는 허무인(虛無人) 명의로 등기한 행위자를 상대로 그 등기의 말소를 구할 수 없다.

④ 저당권자는 목적물에서 임의로 분리, 반출된 물건을 자신에게 반환할 것을 청구할 수 있다.

⑤ 소유자가 말소등기의무자에 의해 소유권을 상실하여 소유권에 기한 등기말 소를 구할 수 없는 경우, 그 의무자에게 이행불능에 의한 전보배상청구권을 가진다.

> **해설**
> ① 소유권에 기한 물권적 청구권은 소멸시효의 대상이 아니다.
> ③ 등기부상 진실한 소유자의 소유권에 방해가 되는 불실등기가 존재하는 경우에 그 등기명의 인이 허무인 또는 실체가 없는 단체인 때에는 소유자는 그와 같은 허무인 또는 실체가 없는 단 체 명의로 실제 등기행위를 한 자에 대하여 소유권에 기한 방해배제로서 등기의 말소를 구할 수 있다(대판 2015다47105).
> ④ 저당권자에게는 목적물반환청구권이 인정되지 않는다.
> ⑤ 소유자가 소유권을 상실함으로써 이제 무효등기말소청구권(방해배제청구권) 등을 청구할 수 없게 되었다면, 등기말소 등 의무자에 대하여 그 권리의 이행불능을 이유로 민법 제390조상의 손해배상청구권(전보배상청구권)을 가진다고 말할 수 없다(대판 전합 2010다28604).

10 물권적 청구권에 관한 설명으로 옳은 것은? (다툼이 있으면 판례에 따름) 제32회

① 소유권을 양도한 전소유자가 물권적 청구권만을 분리, 유보하여 불법점유자에 대해 그 물권적 청구권에 의한 방해배제를 할 수 있다.

② 물권적 청구권을 행사하기 위해서는 그 상대방에게 귀책사유가 있어야 한다.

③ 소유권에 기한 방해배제청구권에 있어서 방해에는 과거에 이미 종결된 손해가 포함된다.

④ 소유권에 기한 물권적 청구권은 그 소유권과 분리하여 별도의 소멸시효의 대상이 된다.

⑤ 소유권에 기한 물권적 청구권은 그 소유자가 소유권을 상실하면 더 이상 인정되지 않는다.

해설

① 물권적 청구권은 "현재의 물권자"만이 행사할 수 있으므로, 소유권을 양도한 전소유자가 물권적 청구권만을 분리, 유보하여 불법점유자에 대해 그 물권적 청구권에 의한 방해배제를 할 수 없다.

② 물권적 청구권을 행사하기 위해서 그 상대방에게 귀책사유가 있어야 하는 것은 아니다.

③ 소유권에 기한 방해배제청구권에 있어서 방해에는 현재에도 지속되고 있는 침해를 의미하고 과거에 이미 종결된 손해는 포함되지 않는다.

④ 소유권에 기한 물권적 청구권은 소멸시효의 대상이 아니다.

11 물권적 청구권에 관한 설명으로 틀린 것은? (다툼이 있으면 판례에 따름) 제34회

① 저당권자는 목적물에서 임의로 분리, 반출된 물건을 자신에게 반환할 것을 청구할 수 있다.

② 진정명의회복을 원인으로 한 소유권이전등기청구권의 법적 성질은 소유권에 기한 방해배제청구권이다.

③ 소유자는 소유권을 방해하는 자에 대해 민법 제214조에 기해 방해배제비용을 청구할 수 없다.

④ 미등기 무허가건물의 양수인은 소유권에 기한 방해배제청구권을 행사할 수 없다.

⑤ 소유권에 기한 방해배제청구권은 현재 계속되고 있는 방해원인의 제거를 내용으로 한다.

해설

① 점유를 수반하지 않는 저당권에는 반환청구권이 준용(인정)되지 않는다.

정답 08 ④ 09 ② 10 ⑤ 11 ①

12 점유보호청구권에 관한 설명으로 틀린 것은? (다툼이 있으면 판례에 따름) 제35회

① 점유권에 기인한 소는 본권에 관한 이유로 재판하지 못한다.

② **과실 없이 점유를 방해하는 자에 대해서도 방해배제를 청구할 수 있다.**

③ 점유자가 사기를 당해 점유를 이전한 경우, 점유물반환을 청구할 수 없다.

④ 공사로 인하여 점유의 방해를 받은 경우, 그 공사가 완성한 때에는 방해의 제거를 청구하지 못한다.

⑤ 타인의 점유를 침탈한 뒤 제3자에 의해 점유를 침탈당한 자는 점유물반환청구권의 상대방이 될 수 있다.

> **해설**
> ⑤ 타인의 점유를 침탈한 뒤 제3자에 의해 점유를 침탈당한 자는 현재 점유하고 있는 자가 아니므로 점유물반환청구권의 상대방이 될 수 없다.

13 甲 소유 X토지에 대한 사용권한 없이 그 위에 乙이 Y건물을 신축한 후 아직 등기하지 않은 채 丙에게 일부를 임대하여 현재 乙과 丙이 Y건물을 일부분씩 점유하고 있다. 다음 설명 중 틀린 것은? (다툼이 있으면 판례에 따름) 제27회

① 甲은 乙을 상대로 Y건물의 철거를 구할 수 있다.

② 甲은 乙을 상대로 Y건물의 대지 부분의 인도를 구할 수 있다.

③ 甲은 乙을 상대로 Y건물에서의 퇴거를 구할 수 있다.

④ 甲은 丙을 상대로 Y건물에서의 퇴거를 구할 수 있다.

⑤ 乙이 Y건물을 丁에게 미등기로 매도하고 인도해 준 경우 甲은 丁을 상대로 Y건물의 철거를 구할 수 있다.

> **해설**
> ③④ 甲은 乙을 상대로 건물의 철거청구와 대지의 인도청구를 할 수는 있으나, 건물소유자(乙)에게 건물에서 퇴거할 것을 청구할 수는 없다. 다만 甲은 임차인 丙을 상대로 Y건물에서의 퇴거를 구할 수 있다.
> ①② 乙이 사용권한 없이 甲 소유의 토지에 건물을 신축하였으므로, 甲은 乙에게 건물의 철거와 대지의 반환을 청구할 수 있다.
> ⑤ 丁은 건물의 소유권이전등기를 하지 않았으므로 건물의 소유자는 아니지만 '법률상 또는 사실상의 처분권'을 가진 자이므로, 甲은 丁을 상대로 건물의 철거를 구할 수 있다.

14 甲소유 토지에 乙이 무단으로 건물을 신축한 뒤 丙에게 임대하여 丙이 현재 그 건물을 점유하고 있다. 다음 설명 중 틀린 것은? (다툼이 있으면 판례에 따름) 제35회

① 甲은 丙을 상대로 건물에서의 퇴거를 청구할 수 없다.

② 甲은 乙을 상대로 건물의 철거 및 토지의 인도를 청구할 수 있다.

③ 甲은 乙을 상대로 토지의 무단 사용을 이유로 부당이득반환청구권을 행사할 수 있다.

④ 만약 乙이 임대하지 않고 스스로 점유하고 있다면, 甲은 乙을 상대로 건물에서의 퇴거를 청구할 수 없다.

⑤ 만약 丙이 무단으로 건물을 점유하고 있다면, 乙은 丙을 상대로 건물의 인도를 청구할 수 있다.

해설

① 甲 소유의 토지 위에 건물을 무단으로 신축한 乙이 건물을 丙에게 임대하여 丙이 그 건물을 점유하고 있는 경우, 丙이 대항력을 갖추고 그 건물을 점유하고 있더라도 甲은 소유권에 기하여 丙에 대하여 건물로부터의 <u>퇴거를 청구</u>할 수 있다.

Chapter 02 물권의 변동

01 부동산물권 변동

01 등기가 있어야 부동산물권을 취득하는 경우는? (다툼이 있으면 판례에 의함)

제20회

① 지상권을 상속으로 취득하는 경우
② **건물전세권이 법정갱신되는 경우**
③ **건물을 신축하여 소유권을 취득하는 경우**
④ **현물분할의 합의에 의하여 공유토지에 대한 단독소유권을 취득하는 경우**
⑤ 1동의 건물 중 구분된 건물부분이 구조상·이용상 독립성을 갖추고 구분행위로 인하여 구분소유권을 취득하는 경우

해설

④ 협의에 의한 공유물분할은 법률행위에 의한 물권변동이므로 등기하여야 효력이 생긴다(제186조).

부동산물권 변동요건

1. "**등기를 하여야**" 부동산물권이 변동하는 경우
   (1) 부동산에 관한 "**법률행위**"로 인한 물권의 득실변경(제186조)
      ① 매매, 교환, 증여 등
      ② (약정)제한물권 설정·이전
      ③ 공유물의 <u>협의(합의)</u>분할
      ④ 공유물분할의 소에서 <u>조정이 성립</u>한 경우
      ⑤ 물권의 <u>포기</u>(합유지분의 포기 등)
      ⑥ 이행판결 등
      ⑦ 법정지상권이 있는 건물이 <u>양도</u>된 경우, 양수인의 건물과 법정지상권 취득
   (2) 부동산의 점유취득 "**시효완성**"으로 인한 소유권 취득(제245조 제1항)
2. "**등기를 하지 않아도**" 부동산물권이 변동하는 경우
   (1) "**법률규정**"에 의한 물권 변동
      상속, 공용징수, 판결(형성판결), 경매 기타 법률의 규정에 의한 부동산에 관한 물권의 취득은 등기를 요하지 아니한다(제187조).

(2) "**기타 법률의 규정**"에 의한 물권변동

① 신축건물의 소유권취득

② 법정갱신, 법정지상권의 취득, 관습법상의 법정지상권의 취득, 법정저당권의 취득

③ 존속기간 만료에 의한 용익물권의 소멸

④ 피담보채권의 소멸에 의한 (근)저당권의 소멸

⑤ 혼동에 의한 물권의 소멸

⑥ 나가리―원인행위의 실효(무효, 취소, 해제, 합의해제, 해제조건의 성취)에 의한 물권의 복귀

⑦ 집합건물의 구분소유권을 취득할 경우에 공용부분에 대한 지분취득

⑧ 1동의 건물 중 구분된 건물부분이 구조상·이용상 독립성을 갖추고 구분행위로 인하여 구분소유권을 취득하는 경우

⑨ 요역지 소유권 이전에 따른 지역권의 이전

⑩ 분묘기지권 취득

⑪ 법정지상권이 있는 건물이 경매(저당권 실행)된 경우, 경락인의 건물과 법정지상권 취득

---

02 등기가 있어야 물권이 변동되는 경우는? (다툼이 있으면 판례에 따름)　　제27회

① 공유물분할청구소송에서 현물분할의 협의가 성립하여 조정이 된 때 공유자들의 소유권 취득

② 건물 소유자의 법정지상권 취득

③ 분묘기지권의 시효취득

④ 저당권실행에 의한 경매에서의 소유권 취득

⑤ 법정갱신된 경우의 전세권 취득

해설

① 공유물분할의 소송절차 또는 조정절차에서 공유자 사이에 공유토지에 관한 현물분할의 협의가 성립하여 조정이 성립하였다고 하더라도, 공유자들이 협의한 바에 따라 각 단독소유로 하기로 한 부분에 관하여 '등기를 마침으로써' 비로소 그 부분에 대한 소유권을 취득하게 된다고 보아야 한다(대판 2011두1917).

정답 01 ④　02 ①

03 등기에 관한 설명으로 옳은 것은? (다툼이 있으면 판례에 따름)　제26회

① 법률행위를 원인으로 하여 소유권이전등기를 명하는 판결에 따른 소유권의 취득에는 등기를 요하지 않는다.

② 상속인은 피상속인의 사망과 더불어 상속재산인 부동산에 대한 등기를 한 때 소유권을 취득한다.

③ 피담보채권이 소멸하더라도 저당권의 말소등기가 있어야 저당권이 소멸한다.

④ 민사집행법상 경매의 매수인은 등기를 하여야 소유권을 취득할 수 있다.

⑤ 기존 건물 멸실 후 건물이 신축된 경우, 기존 건물에 대한 등기는 신축건물에 대한 등기로서 효력이 없다.

> **해설**
>
> ① 법률행위를 원인으로 하여 소유권이전등기를 명하는 판결을 받더라도 등기를 하여야 소유권을 취득한다(제186조).
> ② 상속인은 피상속인 사망시 등기 없이도 소유권을 취득한다(제187조).
> ③ 피담보채권이 소멸하면 저당권의 말소등기가 없어도 저당권이 소멸한다.
> ④ 경매의 매수인은 등기가 없이도 매각대금 완납시 소유권을 취득한다.

04 부동산 물권변동에 관한 설명으로 틀린 것은? (다툼이 있으면 판례에 따름) 제30회

① 부동산 물권변동 후 그 등기가 원인 없이 말소되었더라도 그 물권변동의 효력에는 영향이 없다.

② 등기를 요하지 않은 물권취득의 원인인 판결이란 이행판결을 의미한다.

③ 소유권이전등기청구권의 보전을 위한 가등기에 기하여 본등기가 행해지면 물권변동의 효력은 본등기가 행해진 때 발생한다.

④ 매수한 토지를 인도받아 점유하고 있는 미등기 매수인으로부터 그 토지를 다시 매수한 자는 특별한 사정이 없는 한 최초 매도인에 대하여 직접 자신에게로의 소유권이전등기를 청구할 수 없다.

⑤ 강제경매로 인해 성립한 관습상 법정지상권을 법률행위에 의해 양도하기 위해서는 등기가 필요하다.

> **해설**
>
> ② 등기를 요하지 않은 물권취득의 원인인 판결이란 형성판결을 의미한다.

05 법률행위에 의하지 않은 부동산물권의 변동에 관한 설명으로 틀린 것은? (다툼이 있으면 판례에 따름)   제31회

① 관습상 법정지상권은 설정등기 없이 취득한다.

② 이행판결에 기한 부동산물권의 변동시기는 확정판결시이다.

③ 상속인은 등기 없이 상속받은 부동산의 소유권을 취득한다.

④ 경매로 인한 부동산소유권의 취득시기는 매각대금을 완납한 때이다.

⑤ 건물의 신축에 의한 소유권취득은 소유권보존등기를 필요로 하지 않는다.

해설

② 이행판결에 기한 부동산물권의 변동시기는 등기한 때이다. 한편 형성판결에 기한 부동산물권의 변동시기는 확정판결시이다.

06 민법 제187조(등기를 요하지 아니하는 부동산물권취득)에 관한 설명으로 틀린 것은? (다툼이 있으면 판례에 따름)   제34회

① 상속인은 상속 부동산의 소유권을 등기 없이 취득한다.

② 민법 제187조 소정의 판결은 형성판결을 의미한다.

③ 부동산 강제경매에서 매수인이 매각 목적인 권리를 취득하는 시기는 매각대금 완납시이다.

④ 부동산소유권 이전을 내용으로 하는 화해조서에 기한 소유권취득에는 등기를 요하지 않는다.

⑤ 신축에 의한 건물소유권취득에는 소유권보존등기를 요하지 않는다.

해설

④ 부동산소유권 이전을 내용으로 하는 화해조서에 기한 소유권취득에는 등기를 요한다(대판).

07 등기 없이도 부동산 물권취득의 효력이 있는 경우를 모두 고른 것은? (다툼이 있
으면 판례에 따름)   제35회

> ㉠ 매매
> ㉡ 건물신축
> ㉢ 점유시효취득
> ㉣ 공유물의 현물분할판결

① ㉠, ㉡   ② ㉡, ㉢   ③ ㉡, ㉣
④ ㉢, ㉣   ⑤ ㉠, ㉢, ㉣

해설

㉡ 건물을 신축한 자는 특별한 사정이 없는 한 보존등기 없이도 건물의 소유권을 취득한다.
㉣ 형성판결(예: 공유물분할판결)에 의한 물권변동의 효력은 등기 없이도 확정판결시에 발생한다.

---

02 부동산 등기의 효력

01 X토지는 甲 → 乙 → 丙으로 순차 매도되고, 3자간에 중간생략등기의 합의를 하였
다. 이에 대한 설명으로 틀린 것은? (다툼이 있으면 판례에 따름)   제31회

① 丙은 甲에게 직접 소유권이전등기를 청구할 수 있다.
② 乙의 甲에 대한 소유권이전등기청구권은 소멸하지 않는다.
③ 甲의 乙에 대한 매매대금채권의 행사는 제한받지 않는다.
④ 만약 X토지가 토지거래허가구역에 소재한다면, 丙은 직접 甲에게 허가신청
절차의 협력을 구할 수 없다.
⑤ 만약 중간생략등기의 합의가 없다면, 丙은 甲의 동의나 승낙 없이 乙의 소유
권이전등기청구권을 양도받아 甲에게 소유권이전등기를 청구할 수 있다.

해설

⑤ 만약 중간생략등기의 합의가 없다면, 丙은 "甲의 동의나 승낙 없이는" 乙의 소유권이전등기
청구권을 양도받아 甲에게 소유권이전등기를 청구할 수 없다(대판).

02 등기에 관한 설명으로 틀린 것은? (다툼이 있으면 판례에 따름) 제29회

① 중간생략등기의 합의는 적법한 등기원인이 될 수 없다.

② **종전건물의 등기를 신축건물의 등기로 유용하지 못한다.**

③ **전세권존속기간이 시작되기 전에 마친 전세권설정등기는 원칙적으로 무효이다.**

④ 미등기 건물의 양수인이 그 건물을 신축한 양도인의 동의를 얻어 직접 자기 명의로 보존등기를 한 경우, 그 등기는 유효하다.

⑤ **중간생략등기를 합의한 최초매도인은 그와 거래한 매수인의 대금미지급을 들어 최종매수인 명의로의 소유권이전등기의무의 이행을 거절할 수 있다.**

해설

③ 전세권자는 전세금을 지급하고 타인의 부동산을 점유하여 그 부동산의 용도에 좇아 사용·수익하며, 그 부동산 전부에 대하여 후순위권리자 기타 채권자보다 전세금의 우선변제를 받을 권리가 있다(민법 제303조 제1항). 이처럼 전세권이 용익물권적인 성격과 담보물권적인 성격을 모두 갖추고 있는 점에 비추어 전세권 존속기간이 시작되기 전에 마친 전세권설정등기도 특별한 사정이 없는 한 유효한 것으로 추정된다(대결 2017마1093).

OX

• 소유자의 대리인으로부터 토지를 적법하게 매수하였더라도 소유권이전등기가 위조된 서류에 의하여 마쳐졌다면 그 등기는 무효이다. ( )　　　　　▶정답 ×

03 등기의 추정력에 관한 설명으로 틀린 것은? (다툼이 있으면 판례에 의함) 제25회

① 소유권이전등기가 된 경우, 특별한 사정이 없는 한 이전등기에 필요한 적법한 절차를 거친 것으로 추정된다.

② 소유권이전등기가 된 경우, 등기명의인은 전 소유자에 대하여 적법한 등기원인에 기한 소유권을 취득한 것으로 추정된다.

③ 소유권이전등기가 불법말소된 경우, 말소된 등기의 최종명의인은 그 회복등기가 경료되기 전이라도 적법한 권리자로 추정된다.

④ 등기명의인이 등기원인행위의 태양이나 과정을 다소 다르게 주장한다고 하여 추정력이 깨어지는 것은 아니다.

⑤ 소유권이전청구권 보전을 위한 가등기가 있으면, 소유권이전등기를 청구할 어떠한 법률관계가 있다고 추정된다.

정답 07 ③ / 01 ⑤　02 ③　03 ⑤

해설

⑤ 소유권이전청구권 보전을 위한 가등기만으로는 소유권이전등기를 청구할 어떠한 법률관계가 있다고 추정되지 않는다.

04 등기의 추정력에 관한 설명으로 옳은 것을 모두 고른 것은? (다툼이 있으면 판례에 따름)

제30회

> ㉠ 사망자 명의로 신청하여 이루어진 이전등기에는 특별한 사정이 없는 한 추정력이 인정되지 않는다.
> ㉡ 대리에 의한 매매계약을 원인으로 소유권이전등기가 이루어진 경우, 대리권의 존재는 추정된다.
> ㉢ 근저당권등기가 행해지면 피담보채권뿐만 아니라 그 피담보채권을 성립시키는 기본계약의 존재도 추정된다.
> ㉣ 건물 소유권보존등기 명의자가 전(前)소유자로부터 그 건물을 양수하였다고 주장하는 경우, 전(前)소유자가 양도사실을 부인하더라도 그 보존등기의 추정력은 깨어지지 않는다.

① ㉠, ㉡   ② ㉠, ㉢   ③ ㉡, ㉢

④ ㉡, ㉣   ⑤ ㉢, ㉣

해설

㉢ 근저당권등기가 행해지면 피담보채권의 존재는 추정되지만, 그 피담보채권을 성립시키는 기본계약의 존재는 추정되지 않는다.

㉣ 부동산 소유권 보존등기가 경료되어 있는 이상 그 보존등기 명의자에게 소유권이 있음이 추정된다 하더라도 그 보존등기 명의자가 보존등기하기 이전의 소유자로부터 부동산을 양수한 것이라고 주장하고 전 소유자는 양도사실을 부인하는 경우에는 그 보존등기의 추정력은 깨어지고 그 보존등기 명의자 측에서 그 양수사실을 입증할 책임이 있다(대판 82다카707).

05 청구권보전을 위한 가등기에 관한 설명으로 틀린 것은? (다툼이 있으면 판례에 따름)

제32회

① 가등기된 소유권이전청구권은 가등기에 대한 부기등기의 방법으로 타인에게 양도될 수 있다.

② 정지조건부 청구권을 보전하기 위한 가등기도 허용된다.

③ 가등기에 기한 본등기 절차에 의하지 않고 별도의 본등기를 경료받은 경우, 제3자 명의로 중간처분의 등기가 있어도 가등기에 기한 본등기 절차의 이행을 구할 수 없다.

④ 가등기는 물권적 청구권을 보전하기 위해서는 할 수 없다.

⑤ 소유권이전청구권을 보전하기 위한 가등기에 기한 본등기를 청구하는 경우, 가등기 후 소유자가 변경되더라도 가등기 당시의 등기명의인을 상대로 하여야 한다.

해설

③ 가등기에 기한 본등기청구와 단순한 소유권이전등기청구는 비록 그 등기원인이 동일하다고 하더라도 이는 서로 다른 청구로 보아야 한다. 따라서 가등기권자가 가등기에 기한 본등기절차에 의하지 아니하고 가등기설정자로부터 별도의 소유권이전등기를 경료받았다고 하여 혼동의 법리에 의하여 가등기권자의 가등기에 기한 본등기청구권이 소멸하지는 않는다. 따라서 가등기에 기한 본등기 절차에 의하지 않고 별도의 본등기를 경료받은 경우, 제3자 명의로 중간처분의 등기가 있다면 가등기에 기한 본등기 절차의 이행을 구할 수 있다(대판). 예를 들어, 토지를 乙에게 명의신탁하고 장차의 소유권이전의 청구권 보전을 위하여 자신의 명의로 가등기를 경료한 甲이, 乙에 대하여 가지는 가등기에 기한 본등기청구권은 甲이 가등기에 기한 본등기 절차에 의하지 아니하고 乙로부터 별도의 소유권이전등기를 경료받았다고 하여 혼동의 법리에 의하여 소멸하는 것은 아니다. 따라서 부동산에 관한 소유권이전청구권 보전을 위한 가등기 경료 이후에 다른 가압류등기가 경료되었다면, 그 가등기에 기한 본등기 절차에 의하지 아니하고 별도로 소유권이전등기를 경료받은 甲은 특별한 사정이 없는 한, 乙에 대하여 그 가등기에 기한 본등기 절차의 이행을 구할 수도 있다.

06 등기청구권에 관한 설명으로 옳은 것은? (다툼이 있으면 판례에 따름) 제30회

① 점유취득시효의 완성으로 점유자가 소유자에 대해 갖는 소유권이전등기청구권은 통상의 채권양도 법리에 따라 양도될 수 있다.

② 부동산을 매수하여 인도받아 사용·수익하는 자의 매도인에 대한 소유권이전등기청구권은 소멸시효에 걸린다.

③ 부동산 매수인이 매도인에 대해 갖는 소유권이전등기청구권은 물권적 청구권이다.

④ 가등기에 기한 소유권이전등기청구권이 시효완성으로 소멸된 후 그 부동산을 취득한 제3자가 가등기권자에 대해 갖는 등기말소청구권은 채권적 청구권이다.

⑤ 등기청구권과 등기신청권은 동일한 내용의 권리이다.

해설

② 부동산을 매수하여 인도받아 사용·수익하는 자의 매도인에 대한 소유권이전등기청구권은 소멸시효에 걸리지 않는다.

③ 부동산 매수인이 매도인에 대해 갖는 소유권이전등기청구권은 채권적 청구권이다.

④ 가등기에 기한 소유권이전등기청구권이 시효완성으로 소멸된 후 그 부동산을 취득한 제3자가 가등기권자에 대해 갖는 등기말소청구권은 물권적 청구권이다.

⑤ 사법상 권리인 등기청구권은 공법상 권리인 등기신청권과 서로 다른 내용의 권리이다.

07 등기청구권에 관한 설명으로 옳은 것을 모두 고른 것은? (다툼이 있으면 판례에 따름) 제32회

⊙ 등기청구권이란 등기권리자와 등기의무자가 함께 국가에 등기를 신청하는 공법상의 권리이다.

⊙ 부동산 매수인이 그 목적물을 인도받아 이를 사용수익하고 있는 이상 그 매수인의 등기청구권은 시효로 소멸하지 않는다.

⊙ 취득시효완성으로 인한 소유권이전등기청구권은 시효완성 당시의 등기명의인이 동의해야만 양도할 수 있다.

① ⊙   ② ⊙   ③ ⊙

④ ⊙, ⊙   ⑤ ⊙, ⊙

해설

⊙ 등기청구권이란 등기권리자가 등기의무자에게 행사하는 사법상의 권리이다.

⊙ 매매로 인한 소유권이전등기청구권의 양도는 특별한 사정이 없는 이상 채무자의 승낙이나 동의를 요한다고 할 것이다. 그러나 취득시효완성으로 인한 소유권이전등기청구권의 양도의 경우에는 시효완성 당시의 소유자(등기명의인)의 동의 없이도 양도할 수 있다(대판).

08 부동산 소유권이전등기청구권에 관한 설명으로 옳은 것은? (다툼이 있으면 판례에 따름)
제34회

① 교환으로 인한 이전등기청구권은 물권적 청구권이다.

② 점유취득시효 완성으로 인한 이전등기청구권의 양도는 특별한 사정이 없는 한 양도인의 채무자에 대한 통지만으로는 대항력이 생기지 않는다.

③ 매수인이 부동산을 인도받아 사용·수익하고 있는 이상 매수인의 이전등기청구권은 시효로 소멸하지 않는다.

④ 점유취득시효 완성으로 인한 이전등기청구권은 점유가 계속되더라도 시효로 소멸한다.

⑤ 매매로 인한 이전등기청구권의 양도는 특별한 사정이 없는 한 양도인의 채무자에 대한 통지만으로 대항력이 생긴다.

해설

① 교환으로 인한 이전등기청구권은 채권행위인 교환에 기한 권리이므로 채권적 청구권이다.
②⑤ 부동산매매계약에서 매도인과 매수인은 서로 동시이행관계에 있는 일정한 의무를 부담하므로 이행과정에 신뢰관계가 따른다. 이러한 이유로 매매로 인한 소유권이전등기청구권의 양도는 특별한 사정이 없는 이상 양도가 제한되고 양도에 채무자의 승낙이나 동의를 요한다고 할 것이므로 통상의 채권양도와 달리 양도인의 채무자에 대한 통지만으로는 채무자에 대한 대항력이 생기지 않으며 반드시 채무자의 동의나 승낙을 받아야 대항력이 생긴다. 그러나 취득시효완성으로 인한 소유권이전등기청구권은 채권자와 채무자 사이에 아무런 계약관계나 신뢰관계가 없다. 따라서 취득시효완성으로 인한 소유권이전등기청구권의 양도의 경우에는 매매로 인한 소유권이전등기청구권에 관한 양도제한의 법리가 적용되지 않으므로 특별한 사정이 없는 한 양도인의 채무자에 대한 통지만으로 대항력이 생긴다(대판 2015다36167).
④ 점유취득시효 완성으로 인한 이전등기청구권은 시효완성자의 점유가 계속되는 한 시효로 소멸하지 않는다(대판).

09 甲은 자신의 토지를 乙에게 매도하여 인도하였고, 乙은 그 토지를 점유·사용하다가 다시 丙에게 매도하여 인도하였다. 甲과 乙은 모두 대금 전부를 수령하였고, 甲·乙·丙 사이에 중간생략등기의 합의가 있었다. 다음 설명 중 옳은 것은? (다툼이 있으면 판례에 따름)

제35회

① 甲은 丙을 상대로 소유물반환을 청구할 수 있다.

② 甲은 乙을 상대로 소유물반환을 청구할 수 없다.

③ **丙은 직접 甲을 상대로 소유권이전등기를 청구할 수 없다.**

④ 丙은 乙을 대위하여 甲을 상대로 소유권이전등기를 청구할 수 없다.

⑤ 만약 乙이 인도받은 후 현재 10년이 지났다면, 乙은 甲에 대해 소유권이전등기를 청구할 수 없다.

[해설]

①② 토지의 매수인이 아직 소유권이전등기를 마치지 않아도 매매계약의 이행으로 그 토지를 인도받은 때에는 이를 **점유·사용할 권리**가 생긴다. 그러므로 매도인(소유자)은 매수인이나 매수인으로부터 다시 위 토지를 매수하거나 임차하여 점유·사용하는 자에 대하여 토지 소유권에 기한 **물권적 청구권**을 행사할 수 없다. 따라서 乙과 丙은 점유할 정당한 권원이 있으므로, 甲은 乙과 丙에게 소유물반환을 청구할 수 없다.

③ 甲·乙·丙 사이에 중간생략등기의 합의가 있었으므로, 丙은 직접 甲에게 소유권이전등기를 청구할 수 있다.

④ 甲·乙·丙 사이에 중간생략등기의 합의가 있더라도 乙의 등기청구권이 소멸하는 것은 아니므로, 丙은 乙을 대위하여 甲에게 소유권이전등기를 청구할 수 있다.

⑤ 매수인의 소유권이전등기청구권은 **채권적 청구권**이므로 원칙적으로 10년의 소멸시효에 걸린다. 다만 매수인이 목적물을 인도받아 사용·수익하거나 목적물을 처분하여 점유를 승계하여 준 경우에는 소멸시효에 걸리지 않는다. 따라서 乙이 토지를 점유·사용하다가 다시 丙에게 매도하여 인도한 경우에는 乙의 소유권이전등기청구권은 시효로 소멸하지 않는다.

03 물권의 소멸

01 혼동에 의한 물권소멸에 관한 설명으로 옳은 것을 모두 고른 것은? (다툼이 있으면 판례에 의함) 제22회

> ㉠ 甲의 토지 위에 乙이 1번 저당권, 丙이 2번 저당권을 가지고 있다가 乙이 증여를 받아 토지 소유권을 취득하면 1번 저당권은 소멸한다.
> ㉡ 乙이 甲의 토지 위에 지상권을 설정받고, 丙이 그 지상권 위에 저당권을 취득한 후 乙이 甲으로부터 그 토지를 매수한 경우, 乙의 지상권은 소멸한다.
> ㉢ 甲의 토지를 乙이 점유하다가 乙이 이 토지의 소유권을 취득하더라도 乙의 점유권은 소멸하지 않는다.
> ㉣ 甲의 토지 위에 乙이 지상권, 丙이 저당권을 가지고 있는 경우, 丙이 그 소유권을 취득하면 丙의 저당권은 소멸한다.

① ㉠, ㉡   ② ㉡, ㉢   ③ ㉢, ㉣
④ ㉠, ㉣   ⑤ ㉠, ㉢

해설

㉠ 甲의 토지 위에 乙이 1번 저당권, 丙이 2번 저당권을 가지고 있다가 乙이 증여를 받아 토지 소유권을 취득하면 1번 저당권은 소멸하지 않는다.
㉡ 乙이 甲의 토지 위에 지상권을 설정받고, 丙이 그 지상권 위에 저당권을 취득한 후 乙이 甲으로부터 그 토지를 매수한 경우, 乙의 지상권은 소멸하지 않는다.

OX

1. 甲의 건물에 乙이 저당권을 취득한 다음 그 건물을 매수하여 소유권이전등기를 마쳤는데, 그 매매계약이 원인무효임이 밝혀진 경우는 혼동으로 소멸하였던 물권이 부활한다. (   )

2. 근저당권자가 그 저당물의 소유권을 취득하면 그 근저당권은 원칙적으로 혼동에 의하여 소멸하지만, 그 뒤 그 소유권 취득이 무효인 것이 밝혀지면 소멸하였던 근저당권은 자연히 부활한다. (   )

▶정답 1. ○ 2. ○

01 점유권 일반

01 점유에 관한 설명으로 옳은 것은? (다툼이 있으면 판례에 따름) 제26회

① 점유자의 점유가 자주점유인지 타주점유인지의 여부는 점유자 내심의 의사에 의하여 결정된다.

② 점유자의 점유권원에 관한 주장이 인정되지 않는다는 것만으로도 자주점유의 추정이 깨진다.

③ 점유물이 멸실·훼손된 경우, 선의의 타주점유자는 이익이 현존하는 한도 내에서 회복자에게 배상책임을 진다.

④ 악의의 점유자는 과실(過失)없이 과실(果實)을 수취하지 못한 때에도 그 과실(果實)의 대가를 회복자에게 보상하여야 한다.

⑤ 점유자의 특정승계인이 자기의 점유와 전(前)점유자의 점유를 아울러 주장하는 경우, 그 하자도 승계한다.

해설

① 점유자의 점유가 자주점유인지 타주점유인지 여부는 점유 취득의 원인이 된 권원의 성질에 의하여 외형적, 객관적으로 결정하여야 한다.

② 점유자의 점유권원에 관한 주장이 인정되지 않는 것만으로는 자주점유의 추정이 깨어지지 않는다.

③ 점유물이 멸실·훼손된 경우, 선의의 자주점유자는 이익이 현존하는 한도 내에서 회복자에게 배상책임을 진다(제202조).

④ 악의의 점유자는 수취한 과실(果實)을 반환하여야 하며 소비하였거나 과실(過失)로 인하여 훼손 또는 수취하지 못한 경우에는 그 과실(果實)의 대가를 보상하여야 한다(제201조 제2항).

02 민법상 점유에 관한 설명으로 틀린 것은? (다툼이 있으면 판례에 의함)   제24회

① 점유자는 평온·공연하게 점유한 것으로 추정한다.

② 매매계약을 원인으로 토지의 소유자로 등기한 자는 통상 이전등기할 때에 그 토지를 인도받아 점유한 것으로 보아야 한다.

③ 점유자가 점유물에 대하여 행사하는 권리는 적법하게 보유한 것으로 추정한다.

④ 악의의 점유자는 그의 잘못 없이 과실을 훼손 또는 수취하지 못한 때에도 그 과실의 대가를 보상하여야 한다.

⑤ 점유자의 특정승계인은 자기의 점유와 전(前)점유자의 점유를 아울러 주장할 수 있다.

해설

④ 악의의 점유자는 수취한 과실을 반환하여야 하며 소비하였거나 '과실로 인하여' 훼손 또는 수취하지 못한 경우에는 그 과실의 대가를 보상하여야 한다(제201조 제2항).

03 점유권에 관한 설명으로 틀린 것은?   제28회

① 점유권에 기인한 소는 본권에 관한 이유로 재판할 수 있다.

② 점유자는 소유의 의사로 선의, 평온 및 공연하게 점유한 것으로 추정한다.

③ 전후 양시에 점유한 사실이 있는 때에는 그 점유는 계속한 것으로 추정한다.

④ 점유자가 점유물에 대하여 행사하는 권리는 적법하게 보유한 것으로 추정한다.

⑤ 전세권, 임대차, 기타의 관계로 타인으로 하여금 물건을 점유하게 한 자는 간접으로 점유권이 있다.

해설

① 점유권에 기인한 소는 본권에 관한 이유로 재판하지 못한다(제208조 제2항).

04 점유에 관한 설명으로 옳은 것은? (다툼이 있으면 판례에 따름)　　　제29회

① 점유매개관계의 직접점유자는 타주점유자이다.

② 점유자는 소유의 의사로 과실 없이 점유한 것으로 추정한다.

③ 甲이 乙로부터 임차한 건물을 乙의 동의 없이 丙에게 전대한 경우, 乙만이 간접점유자이다.

④ 甲이 乙과의 명의신탁약정에 따라 자신의 부동산 소유권을 乙명의로 등기한 경우, 乙의 점유는 자주점유이다.

⑤ 실제 면적이 등기된 면적을 상당히 초과하는 토지를 매수하여 인도받은 때에는 특별한 사정이 없으면 초과부분의 점유는 자주점유이다.

> **해설**
>
> ① 직접점유자의 점유는 타주점유에 해당한다.
>
> ② 점유자는 소유의 의사로 선의, 평온 및 공연하게 점유한 것으로 추정한다(제197조 제1항). 즉, 무과실은 추정되지 않는다.
>
> ③ 점유매개관계는 중첩적으로 있을 수 있으므로, 乙뿐만 아니라 甲도 간접점유자이다.
>
> ④ 명의수탁자 乙의 점유는 타주점유이다.
>
> ⑤ 매매대상 대지의 면적이 등기부상의 면적을 상당히 초과하는 경우에는 특별한 사정이 없는 한 계약 당사자들이 이러한 사실을 알고 있었다고 보는 것이 상당하며, 따라서 그 점유는 권원의 성질상 타주점유에 해당한다(대판 98다32878).

05 간접점유에 관한 설명으로 틀린 것은? (다툼이 있으면 판례에 따름)　　　제30회

① 주택임대차보호법상의 대항요건인 인도(引渡)는 임차인이 주택의 간접점유를 취득하는 경우에도 인정될 수 있다.

② 점유취득시효의 기초인 점유에는 간접점유도 포함된다.

③ 직접점유자가 그 점유를 임의로 양도한 경우, 그 점유 이전이 간접점유자의 의사에 반하더라도 간접점유가 침탈된 것은 아니다.

④ 간접점유자에게는 점유보호청구권이 인정되지 않는다.

⑤ 점유매개관계를 발생시키는 법률행위가 무효라 하더라도 간접점유는 인정될 수 있다.

> **해설**
>
> ④ 간접점유자에게도 점유보호청구권이 인정된다.

06 점유권에 관한 설명으로 틀린 것은? (다툼이 있으면 판례에 따름) 제32회

① 특별한 사정이 없는 한, 건물의 부지가 된 토지는 그 건물의 소유자가 점유하는 것으로 보아야 한다.

② 전후 양 시점의 점유자가 다른 경우 점유승계가 증명되면 점유계속은 추정된다.

③ 적법하게 과실을 취득한 선의의 점유자는 회복자에게 통상의 필요비의 상환을 청구하지 못한다.

④ 점유자가 상대방의 사기에 의해 물건을 인도한 경우 점유침탈을 이유로 한 점유물반환청구권은 발생하지 않는다.

⑤ 선의의 점유자가 본권의 소에서 패소하면 패소 확정시부터 악의의 점유자로 본다.

해설

⑤ 선의의 점유자가 본권의 소에서 패소하면 그 소가 제기된 때부터 악의의 점유자로 본다(제197조 제2항).

OX

• 미등기건물의 양수인은 그 건물에 대한 사실상의 처분권을 보유하더라도 건물부지를 점유하고 있다고 볼 수 없다. (   )   ▶정답 ✕

07 점유에 관한 설명으로 옳은 것은? (다툼이 있으면 판례에 따름) 제33회

① 제3자가 직접점유자의 점유를 방해한 경우, 특별한 사정이 없는 한 간접점유자에게는 점유권에 기한 방해배제청구권이 인정되지 않는다.

② 취득시효의 요건인 점유에는 간접점유가 포함되지 않는다.

③ 소유권의 시효취득을 주장하는 점유자는 특별한 사정이 없는 한 자신의 점유가 자주점유에 해당함을 증명하여야 한다.

④ 선의의 점유자가 본권에 관한 소에 패소한 경우, 그 자는 패소가 확정된 때부터 악의의 점유자로 본다.

⑤ 양도인이 등기부상의 명의인과 동일인이며 그 명의를 의심할 만한 특별한 사정이 없는 경우, 그 부동산을 양수하여 인도받은 자는 과실(過失) 없는 점유자에 해당한다.

정답 04 ① 05 ④ 06 ⑤ 07 ⑤

[해설]

⑤ 부동산등기부상 명의인과 매도인이 동일인인 경우에는 등기부상의 명의인을 소유자로 믿고서 그 부동산을 매수한 자는 특별한 사정이 없는 한 과실 없는 점유자라 할 것이다.

① 간접점유자에게도 점유보호청구권이 인정된다(제207조).

② 간접점유로도 취득시효가 가능하다.

③ 점유자는 자주점유로 추정되므로(제197조 제1항) 취득시효의 성립을 부정하는 상대방이 점유자의 점유가 타주점유임을 증명하여야 한다.

④ 선의의 점유자가 본권에 관한 소에 패소한 경우, 그 자는 '소가 제기된 때'로부터 악의의 점유자로 본다(제197조 제2항).

08 등기와 점유의 추정력에 관한 설명으로 틀린 것은? (다툼이 있으면 판례에 따름)

제31회

① 등기부상 권리변동의 당사자 사이에서는 등기의 추정력을 원용할 수 없다.

② 전·후 양시(兩時)에 점유한 사실이 있는 때에는 그 점유는 계속한 것으로 추정한다.

③ 원인 없이 부적법하게 등기가 말소된 경우, 권리소멸의 추정력은 인정되지 않는다.

④ 점유자의 권리추정 규정은 특별한 사정이 없는 한 부동산 물권에는 적용되지 않는다.

⑤ 소유권이전등기의 원인으로 주장된 계약서가 진정하지 않은 것으로 증명되면 등기의 적법추정은 깨진다.

[해설]

① 등기의 추정력은 제3자에 대하여 뿐만 아니라 등기부상 권리변동의 당사자(전소유자)에게도 원용할 수 있다.

⑤ 소유권이전등기의 원인으로 주장된 계약서가 진정하지 않은 것으로 증명된 이상 그 등기의 적법추정은 복멸된다(대판).

02 점유자와 회복자의 관계

01 점유자와 회복자의 관계에 관한 설명으로 틀린 것은? 제27회

① 선의의 점유자는 점유물의 과실을 취득하면 회복자에 대하여 통상의 필요비 상환을 청구하지 못한다.

② 점유물이 점유자의 책임 있는 사유로 멸실된 경우 소유의 의사가 없는 선의의 점유자는 손해의 전부를 배상해야 한다.

③ 점유물에 관한 필요비상환청구권은 악의의 점유자에게도 인정된다.

④ 필요비상환청구권에 대하여 회복자는 법원에 상환기간의 허여를 청구할 수 있다.

⑤ 악의의 점유자가 과실(過失)로 인하여 점유물의 과실(果實)을 수취하지 못한 경우 그 과실(果實)의 대가를 보상해야 한다.

해설

④ "유익비"상환청구권의 경우에만 회복자는 법원에 상환기간의 허여를 청구할 수 있다(제203조 제3항).

02 점유자와 회복자의 관계 등에 관한 설명으로 틀린 것은? 제28회

① 선의의 점유자는 점유물의 과실을 취득한다.

② 점유자가 점유물반환청구권을 행사하는 경우, 그 침탈된 날로부터 1년 내에 행사하여야 한다.

③ **점유자가 필요비를 지출한 경우, 그 가액의 증가가 현존한 경우에 한하여 상환을 청구할 수 있다.**

④ 점유자가 점유의 방해를 받을 염려가 있는 때에는 그 방해의 예방 또는 손해배상의 담보를 청구할 수 있다.

⑤ **점유물이 점유자의 책임 있는 사유로 멸실된 경우, 소유의 의사가 없는 점유자는 선의인 경우에도 손해의 전부를 배상해야 한다.**

해설

③ 유익비의 경우에는 가액의 증가가 현존한 경우에 한하여 청구할 수 있으나, 필요비는 이러한 제한이 없다(제203조).

03 점유자와 회복자의 관계에 관한 설명으로 틀린 것은? (다툼이 있으면 판례에 따름)

제29회

① 점유물의 과실을 취득한 선의의 점유자는 통상의 필요비의 상환을 청구하지 못한다.
② 악의의 점유자가 책임 있는 사유로 점유물을 멸실한 때에는 그는 현존이익의 범위 내에서 배상하여야 한다.
③ 악의의 점유자는 받은 이익에 이자를 붙여 반환하고 그 이자의 이행지체로 인한 지연손해금까지 지급하여야 한다.
④ 유익비는 점유물의 가액 증가가 현존한 때에 한하여 상환을 청구할 수 있다.
⑤ 법원이 유익비의 상환을 위하여 상당한 기간을 허여한 경우, 유치권은 성립하지 않는다.

해설

② 점유물이 점유자의 책임 있는 사유로 인하여 멸실 또는 훼손한 때에는 악의의 점유자는 그 손해의 전부를 배상하여야 하며 선의의 점유자는 이익이 현존하는 한도에서 배상하여야 한다. 소유의 의사가 없는 점유자는 선의인 경우에도 손해의 전부를 배상하여야 한다(제202조).

04 점유자와 회복자의 관계에 관한 설명으로 옳은 것은? (다툼이 있으면 판례에 따름)

제31회

① 선의의 점유자는 과실을 취득하더라도 통상의 필요비의 상환을 청구할 수 있다.
② 이행지체로 인해 매매계약이 해제된 경우, 선의의 점유자인 매수인에게 과실수취권이 인정된다.
③ 악의의 점유자가 책임 있는 사유로 점유물을 훼손한 경우, 이익이 현존하는 한도에서 배상해야 한다.
④ 점유자가 유익비를 지출한 경우, 점유자의 선택에 좇아 그 지출금액이나 증가액의 상환을 청구할 수 있다.
⑤ 무효인 매매계약의 매수인이 점유목적물에 필요비 등을 지출한 후 매도인이 그 목적물을 제3자에게 양도한 경우, 점유자인 매수인은 양수인에게 비용상환을 청구할 수 있다.

해설

⑤ 점유자가 점유물에 비용을 지출한 경우, 지출할 당시의 소유자가 누구이었는지 관계없이 점유회복 당시의 소유자에 대하여 비용상환청구권을 행사할 수 있다(대판). 따라서 무효인 매매계약의 매수인이 점유목적물에 필요비 등을 지출한 후 매도인이 그 목적물을 제3자에게 양도한 경우, 점유자인 매수인은 점유회복 당시의 소유자인 양수인에게 비용상환을 청구할 수 있다.

① 선의의 점유자는 과실을 취득하면 통상의 필요비의 상환을 청구할 수 없다(제203조 제1항).
② 계약이 해제된 경우에는 점유자와 회복자의 관계(제201조 내지 제203조)가 적용되지 않고 원상회복의무가 적용된다. 따라서 이행지체로 인해 매매계약이 해제된 경우, 선의의 점유자인 매수인도 원상회복으로써 수취한 과실을 상대방에게 반환하여야 한다.
③ 악의의 점유자가 책임 있는 사유로 점유물을 훼손한 경우, 손해의 전부를 배상해야 한다(제202조).
④ 점유자가 유익비를 지출한 경우, 회복자의 선택에 좇아 그 지출금액이나 증가액의 상환을 청구할 수 있다(제203조).

05 점유자와 회복자의 관계에 관한 설명으로 옳은 것은? (다툼이 있으면 판례에 따름)

제33회

① 악의의 점유자가 점유물의 과실을 수취하여 소비한 경우, 특별한 사정이 없는 한 그 점유자는 그 과실의 대가를 보상하여야 한다.
② 은비(隱秘)에 의한 점유자는 점유물의 과실을 수취할 권리가 있다.
③ 점유물의 전부가 점유자의 책임 있는 사유로 멸실된 경우, 선의의 자주점유자는 특별한 사정이 없는 한 그 멸실로 인한 손해의 전부를 배상해야 한다.
④ 점유자는 특별한 사정이 없는 한 회복자가 점유물의 반환을 청구하기 전에도 그 점유물의 반환 없이 그 회복자에게 유익비상환청구권을 행사할 수 있다.
⑤ 악의의 점유자는 특별한 사정이 없는 한 점유물에 지출한 통상의 필요비의 상환을 청구할 수 없다.

해설

① 제201조 제2항
② 은비에 의한 점유자는 악의점유자와 같이 취급되므로(제201조 제3항), 점유물의 과실을 수취할 권리가 없다.
③ 점유물의 전부가 점유자의 책임 있는 사유로 멸실된 경우, 선의의 자주점유자는 현존이익만 반환하면 된다(제202조).
④ 점유자는 회복자로부터 점유물의 반환을 청구받거나 그에 따라 점유물을 반환할 때에 비로소 비용상환을 청구할 수 있다.
⑤ 악의의 점유자는 특별한 사정이 없는 한 점유물에 지출한 통상의 필요비의 상환을 청구할 수 있다.

06 점유자와 회복자의 관계에 관한 설명으로 옳은 것은? (다툼이 있으면 판례에 따름)

제34회

① 점유물이 점유자의 책임 있는 사유로 멸실된 경우, 선의의 타주점유자는 이익이 현존하는 한도에서 배상해야 한다.

② 악의의 점유자는 특별한 사정이 없는 한 통상의 필요비를 청구할 수 있다.

③ 점유자의 필요비상환청구에 대해 법원은 회복자의 청구에 의해 상당한 상환기간을 허여할 수 있다.

④ 이행지체로 인해 매매계약이 해제된 경우, 선의의 점유자인 매수인에게 과실취득권이 인정된다.

⑤ 은비(隱秘)에 의한 점유자는 점유물의 과실을 취득한다.

해설

① 선의의 타주점유자는 전손해를 배상하여야 한다(제202조).

② 악의의 점유자는 과실을 반환하여야 하므로 통상의 필요비의 상환을 청구할 수 있다(대판).

③ 필요비에 대해서는 상환기간의 허여가 인정되지 않는다(제203조 제3항).

④ 해제의 경우에는 원상회복의무가 있으므로 점유자와 회복자의 관계의 규정(제210조 ~ 제203조)이 적용되지 않는다. 따라서 선의의 매수인이라도 과실수취권이 인정되지 않는다.

⑤ 은비에 의한 점유자는 악의의 점유자로 취급되므로 과실수취권이 인정되지 않는다(제201조 제3항).

OX

1. 과실을 취득한 점유자는 그가 지출한 비용 전부를 청구할 수 있다. (   )

2. 선의의 점유자라도 점유물의 사용으로 인한 이익은 회복자에게 반환하여야 한다. (   )

3. 과실을 수취한 자가 선의의 점유자로 보호되기 위해서는 과실수취권을 포함하는 권원이 있다고 오신할만한 정당한 근거가 있어야 한다. (   )   ▶정답 1. ✕ 2. ✕ 3. ○

01 소유권 일반

01 주위토지통행권에 관한 설명으로 옳은 것은? (다툼이 있으면 판례에 의함) 제24회

① 주위토지통행권자는 담장과 같은 축조물이 통행에 방해가 되더라도 그 철거를 청구할 수 없다.

② 토지분할로 무상주위토지통행권을 취득한 분할토지의 소유자가 그 토지를 양도한 경우, 양수인에게는 무상주위토지통행권이 인정되지 않는다.

③ 소유 토지의 용도에 필요한 통로가 이미 있더라도 그 통로를 사용하는 것보다 더 편리하다면 다른 장소로 통행할 권리가 인정된다.

④ 기존의 통로가 있으면, 그것이 당해 토지의 이용에 부적합하여 실제로 통로로서의 충분한 기능을 하지 못할 때에도 주위토지통행권은 인정되지 않는다.

⑤ 주위토지통행권은 일단 발생하면 나중에 그 토지에 접하는 공로가 개설되어 그 통행권을 인정할 필요가 없어지더라도 소멸하지 않는다.

해설

② 토지분할로 무상주위토지통행권은 직접 양도 당사자에게만 인정된다.

① 주위토지통행권자는 담장과 같은 축조물이 통행에 방해가 되면 그 철거를 청구할 수 있다.

③ 소유 토지의 용도에 필요한 통로가 이미 있다면 그 통로를 사용하는 것보다 더 편리하다는 이유만으로 다른 장소로 통행할 권리가 인정되는 것은 아니다.

④ 기존의 통로가 있더라도 그것이 당해 토지의 이용에 부적합하여 실제로 통로로서의 충분한 기능을 하지 못할 때에도 주위토지통행권은 인정된다.

⑤ 주위토지통행권은 나중에 그 토지에 접하는 공로가 개설되어 그 통행권을 인정할 필요가 없어지면 소멸한다.

정답 06 ② / 01 ②

02 주위토지통행권에 관한 설명으로 틀린 것은? (다툼이 있으면 판례에 따름) 제27회

① 주위토지통행권은 토지와 공로 사이에 기존의 통로가 있더라도 그것이 그 토지의 이용에 부적합하여 실제로 통로로서의 충분한 기능을 하지 못하는 경우에도 인정된다.

② 주위토지통행권의 범위는 장차 건립될 아파트의 건축을 위한 이용상황까지 미리 대비하여 정할 수 있다.

③ 주위토지통행권이 인정되는 경우 통로개설 비용은 원칙적으로 주위토지통행권자가 부담하여야 한다.

④ 통행지 소유자가 주위토지통행권에 기한 통행에 방해가 되는 축조물을 설치한 경우 주위토지통행권의 본래적 기능발휘를 위하여 통행지 소유자가 그 철거의무를 부담한다.

⑤ 주위토지통행권의 성립에는 등기가 필요 없다.

해설
② 주위토지통행권은 현재의 토지의 용법에 따른 이용범위에서 인정되는 것이지 더 나아가 장차의 이용상황까지 미리 대비하여 인정되는 것은 아니다(대판).

03 소유권에 관한 설명으로 틀린 것은? (다툼이 있으면 판례에 따름)　　　제32회

① 기술적 착오로 지적도상의 경계선이 진실한 경계선과 다르게 작성된 경우, 그 토지의 경계는 실제의 경계에 따른다.

② 토지가 포락되어 원상복구가 불가능한 경우, 그 토지에 대한 종전 소유권은 소멸한다.

③ 타인의 토지를 통과하지 않으면 필요한 수도를 설치할 수 없는 토지의 소유자는 그 타인의 승낙 없이도 수도를 설치할 수 있다.

④ 포위된 토지가 공로에 접하게 되어 주위토지통행권을 인정할 필요성이 없어진 경우에도 그 통행권은 존속한다.

⑤ 증축된 부분이 기존의 건물과 구조상·이용상 독립성이 없는 경우, 그 부분은 기존의 건물에 부합한다.

해설

③ 토지소유자는 타인의 토지를 통과하지 아니하면 필요한 수도 까스관, 전선 등을 시설할 수 없거나 과다한 비용을 요하는 경우에는 타인의 토지를 통과하여 이를 시설할 수 있다. 그러나 이로 인한 손해가 가장 적은 장소와 방법을 선택하여 이를 시설할 것이며 타토지의 소유자의 요청에 의하여 손해를 보상하여야 한다(제218조).

④ 포위된 토지가 공로에 접하게 되어 주위토지통행권을 인정할 필요성이 없어진 경우에는 그 통행권은 소멸한다.

OX

1. 통행지소유자는 주위토지통행권자의 허락을 얻어 사실상 통행하고 있는 자에게는 그 손해의 보상을 청구할 수 없다. (   )
2. 주위토지통행권이 인정되는 도로의 폭과 면적을 정함에 있어서, 건축법에 건축과 관련하여 도로에 관한 폭 등의 제한규정이 있으면 이에 따라 결정하여야 한다. (   )
3. 주위토지통행권은 법정의 요건을 충족하면 당연히 성립하고 요건이 없어지면 당연히 소멸한다. (   )

▶**정답 1.** ○ **2.** × **3.** ○

---

02 취득시효

01 시효취득을 할 수 없는 것은? (다툼이 있으면 판례에 따름)   제26회

① 저당권
② 계속되고 표현된 지역권
③ 지상권
④ **국유재산 중 일반재산**
⑤ **성명불상자(姓名不詳者)의 토지**

해설

① 저당권은 점유하는 권리가 아니므로 시효취득의 대상이 아니다.

02 부동산의 점유취득시효에 관한 설명으로 틀린 것은? (다툼이 있으면 판례에 의함)

① 취득시효로 인한 소유권취득의 효과는 점유를 개시한 때에 소급한다.
② 시효취득을 주장하는 점유자는 자주점유를 증명할 책임이 없다.
③ 시효취득자가 제3자에게 목적물을 처분하여 점유를 상실하면, 그의 소유권이전등기청구권은 즉시 소멸한다.
④ 취득시효완성 후 이전등기 전에 제3자 앞으로 소유권이전등기가 경료되면 시효취득자는 등기명의자에게 시효취득을 주장할 수 없음이 원칙이다.
⑤ 부동산명의수탁자는 신탁부동산을 점유시효취득 할 수 없다.

> **해설**
> ③ 토지에 대한 취득시효 완성으로 인한 소유권이전등기청구권은 그 토지에 대한 점유가 계속되는 한 시효로 소멸하지 아니하고, 그 후 점유를 상실하였다고 하더라도 이미 취득한 소유권이전등기청구권은 바로 소멸되는 것은 아니나, 점유자가 점유를 상실한 때로부터 10년간 등기청구권을 행사하지 아니하면 소멸시효가 완성한다.

03 부동산 점유취득시효에 관한 설명으로 옳은 것은? (다툼이 있으면 판례에 의함)

① 시효완성으로 인한 소유권취득은 승계취득이다.
② 자주점유 여부는 점유자의 내심의 의사에 의하여 결정된다.
③ 점유는 평온·공연하여야 하므로, 간접점유로는 취득시효를 완성할 수 없다.
④ 미등기부동산의 점유자는 취득시효의 완성만으로 즉시 점유부동산의 소유권을 취득한다.
⑤ 시효완성 당시의 소유권보존등기 또는 이전등기가 무효라면 원칙적으로 그 등기명의인은 시효완성을 원인으로 한 소유권이전등기청구의 상대방이 될 수 없다.

> **해설**
> ⑤ 취득시효완성을 이유로 한 소유권이전등기청구권은 시효완성 당시의 소유자를 상대로 행사하여야 한다. 따라서 시효완성 당시의 소유권보존등기 또는 이전등기가 무효라면 원칙적으로 그 등기명의인은 시효완성을 원인으로 한 소유권이전등기청구의 상대방이 될 수 없다.
> ① 시효완성으로 인한 소유권취득은 원시취득이다.
> ② 자주점유 여부는 점유자의 내심의 의사가 아니라 권원의 성질에 따라 객관적으로 결정한다 (대판).
> ③ 간접점유로도 취득시효를 완성할 수 있다.
> ④ 점유취득시효완성자는 등기하여야 소유권을 취득한다.

04 점유취득시효에 관한 설명으로 옳은 것은? (다툼이 있으면 판례에 따름) 제30회

① 부동산에 대한 악의의 무단점유는 점유취득시효의 기초인 자주점유로 추정된다.

② **집합건물의 공용부분은 별도로 취득시효의 대상이 되지 않는다.**

③ **1필의 토지 일부에 대한 점유취득시효는 인정될 여지가 없다.**

④ 아직 등기하지 않은 시효완성자는 그 완성 전에 이미 설정되어 있던 가등기에 기하여 시효완성 후에 소유권 이전의 본등기를 마친 자에 대하여 시효완성을 주장할 수 있다.

⑤ **부동산에 대한 압류 또는 가압류는 점유취득시효를 중단시킨다.**

해설

① 부동산에 대한 악의의 무단점유가 입증되면 자주점유의 추정력이 깨어진다.

③ 1필의 토지 일부에 대한 점유취득시효도 인정될 수 있다.

④ 아직 등기하지 않은 시효완성자는 그 완성 전에 이미 설정되어 있던 가등기에 기하여 시효완성 후에 소유권 이전의 본등기를 마친 자에 대하여 시효완성을 주장할 수 없다.

⑤ 점유로 인한 부동산소유권의 시효취득에 있어 취득시효의 중단사유는 종래의 점유상태의 계속을 파괴하는 것으로 인정될 수 있는 사유이어야 하는데, '압류 또는 가압류'는 종래의 점유상태의 계속이 파괴되었다고는 할 수 없으므로 이는 취득시효의 중단사유가 될 수 없다(대판 2018다296878).

05 취득시효에 관한 설명으로 틀린 것은? (다툼이 있으면 판례에 따름) 제31회

① **국유재산 중 일반재산은 취득시효의 대상이 된다.**

② 중복등기로 인해 무효인 소유권보존등기에 기한 등기부 취득시효는 부정된다.

③ **취득시효완성으로 인한 소유권이전등기청구권은 원소유자의 동의가 없어도 제3자에게 양도할 수 있다.**

④ 취득시효완성 후 등기 전에 원소유자가 시효완성된 토지에 저당권을 설정하였고, 등기를 마친 시효취득자가 피담보채무를 변제한 경우, 원소유자에게 부당이득반환을 청구할 수 있다.

⑤ 취득시효완성 후 명의신탁 해지를 원인으로 명의수탁자에서 명의신탁자로 소유권이전등기가 된 경우, 시효완성자는 특별한 사정이 없는 한 명의신탁자에게 시효완성을 주장할 수 없다.

정답 02 ③ 03 ⑤ 04 ② 05 ④

해설

④ 시효취득자가 원소유자에 의하여 그 토지에 설정된 근저당권의 피담보채무를 변제하는 것은 시효취득자가 용인하여야 할 그 토지상의 부담을 제거하여 완전한 소유권을 확보하기 위한 것으로서 그 자신의 이익을 위한 행위라 할 것이니, 위 변제액 상당에 대하여 원소유자에게 대위변제를 이유로 구상권을 행사하거나 부당이득을 이유로 그 반환청구권을 행사할 수는 없다(대판 2005다75910).

③ 취득시효완성으로 인한 소유권이전등기청구권은 채권자와 채무자 사이에 아무런 계약관계나 신뢰관계가 없고, 그에 따라 채권자가 채무자에게 반대급부로 부담하여야 하는 의무도 없다(대판 2015다36167). 따라서 점유취득시효의 완성으로 점유자가 소유자에 대해 갖는 소유권이전등기청구권은 통상의 채권양도 법리에 따라 양도될 수 있다.

⑤ 취득시효완성 후 명의신탁 해지를 원인으로 명의수탁자에서 명의신탁자로 소유권이전등기가 된 경우, 시효완성자는 특별한 사정이 없는 한 시효완성 당시의 소유자가 아닌 명의신탁자에게 시효완성을 주장할 수 없다.

06 부동산의 점유취득시효에 관한 설명으로 틀린 것은? (다툼이 있으면 판례에 따름)

제32회

① 성명불상자(姓名不詳者)의 소유물에 대하여 시효취득을 인정할 수 있다.

② 국유재산도 취득시효기간 동안 계속하여 일반재산인 경우 취득시효의 대상이 된다.

③ 점유자가 자주점유의 권원을 주장하였으나 이것이 인정되지 않는 경우, 특별한 사정이 없는 한 자주점유의 추정은 번복된다.

④ 점유의 승계가 있는 경우 시효이익을 받으려는 자는 자기 또는 전(前)점유자의 점유개시일 중 임의로 점유기산점을 선택할 수 있다.

⑤ 취득시효완성 후 소유권이전등기를 마치지 않은 시효완성자는 소유자에 대하여 취득시효 기간 중의 점유로 발생한 부당이득의 반환의무가 없다.

해설

③ 점유자가 스스로 매매 또는 증여와 같은 자주점유의 권원을 주장하였으나 이것이 인정되지 않는 경우에도 그 사유만으로 자주점유의 추정이 번복된다거나 또는 점유권원의 성질상 타주점유라고는 볼 수 없다.

07 소유권의 취득에 관한 설명으로 옳은 것은? (다툼이 있으면 판례에 따름) 제33회

① 저당권 실행을 위한 경매절차에서 매수인이 된 자가 매각부동산의 소유권을 취득하기 위해서는 소유권이전등기를 완료하여야 한다.

② 무주(無主)의 부동산을 점유한 자연인은 그 부동산의 소유권을 즉시 취득한다.

③ 점유취득시효에 따른 부동산소유권 취득의 효력은 시효취득자가 이전등기를 한 이후부터 발생한다.

④ 타인의 토지에서 발견된 매장물은 특별한 사정이 없는 한 발견자가 단독으로 그 소유권을 취득한다.

⑤ 타주점유자는 자신이 점유하는 부동산에 대한 소유권을 시효취득할 수 없다.

해설

③ 점유취득시효에 따른 부동산소유권 취득의 효력은 점유를 개시한 때에 소급한다(제247조 제1항).

① 저당권 실행을 위한 경매절차에서 매수인이 된 자는 경락대금을 완납하면 등기가 없어도 소유권을 취득한다(제187조 참조).

② 무주의 부동산은 국유로 한다(제252조 제2항). 즉 부동산은 무주물 선점의 대상이 아니므로 무주(無主)의 부동산을 점유한 자연인은 그 부동산의 소유권을 취득할 수 없다.

④ 타인의 토지에서 발견된 매장물은 특별한 사정이 없는 한 토지소유자와 발견자가 절반하여 취득한다(제254조).

08 부동산 점유취득시효에 관한 설명으로 옳은 것은? (다툼이 있으면 판례에 따름) 제34회

① 국유재산 중 일반재산이 시효완성 후 행정재산으로 되더라도 시효완성을 원인으로 한 소유권이전등기를 청구할 수 있다.

② 시효완성 당시의 소유권보존등기가 무효라면 그 등기명의인은 원칙적으로 시효완성을 원인으로 한 소유권이전등기청구의 상대방이 될 수 없다.

③ 시효완성 후 점유자 명의로 소유권이전등기가 경료되기 전에 부동산 소유명의자는 점유자에 대해 점유로 인한 부당이득반환청구를 할 수 있다.

④ 미등기부동산에 대한 시효가 완성된 경우, 점유자는 등기 없이도 소유권을 취득한다.

⑤ 시효완성 전에 부동산이 압류되면 시효는 중단된다.

해설

② 시효완성 당시의 소유권보존등기가 무효라면 그 등기명의인은 시효완성 당시의 소유자가 아니므로 원칙적으로 시효완성을 원인으로 한 소유권이전등기청구의 상대방이 될 수 없다.

① 국유재산 중 일반재산이 시효완성 후 행정재산으로 되면 시효완성을 원인으로 한 소유권이전등기를 청구할 수 없다.

③ 소유자는 시효완성자인 점유자에게 소유권이전등기의무를 부담하므로 목적물 반환청구권, 점유로 인한 부당이득반환청구권, 손해배상청구권을 행사할 수 없다(대판).

④ 미등기부동산이라도 등기를 하여야 점유취득시효로 소유권을 취득할 수 있다(대판).

⑤ 점유로 인한 부동산소유권의 시효취득에 있어 취득시효의 중단사유는 종래의 점유상태의 계속을 파괴하는 것으로 인정될 수 있는 사유이어야 하는데, 취득시효기간의 완성 전에 부동산에 압류 또는 가압류 조치가 이루어졌다고 하더라도 이로써 종래의 점유상태의 계속이 파괴되었다고는 할 수 없으므로 이는 취득시효의 중단사유가 될 수 없다.

OX

1. 취득시효기간이 진행하는 중에 등기명의인이 변동된 경우, 취득시효기간의 기산점을 임의로 선택할 수 없다. ( )

2. 취득시효기간 중 계속해서 등기명의자가 동일한 경우, 점유개시 후 임의의 시점을 시효기간의 기산점으로 삼을 수 있다. ( )

3. 취득시효완성 후 등기명의인이 바뀐 경우, 등기명의가 바뀐 시점으로부터 다시 취득시효기간이 경과하더라도 취득시효완성을 주장할 수 없다. ( )

4. 취득시효의 완성을 알고 있는 소유자가 부동산을 선의의 제3자에게 처분하여 소유권이전등기를 마친 경우, 그 소유자는 시효완성자에게 불법행위로 인한 손해배상책임을 진다. ( )

5. 시효완성 후 그에 따른 소유권이전등기 전에 소유자가 부동산을 처분하면 시효완성자에 대하여 채무불이행책임을 진다. ( )

6. 취득시효 완성 후 그로 인한 등기 전에 소유자가 저당권을 설정한 경우, 특별한 사정이 없는 한 시효완성자는 등기를 함으로써 저당권의 부담이 없는 소유권을 취득한다. ( )

7. 시효이익의 포기는 특별한 사정이 없는 한, 시효취득자가 취득시효완성 당시의 진정한 소유자에 대하여 하여야 한다. ( )

8. 시효완성자의 시효이익의 포기는 특별한 사정이 없는 한 시효완성 당시의 원인무효인 등기의 등기부상 소유명의자에게 하여도 그 효력이 있다. ( )

9. 무과실은 점유취득시효의 요건이 아니다. ( )

▶ 정답 1. ○ 2. ○ 3. × 4. ○ 5. × 6. × 7. ○ 8. × 9. ○

03 공동소유

01 X토지를 甲이 2/3지분, 乙이 1/3지분으로 등기하여 공유하면서 그 관리방법에 관해 별도로 협의하지 않았다. 다음 설명 중 틀린 것은? (다툼이 있으면 판례에 따름)

제26회

① 丙이 甲으로부터 X토지의 특정부분의 사용·수익을 허락받아 점유하는 경우, 乙은 丙을 상대로 그 토지부분의 반환을 청구할 수 있다.

② 甲이 부정한 방법으로 X토지 전부에 관한 소유권이전등기를 甲의 단독명의로 행한 경우, 乙은 甲을 상대로 자신의 지분에 관하여 그 등기의 말소를 청구할 수 있다.

③ X토지에 관하여 丁 명의로 원인무효의 소유권이전등기가 경료되어 있는 경우, 乙은 丁을 상대로 그 등기 전부의 말소를 청구할 수 있다.

④ 戊가 X토지 위에 무단으로 건물을 신축한 경우, 乙은 특별한 사유가 없는 한 자신의 지분에 대응하는 비율의 한도 내에서만 戊를 상대로 손해배상을 청구할 수 있다.

⑤ X토지가 나대지인 경우, 甲은 乙의 동의 없이 건물을 신축할 수 없다.

해설

① 지분 과반수권자인 甲으로터 사용·수익을 허락받아 점유하는 丙의 점유는 적법한 점유이므로, 乙은 丙을 상대로 그 토지부분의 반환을 청구할 수 없다.

② 공유부동산에 대해 공유자 중 1인의 단독명의로 원인무효의 소유권이전등기가 행해졌다면, 다른 공유자는 등기명의인인 공유자의 지분을 제외한 부분의 말소를 청구할 수 있다.

정답 01 ①

02 甲은 3/5, 乙은 2/5의 지분으로 X토지를 공유하고 있다. 다음 설명 중 틀린 것은? (다툼이 있으면 판례에 따른다) 제28회

① 甲이 乙과 협의 없이 X토지를 丙에게 임대한 경우, 乙은 丙에게 X토지의 인도를 청구할 수 없다.

② 甲이 乙과 협의 없이 X토지를 丙에게 임대한 경우, 丙은 乙의 지분에 상응하는 차임 상당액을 乙에게 부당이득으로 반환할 의무가 없다.

③ 乙이 甲과 협의 없이 X토지를 丙에게 임대한 경우, 甲은 丙에게 X토지의 인도를 청구할 수 있다.

④ 乙은 甲과 협의 없이 X토지 면적의 2/5에 해당하는 특정 부분을 배타적으로 사용·수익할 수 있다.

⑤ 甲이 X토지 전부를 乙의 동의 없이 매도하여 매수인 명의로 소유권이전등기를 마친 경우, 甲의 지분 범위 내에서 등기는 유효하다.

> **해설**
> ④ 공유물의 관리에 관한 사항은 공유자의 지분의 과반수로써 결정하므로(제265조), 과반수 지분권자인 甲의 동의 없이는 乙은 자신 지분의 범위 내이더라도 공유물의 특정 부분을 배타적으로 사용·수익할 수 없다.
> ①② 지분 과반수권자인 甲으로터 사용·수익을 허락받아 점유하는 丙의 점유는 적법한 점유이므로, 乙은 丙을 상대로 그 토지부분의 인도를 청구할 수 없으며 乙은 지분에 상응하는 차임 상당액을 丙에게 부당이득반환을 청구할 수 없다.
> ⑤ 甲이 X토지 전부를 乙의 동의 없이 매도하여 매수인 명의로 소유권이전등기를 마친 경우, 매매계약은 (전부)유효이지만 매수인 명의의 등기는 甲의 지분 범위 내에서 유효하다.

> **OX**
> • 특별한 사정이 없는 한 공유물의 과반수지분권자로부터 공유부동산의 특정 부분에 대한 사용·수익을 허락받은 제3자는 소수지분권자에 대해 그 점유로 인하여 법률상 원인 없이 이득을 얻은 것으로 볼 수 있다. ( ) ▶정답 ×

03 공유에 관한 설명으로 옳은 것은? (다툼이 있으면 판례에 따름) 제30회

① 공유자 전원이 임대인으로 되어 공유물을 임대한 경우, 그 임대차계약을 해지하는 것은 특별한 사정이 없는 한 공유물의 보존행위이다.

② 개별 채권자들이 같은 기회에 특정 부동산에 관하여 하나의 근저당권을 설정받은 경우, 그들은 해당 근저당권을 준공유한다.

③ 공유부동산에 대해 공유자 중 1인의 단독명의로 원인무효의 소유권이전등기가 행해졌다면 다른 공유자는 등기명의인인 공유자를 상대로 등기 전부의 말소를 청구할 수 있다.

④ 과반수지분권자가 단독으로 공유토지를 임대한 경우, 소수지분권자는 과반수지분권자에게 부당이득반환을 청구할 수 없다.

⑤ 부동산 공유자 중 1인의 공유지분 포기에 따른 물권변동은 그 포기의 의사표시가 다른 공유자에게 도달함으로써 효력이 발생하며 등기를 요하지 않는다.

해설

① 공유자 전원이 임대인으로 되어 공유물을 임대한 경우, 그 임대차계약을 해지하는 것은 특별한 사정이 없는 한 공유물의 관리행위이다.

③ 공유부동산에 대해 공유자 중 1인의 단독명의로 원인무효의 소유권이전등기가 행해졌다면, 다른 공유자는 등기명의인인 공유자의 지분을 제외한 부분의 말소를 청구할 수 있다.

④ 과반수지분권자가 단독으로 공유토지를 임대한 경우, 소수지분권자는 과반수지분권자에게 부당이득반환을 청구할 수 있다.

⑤ 부동산 공유자 중 1인의 공유지분 포기에 따른 물권변동은 등기를 하여야 효력이 생긴다.

04 甲, 乙, 丙은 각 1/3 지분으로 나대지인 X토지를 공유하고 있다. 이에 관한 설명으로 틀린 것은? (다툼이 있으면 판례에 따름) 제31회

① 甲은 단독으로 자신의 지분에 관한 제3자의 취득시효를 중단시킬 수 없다.

② 甲과 乙이 X토지에 건물을 신축하기로 한 것은 공유물 관리방법으로 부적법하다.

③ 甲이 공유지분을 포기한 경우, 등기를 하여야 포기에 따른 물권변동의 효력이 발생한다.

④ 甲이 단독으로 丁에게 X토지를 임대한 경우, 乙은 丁에게 부당이득반환을 청구할 수 있다.

⑤ 甲은 특별한 사정이 없는 한 X토지를 배타적으로 점유하는 丙에게 보존행위로서 X토지의 인도를 청구할 수 없다.

정답 02 ④ 03 ② 04 ①

해설
① 甲은 보존행위로서 단독으로 자신의 지분에 관한 제3자의 취득시효를 중단시킬 수 있다.

05 甲, 乙, 丙은 X토지를 각 1/2, 1/4, 1/4의 지분으로 공유하고 있다. 이에 관한 설명으로 옳은 것은? (단, 구분소유적 공유관계는 아니며, 다툼이 있으면 판례에 따름)

제32회

① 乙이 X토지에 대한 자신의 지분을 포기한 경우, 乙의 지분은 甲, 丙에게 균등한 비율로 귀속된다.
② 당사자 간의 특약이 없는 경우, 甲은 단독으로 X토지를 제3자에게 임대할 수 있다.
③ **甲, 乙은 X토지에 대한 관리방법으로 X토지에 건물을 신축할 수 있다.**
④ 甲, 乙, 丙이 X토지의 관리에 관한 특약을 한 경우, 그 특약은 특별한 사정이 없는 한 그들의 특정승계인에게도 효력이 미친다.
⑤ **丙이 甲, 乙과의 협의없이 X토지를 배타적·독점적으로 점유하고 있는 경우, 乙은 공유물에 대한 보존행위로 X토지의 인도를 청구할 수 있다.**

해설
① 乙이 X토지에 대한 자신의 지분을 포기한 경우, 乙의 지분은 甲, 丙에게 각 지분의 비율로 귀속된다(제267조).
② 당사자 간의 특약이 없는 경우, 甲은 과반수 지분권자가 아니므로 단독으로 X토지를 제3자에게 임대할 수 없다(제265조).
③ 공유토지에 건물을 신축하는 것은 관리행위의 범위를 벗어나 처분·변경에 해당하므로, 甲, 乙은 X토지에 대한 관리방법으로 X토지에 건물을 신축할 수 없다.
⑤ 丙이 甲, 乙과의 협의없이 X토지를 배타적·독점적으로 점유하고 있는 경우, 다른 소수지분권자 乙은 방해배제청구권은 행사할 수 있으나 공유물에 대한 보존행위로 X토지의 인도를 청구할 수 없다.

06 부동산 공유에 관한 설명으로 틀린 것은? (다툼이 있으면 판례에 따름)

① 공유물의 보존행위는 공유자 각자가 할 수 있다.

② 공유자는 공유물 전부를 지분의 비율로 사용·수익할 수 있다.

③ 공유자는 다른 공유자의 동의 없이 공유물을 처분하거나 변경하지 못한다.

④ 공유자는 자신의 지분에 관하여 단독으로 제3자의 취득시효를 중단시킬 수 없다.

⑤ 공유물 무단점유자에 대한 차임 상당 부당이득반환청구권은 특별한 사정이 없는 한 각 공유자에게 지분 비율만큼 귀속된다.

해설

④ 공유자는 단독으로 자신의 지분에 관한 제3자의 취득시효를 중단시킬 수 있다.

07 공유물분할에 관한 설명으로 옳은 것을 모두 고른 것은? (다툼이 있으면 판례에 따름)

> ㉠ 재판상 분할에서 분할을 원하는 공유자의 지분만큼은 현물분할하고, 분할을 원하지 않는 공유자는 계속 공유로 남게 할 수 있다.
> ㉡ 토지의 협의분할은 등기를 마치면 그 등기가 접수된 때 물권변동의 효력이 있다.
> ㉢ 공유자는 다른 공유자가 분할로 인하여 취득한 물건에 대하여 그 지분의 비율로 매도인과 동일한 담보책임이 있다.
> ㉣ 공유자 사이에 이미 분할협의가 성립하였는데 일부 공유자가 분할에 따른 이전등기에 협조하지 않은 경우, 공유물분할소송을 제기할 수 없다.

① ㉠   ② ㉡, ㉢   ③ ㉢, ㉣

④ ㉠, ㉡, ㉣   ⑤ ㉠, ㉡, ㉢, ㉣

해설

㉠ 공유물분할청구의 소에서 법원은 원칙적으로 공유물분할을 청구하는 원고가 구하는 방법에 구애받지 않고 재량에 따라 합리적 방법으로 분할을 명할 수 있다. 따라서 특별한 사정이 있으면 가격배상 하는 방법의 공유물분할판결도 가능하다.

ⓛ 부동산등기법 제6조

> **제6조(등기신청의 접수시기 및 등기의 효력발생시기)** ① 등기신청은 대법원규칙으로 정하는 등기신청정보가 전산정보처리조직에 저장된 때 접수된 것으로 본다.
> ② 제11조 제1항에 따른 등기관이 등기를 마친 경우 그 등기는 접수한 때부터 효력을 발생한다.

ⓒ 공유자는 다른 공유자가 분할로 인하여 취득한 물건에 대하여 그 지분의 비율로 매도인과 동일한 담보책임이 있다(제270조).
ⓔ 공유자 사이의 분할협의가 성립한 경우에는 일부 공유자가 협의에 따른 이전등기에 협조하지 않더라도 더 이상 재판상 분할청구는 허용되지 않는다.

08 민법상 공동소유에 관한 설명으로 옳은 것은? (다툼이 있으면 판례에 따름) 제33회

① 공유자끼리 그 지분을 교환하는 것은 지분권의 처분이므로 이를 위해서는 교환당사자가 아닌 다른 공유자의 동의가 필요하다.

② **부동산 공유자 중 일부가 자신의 공유지분을 포기한 경우, 등기를 하지 않아도 공유지분 포기에 따른 물권변동의 효력이 발생한다.**

③ **합유자 중 1인은 다른 합유자의 동의 없이 자신의 지분을 단독으로 제3자에게 유효하게 매도할 수 있다.**

④ 합유물에 관하여 경료된 원인 무효의 소유권이전등기의 말소를 구하는 소는 합유자 각자가 제기할 수 있다.

⑤ 법인 아닌 종중이 그 소유 토지의 매매를 중개한 중개업자에게 중개수수료를 지급하기로 하는 약정을 체결하는 것은 총유물의 관리·처분행위에 해당한다.

해설

① 공유지분의 처분은 자유이므로 다른 공유자의 동의를 요하지 않는다(제263조).
② 공유지분의 포기는 법률행위이므로 포기의 의사표시 외에 그에 따른 등기를 하여야 물권변동의 효력이 발생한다.
③ 합유자는 전원의 동의 없이 합유물에 대한 '지분'을 처분하지 못한다(제273조 제1항).
⑤ 종중이 그 소유의 토지의 매매를 중개한 중개업자에게 중개수수료를 지급하기로 하는 약정을 체결하는 것은 단순한 채무부담행위에 불과하여 이를 총유물의 관리·처분행위라고 할 수 없다(대판 2011다107900).

09 민법상 합유에 관한 설명으로 틀린 것은? (특약은 없으며, 다툼이 있으면 판례에 따름)

① 합유자의 권리는 합유물 전부에 미친다.

② 합유자는 합유물의 분할을 청구하지 못한다.

③ 합유자 중 1인이 사망하면 그의 상속인이 합유자의 지위를 승계한다.

④ 합유물의 보존행위는 합유자 각자가 할 수 있다.

⑤ 합유자는 그 전원의 동의 없이 합유지분을 처분하지 못한다.

해설

③ 부동산의 합유자 중 일부가 사망한 경우 합유자 사이에 특별한 약정이 없는 한 사망한 합유자의 상속인은 합유자로서의 지위를 승계하지 못하므로, 해당 부동산은 잔존 합유자가 2인 이상일 경우에는 잔존 합유자의 합유로 귀속되고 잔존 합유자가 1인인 경우에는 잔존 합유자의 단독소유로 귀속된다.

10 공동소유에 관한 설명으로 옳은 것은? (다툼이 있으면 판례에 따름)

① 공유물분할금지의 약정은 갱신할 수 있다.

② 합유자는 다른 합유자의 동의 없이 합유지분을 처분할 수 있다.

③ 비법인사단의 사원은 단독으로 총유물의 보존행위를 할 수 있다.

④ 합유자의 1인이 사망하면 특별한 사정이 없는 한 그의 상속인이 그 지분을 포괄승계한다.

⑤ 공유자의 1인이 그 지분에 저당권을 설정한 후 공유물이 분할된 경우, 다른 약정이 없으면 저당권은 저당권설정자 앞으로 분할된 부분에 집중된다.

해설

① 공유물분할금지의 약정은 갱신할 수 있으며 그 기간은 갱신한 날부터 5년을 넘지 못한다(제268조 제2항).

② 합유자는 전원의 동의 없이 합유물에 대한 지분을 처분하지 못한다(제273조 제1항).

③ 총유물의 보존에 있어서는 특별한 사정이 없는 한 사원총회의 결의를 거쳐야 하므로, 법인 아닌 사단인 종중이 그 총유재산에 대한 보존행위로서 소송을 하는 경우에도 특별한 사정이 없는 한 종중 총회의 결의를 거쳐야 한다(대판 2009다83650).

정답 08 ④ 09 ③ 10 ①

④ 부동산의 합유자 중 일부가 사망한 경우 합유자 사이에 특별한 약정이 없는 한 사망한 합유자의 상속인은 합유자로서의 지위를 승계하는 것이 아니므로 해당 부동산은 잔존 합유자가 2인 이상일 경우에는 잔존 합유자의 합유로 귀속되고 잔존 합유자가 1인인 경우에는 잔존 합유자의 단독소유로 귀속된다(대판 93다39225).

⑤ 甲, 乙의 공유인 부동산 중 甲의 지분 위에 설정된 근저당권 등 담보물권은 특단의 합의가 없는 한 공유물분할이 된 뒤에도 종전의 지분비율대로 공유물 전부의 위에 그대로 존속하고 근저당권설정자인 甲 앞으로 분할된 부분에 당연히 집중되는 것은 아니다(대판 88다카24868).

OX

1. 공유물분할청구권은 형성권에 해당한다. (   )

2. 공유관계가 존속하는 한, 공유물분할청구권만이 독립하여 시효로 소멸할 수 있다. (   )

3. 공유토지를 현물분할하는 경우에 반드시 공유지분의 비율대로 토지 면적을 분할해야 하는 것은 아니다. (   )

▶ 정답 1. ○ 2. × 3. ○

01 **지상권**

01 지상권에 관한 설명으로 틀린 것은? (다툼이 있으면 판례에 따름) 　　　제28회

① 지상권설정계약 당시 건물 기타 공작물이 없더라도 지상권은 유효하게 성립할 수 있다.

② 지상권자는 토지소유자의 의사에 반하여도 자유롭게 타인에게 지상권을 양도할 수 있다.

③ 지상의 공간은 상하의 범위를 정하여 공작물을 소유하기 위한 지상권의 목적으로 할 수 있다.

④ 지상권이 저당권의 목적인 경우 지료연체를 이유로 한 지상권소멸청구는 저당권자에게 통지하면 즉시 그 효력이 생긴다.

⑤ 지상권의 소멸시 지상권설정자가 상당한 가액을 제공하여 공작물 등의 매수를 청구한 때에는 지상권자는 정당한 이유 없이 이를 거절하지 못한다.

해설

④ 지상권이 저당권의 목적인 때 또는 그 토지에 있는 건물, 수목이 저당권의 목적이 된 때에는 지상권의 소멸청구는 저당권자에게 통지한 후 상당한 기간이 경과함으로써 그 효력이 생긴다. (제288조).

⑤ 제285조 제2항

OX

• 건물의 소유를 목적으로 하는 지상권의 양도는 토지소유자의 동의를 요한다. (　　)

▶정답 ×

정답 01 ④

02 乙소유의 토지에 설정된 甲의 지상권에 관한 설명으로 틀린 것은? (다툼이 있으면 판례에 따름) 제29회

① 甲은 그가 乙의 토지에 신축한 X건물의 소유권을 유보하여 지상권을 양도할 수 있다.

② 甲의 권리가 법정지상권일 경우, 지료에 관한 협의나 법원의 지료결정이 없으면 乙은 지료연체를 주장하지 못한다.

③ 지료를 연체한 甲이 丙에게 지상권을 양도한 경우, 乙은 지료약정이 등기된 때에만 연체사실로 丙에게 대항할 수 있다.

④ 乙의 토지를 양수한 丁은 甲의 乙에 대한 지료연체액을 합산하여 2년의 지료가 연체되면 지상권소멸을 청구할 수 있다.

⑤ 甲이 戊에게 지상권을 목적으로 하는 저당권을 설정한 경우, 지료연체를 원인으로 하는 乙의 지상권소멸청구는 戊에게 통지한 후 상당한 기간이 경과함으로써 효력이 생긴다.

해설

④ 지상권자의 지료 지급 연체가 토지소유권의 양도 전후에 걸쳐 이루어진 경우 토지양수인에 대한 연체기간이 2년이 되지 않는다면 양수인은 지상권소멸청구를 할 수 없다(대판 99다17142).

03 지상권에 관한 설명으로 옳은 것을 모두 고른 것은? (다툼이 있으면 판례에 따름) 제31회

> ㉠ 지료의 지급은 지상권의 성립요소이다.
> ㉡ 기간만료로 지상권이 소멸하면 지상권자는 갱신청구권을 행사할 수 있다.
> ㉢ 지료체납 중 토지소유권이 양도된 경우, 양도 전·후를 통산하여 2년에 이르면 지상권 소멸청구를 할 수 있다.
> ㉣ 채권담보를 위하여 토지에 저당권과 함께 무상의 담보지상권을 취득한 채권자는 특별한 사정이 없는 한 제3자가 토지를 불법점유하더라도 임료 상당의 손해배상청구를 할 수 없다.

① ㉡   ② ㉠, ㉢   ③ ㉡, ㉣
④ ㉢, ㉣   ⑤ ㉠, ㉢, ㉣

해설

㉠ 지료의 지급은 지상권의 성립요소가 아니다.
㉢ 지료체납 중 토지소유권이 양도된 경우, 양도 전·후를 통산하여 2년에 이르면 지상권 소멸청구를 할 수 없으며 양수인에 대하여 2년이 체납되어야 소멸청구를 할 수 있다.

OX

1. 지료합의가 없는 지상권 설정계약은 무효이다. ( )
2. 지상권 설정계약에서 지료의 지급에 대한 약정이 없더라도 지상권의 성립에는 영향이 없다. ( )
   ▶ **정답** 1. × 2. ○

---

04 乙은 甲과의 지상권설정계약으로 甲 소유의 X토지에 지상권을 취득한 후, 그 지상에 Y건물을 완성하여 소유권을 취득하였다. 다음 설명 중 옳은 것을 모두 고른 것은? (다툼이 있으면 판례에 따름) 제34회

> ㉠ 乙은 지상권을 유보한 채 Y건물 소유권만을 제3자에게 양도할 수 있다.
> ㉡ 乙은 Y건물 소유권을 유보한 채 지상권만을 제3자에게 양도할 수 있다.
> ㉢ 지료지급약정이 있음에도 乙이 3년분의 지료를 미지급한 경우, 甲은 지상권 소멸을 청구할 수 있다.

① ㉠   ② ㉢   ③ ㉠, ㉡
④ ㉡, ㉢   ⑤ ㉠, ㉡, ㉢

해설

㉠㉡ 지상권자는 지상권을 유보한 채 지상물 소유권만을 양도할 수도 있고 지상물 소유권을 유보한 채 지상권만을 양도할 수도 있는 것이어서 지상권자와 그 지상물의 소유권자가 반드시 일치하여야 하는 것은 아니다(대판).

㉢ 지상권자가 2년 이상의 지료를 지급하지 아니한 때에는 지상권설정자는 지상권의 소멸을 청구할 수 있다(제287조).

05 지상권에 관한 설명으로 틀린 것을 모두 고른 것은? (다툼이 있으면 판례에 따름)

제32회

> ㉠ 담보목적의 지상권이 설정된 경우 피담보채권이 변제로 소멸하면 그 지상권도 소멸한다.
> ㉡ 지상권자의 지료지급 연체가 토지소유권의 양도 전후에 걸쳐 이루어진 경우, 토지양수인은 자신에 대한 연체기간이 2년 미만이더라도 지상권의 소멸을 청구할 수 있다.
> ㉢ 분묘기지권을 시효취득한 자는 토지소유자가 지료를 청구한 날부터의 지료를 지급할 의무가 있다.

① ㉠   ② ㉡   ③ ㉢
④ ㉠, ㉡   ⑤ ㉡, ㉢

해설

㉡ 토지양수인에 대한 연체기간이 2년이 되지 않는다면 양수인은 지상권의 소멸을 청구할 수 없다.

06 분묘기지권에 관한 설명으로 옳은 것을 모두 고른 것은? (다툼이 있으면 판례에 따름)

제35회

> ㉠ 분묘기지권은 봉분 등 외부에서 분묘의 존재를 인식할 수 있는 형태를 갖추고 등기하여야 성립한다.
> ㉡ 토지소유자의 승낙을 얻어 분묘를 설치함으로써 분묘기지권을 취득한 경우, 설치할 당시 토지소유자와의 합의에 의하여 정한 지료지급의무의 존부나 범위의 효력은 그 토지의 승계인에게는 미치지 않는다.
> ㉢ 자기 소유 토지에 분묘를 설치한 사람이 그 토지를 양도하면서 분묘를 이장하겠다는 특약을 하지 않음으로써 분묘기지권을 취득한 경우, 분묘기지권자는 특별한 사정이 없는 한 분묘기지권이 성립한 때부터 지료를 지급할 의무가 있다.

① ㉠   ② ㉢   ③ ㉠, ㉡
④ ㉡, ㉢   ⑤ ㉠, ㉡, ㉢

해설

ⓒ 자기 소유 토지에 분묘를 설치한 사람이 그 토지를 양도하면서 분묘를 이장하겠다는 특약을 하지 않음으로써 분묘기지권을 취득한 경우, 분묘기지권자는 특별한 사정이 없는 한 '분묘기지권이 성립한 때'부터 지료를 지급할 의무가 있다. 한편 분묘기지권을 시효로 취득한 경우에는 '토지소유자가 지료지급을 청구한 때'부터 지료를 지급할 의무가 있다.

ⓖ 분묘기지권은 등기할 수 있는 권리가 아니다.

ⓒ 토지소유자의 승낙을 얻어 분묘를 설치함으로써 분묘기지권을 취득한 경우, 설치할 당시 토지소유자와의 합의에 의하여 정한 지료지급의무의 존부나 범위의 효력은 그 토지의 승계인에게도 미친다.

OX

1. 장사 등에 관한 법률이 시행된 후 설치된 분묘에 대해서는 더 이상 시효취득이 인정되지 않는다. ( )

2. 분묘기지권의 시효취득을 인정하는 종전의 관습법은 법적 규범으로서의 효력을 상실하였다. ( )

3. 「장사 등에 관한 법률」 시행 이전에 설치된 분묘에 관한 분묘기지권의 시효취득은 법적 규범으로 유지되고 있다. ( )

▶정답 1. ○ 2. × 3. ○

02 법정지상권

01 법정지상권이 성립되는 경우를 모두 고른 것은? (다툼이 있으면 판례에 의함)

> ㉠ 저당권이 설정된 토지 위에 건물이 축조된 후, 토지의 경매로 인하여 토지와 그 건물이 다른 소유자에게 속하게 된 경우
> ㉡ 토지에 저당권이 설정될 당시 지상에 건물이 존재하고 있었고 그 양자가 동일 소유자에게 속하였다가 그 후 저당권의 실행으로 토지가 매각되기 전에 건물이 제3자에게 양도된 경우
> ㉢ 토지에 저당권이 설정될 당시 그 지상에 건물이 토지 소유자에 의하여 건축 중이었고, 건물의 규모, 종류가 외형상 예상할 수 있는 정도까지 건축이 진전된 후 저당권의 실행으로 토지가 매각된 경우
> ㉣ 동일인 소유의 토지와 건물에 관하여 공동저당권이 설정된 후 그 건물이 철거되고 제3자 소유의 건물이 새로이 축조된 다음, 토지에 관한 저당권의 실행으로 토지와 건물의 소유자가 달라진 경우

① ㉠, ㉡   ② ㉡, ㉢   ③ ㉢, ㉣
④ ㉠, ㉢   ⑤ ㉡, ㉣

해설

㉢ 토지에 관하여 저당권이 설정될 당시 토지 소유자에 의하여 그 지상에 건물이 건축 중이었던 경우 경매절차에서 매수인이 매각대금을 다 낸 때까지 독립된 부동산으로서 건물의 요건을 갖춘 경우에는 법정지상권이 성립한다(대판).
㉠ 저당권이 설정된 토지 위에 건물이 축조된 후, 토지의 경매로 인하여 토지와 그 건물이 다른 소유자에게 속하게 된 경우에는 민법 제366조의 법정지상권이 성립하지 않는다(대판).
㉣ 동일인 소유의 토지와 건물에 관하여 공동저당권이 설정된 후 그 건물이 철거되고 제3자 소유의 건물이 새로이 축조된 다음, 토지에 관한 저당권의 실행으로 토지와 건물의 소유자가 달라진 경우에는 민법 제366조의 법정지상권이 성립하지 않는다(대판).

02 저당물의 경매로 토지와 건물의 소유자가 달라지는 경우에 성립하는 법정지상권에 관한 설명으로 옳은 것을 모두 고른 것은? (다툼이 있으면 판례에 따름) 제35회

> ㉠ 토지에 관한 저당권설정 당시 해당 토지에 일시사용을 위한 가설건축물이 존재하였던 경우, 법정지상권은 성립하지 않는다.
> ㉡ 토지에 관한 저당권설정 당시 존재하였던 건물이 무허가건물인 경우, 법정지상권은 성립하지 않는다.
> ㉢ 지상건물이 없는 토지에 저당권을 설정받으면서 저당권자가 신축 개시 전에 건축을 동의한 경우, 법정지상권은 성립하지 않는다.

① ㉡   ② ㉢   ③ ㉠, ㉡
④ ㉠, ㉢   ⑤ ㉠, ㉡, ㉢

해설

㉡ 토지에 저당권이 설정될 당시 동일인 소유의 건물이 존재하기만 하면 족하고, 그 건물이 무허가건물이거나 미등기건물이라도 법정지상권이 발생할 수 있다.

03 관습법상 법정지상권에 관한 설명으로 틀린 것은? (다툼이 있으면 판례에 의함)
제24회

① 법정지상권을 양도하기 위해서는 등기하여야 한다.
② 법정지상권자는 그 지상권을 등기하여야 지상권을 취득할 당시의 토지소유자로부터 토지를 양수한 제3자에게 대항할 수 있다.
③ 법정지상권자는 건물의 유지·사용에 필요한 범위에서 지상권이 성립된 토지를 자유로이 사용할 수 있다.
④ 지료에 관하여 토지소유자와 협의가 이루어지지 않으면 당사자의 청구에 의하여 법원이 이를 정한다.
⑤ 동일인 소유의 건물과 토지가 매매로 인하여 서로 소유자가 다르게 되었으나, 당사자가 그 건물을 철거하기로 합의한 때에는 관습법상 법정지상권이 성립하지 않는다.

해설

② 법정지상권은 법률규정에 의한 취득이므로(제187조), 법정지상권자는 그 지상권에 관한 등기 없이도 지상권을 취득할 당시의 토지소유자로부터 토지를 양수한 제3자에게 대항할 수 있다.

정답 01 ② 02 ④ 03 ②

04 법정지상권에 관한 설명으로 옳은 것은? (다툼이 있으면 판례에 따름) 제29회

① 저당목적물인 토지에 대하여 법정지상권을 배제하는 저당권설정 당사자 사이의 약정은 효력이 없다.

② 법정지상권자가 지상건물을 제3자에게 양도한 경우, 제3자는 그 건물과 함께 법정지상권을 당연히 취득한다.

③ 법정지상권이 있는 건물을 양수한 사람은 지상권등기를 마쳐야 양도인의 지상권갱신청구권을 대위행사할 수 있다.

④ 토지 또는 그 지상건물이 경매된 경우, 매각대금 완납 시를 기준으로 토지와 건물의 동일인 소유 여부를 판단한다.

⑤ 건물을 위한 법정지상권이 성립한 경우, 그 건물에 대한 저당권이 실행되면 경락인은 등기하여야 법정지상권을 취득한다.

해설

① 민법 제366조는 가치권과 이용권의 조절을 위한 공익상의 이유로 지상권의 설정을 강제하는 것이므로 저당권설정 당사자 간의 특약으로 저당목적물인 토지에 대하여 법정지상권을 배제하는 약정을 하더라도 그 특약은 효력이 없다(대판 87다카1564).

② 법정지상권자가 지상건물을 제3자에게 양도한 경우, 제3자는 그 건물과 함께 법정지상권을 등기 하여야 취득한다(제186조).

③ 법정지상권이 붙은 건물의 양수인은 '법정지상권에 대한 등기를 하지 않았다 하더라도' 토지 소유자에 대한 관계에서 적법하게 토지를 점유사용하고 있는 자라 할 것이고, 따라서 건물을 양도한 자라고 하더라도 지상권갱신청구권이 있고 건물의 양수인은 법정지상권자인 양도인의 갱신청구권을 대위행사할 수 있다고 보아야 할 것이다(대판 94다39925).

④ 강제경매의 목적이 된 토지 또는 그 지상 건물의 소유권이 강제경매로 인하여 그 절차상의 매수인에게 이전된 경우에 건물의 소유를 위한 관습상 법정지상권이 성립하는가 하는 문제에 있어서는 그 매수인이 소유권을 취득하는 매각대금의 완납시가 아니라 '그 압류의 효력이 발생하는 때'를 기준으로 하여 토지와 그 지상 건물이 동일인에 속하였는지가 판단되어야 한다.

⑤ 건물을 위한 법정지상권이 성립한 경우, 그 건물에 대한 저당권이 실행되면 경락인은 등기 없이도 법정지상권을 취득한다(제187조).

05 甲에게 법정지상권 또는 관습법상 법정지상권이 인정되는 경우를 모두 고른 것은?
(다툼이 있으면 판례에 따름) 제33회

> ㉠ 乙 소유의 토지 위에 乙의 승낙을 얻어 신축한 丙 소유의 건물을 甲이 매수한 경우
> ㉡ 乙 소유의 토지 위에 甲과 乙이 건물을 공유하면서 토지에만 저당권을 설정하였다가, 그 실행을 위한 경매로 丙이 토지소유권을 취득한 경우
> ㉢ 甲이 乙로부터 乙 소유의 미등기건물과 그 대지를 함께 매수하고 대지에 관해서만 소유권이전등기를 한 후, 건물에 대한 등기 전 설정된 저당권에 의해 대지가 경매되어 丙이 토지소유권을 취득한 경우

① ㉠
② ㉡
③ ㉠, ㉢
④ ㉡, ㉢
⑤ ㉠, ㉡, ㉢

해설

㉠ 토지와 건물이 동일인 소유가 아니므로 법정지상권이 인정되지 않는다.
㉡ 공유와 (관습법상의) 법정지상권

1. **토지가 공유인 경우**
   ① 토지의 공유자 중의 1인이 공유토지 위에 건물을 소유하고 있다가 토지지분만을 전매함으로써 단순히 토지공유자의 1인에 대하여 관습상의 법정지상권이 성립된 것으로 볼 사유가 발생하였다고 하더라도 관습상의 법정지상권이 성립될 수 없다.
   ② 토지공유자의 한 사람이 다른 공유자의 지분 과반수의 동의를 얻어 건물을 건축한 후 토지와 건물의 소유자가 달라진 경우 관습법상의 법정지상권이 성립하지 않는다.
   ③ 공유지상에 공유자의 1인 또는 수인 소유의 건물이 있을 경우 위 공유지의 분할로 그 대지와 지상건물이 소유자를 달리하게 될 때에는 다른 특별한 사정이 없는 한 관습상의 법정지상권을 취득한다.

2. **건물이 공유인 경우**
   건물공유자의 1인이 그 건물의 부지인 토지를 단독으로 소유하면서 그 토지에 관하여만 저당권을 설정하였다가 위 저당권에 의한 경매로 인하여 토지의 소유자가 달라진 경우 민법 제366조에 의하여 토지 전부에 관하여 법정지상권을 취득한다.

㉢ 민법 제366조의 법정지상권은 저당권 설정 당시에 동일인의 소유에 속하는 토지와 건물이 저당권의 실행에 의한 경매로 인하여 각기 다른 사람의 소유에 속하게 된 경우에 건물의 소유를 위하여 인정되는 것이므로, 미등기건물을 그 대지와 함께 매수한 사람이 그 대지에 관하여만 소유권이전등기를 넘겨받고 건물에 대하여는 그 등기를 이전 받지 못하고 있다가, 대지에 대하여 저당권을 설정하고 그 저당권의 실행으로 대지가 경매되어 다른 사람의 소유로 된 경우에는, 그 저당권의 설정 당시에 이미 대지와 건물이 각각 다른 사람의 소유에 속하고 있었으므로 법정지상권이 성립될 여지가 없다(대판 전합2002다9660).

정답 04 ① 05 ②

OX

• 관습법상의 법정지상권 발생을 배제하는 특약의 존재에 관한 주장·증명책임은 그 특약의 존재를 주장하는 측에 있다. ( )　　　　　　　　　　　　　　　　▶정답 ○

---

03 지역권

01 지역권에 관한 설명으로 옳은 것은? (다툼이 있으면 판례에 따름)　　　제33회

① 요역지는 1필의 토지 일부라도 무방하다.

② 요역지의 소유권이 이전되어도 특별한 사정이 없는 한 지역권은 이전되지 않는다.

③ 지역권의 존속기간을 영구무한으로 약정할 수는 없다.

④ 지역권자의 승역지를 권원 없이 점유한 자에게 그 반환을 청구할 수 있다.

⑤ 요역지 공유자의 1인은 지분에 관하여 그 토지를 위한 지역권을 소멸하게 하지 못한다.

해설

⑤ 지역권의 공유관계

> 제293조(공유관계, 일부양도와 불가분성) ① 토지공유자의 1인은 지분에 관하여 그 토지를 위한 지역권 또는 그 토지가 부담한 지역권을 소멸하게 하지 못한다.

① 승역지는 토지의 일부라도 무방하나, 요역지는 1필의 토지이어야 한다.

② 요역지의 소유권이 이전되면 지역권도 토지소유권에 부종하여 이전한다(제292조 제1항).

③ 지역권의 존속기간은 영구무한으로 약정할 수 있다.

④ 지역권자에게는 물권적 반환청구권은 인정되지 않는다.

OX

• 승역지는 1필의 토지이어야 하지만, 요역지는 1필의 토지 일부라도 무방하다. ( )　　　　　　　　　　　　　　　　▶정답 ×

02 지역권에 관한 설명으로 틀린 것은? (다툼이 있으면 판례에 따름)

① 지역권은 요역지와 분리하여 양도하거나 처분하지 못한다.

② 공유자의 1인은 다른 공유자의 동의 없이 지역권을 설정할 수 없다.

③ 소유권에 기한 소유물반환청구권에 관한 규정은 지역권에 준용된다.

④ 통행지역권을 주장하는 사람은 통행으로 편익을 얻는 요역지가 있음을 주장·증명하여야 한다.

⑤ 자기 소유의 토지에 도로를 개설하여 타인에게 영구적으로 사용하도록 약정하고 대금을 수령하는 것은 지역권설정에 관한 합의이다.

해설

③ 지역권에는 물권적 반환청구권이 준용되지 않는다(제301조, 제214조).

④ 지역권은 일정한 목적을 위하여 타인의 토지를 자기의 토지의 편익에 이용하는 용익물권으로서 요역지와 승역지 사이의 권리관계에 터잡은 것이므로 어느 토지에 대하여 통행지역권을 주장하려면 그 토지의 통행으로 편익을 얻는 요역지가 있음을 주장 입증하여야 한다(대판 92다22725).

⑤ 자기 소유의 토지에 도로를 개설하여 타인으로 하여금 영구히 사용케 한다고 약정하고 그 대금을 수령한 경우, 위 약정은 지역권 설정에 관한 합의이다(대판 79다1704).

03 지역권에 관한 설명으로 틀린 것은? (다툼이 있으면 판례에 따름)

① 요역지는 1필의 토지여야 한다.

② 요역지의 지상권자는 자신의 용익권 범위 내에서 지역권을 행사할 수 있다.

③ 공유자 중 1인이 지역권을 취득한 때에는 다른 공유자도 지역권을 취득한다.

④ 요역지의 불법점유자는 통행지역권을 시효취득할 수 없다.

⑤ 통행지역권을 시효취득하였다면, 특별한 사정이 없는 한 요역지 소유자는 도로설치로 인해 승역지 소유자가 입은 손실을 보상하지 않아도 된다.

해설

⑤ 통행지역권을 시효취득하였다면, 특별한 사정이 없는 한 요역지 소유자는 도로설치로 인해 승역지 소유자가 입은 손실을 보상하여야 한다.

정답 01 ⑤ 02 ③ 03 ⑤

04 지역권에 관한 설명으로 틀린 것은? (다툼이 있으면 판례에 따름)   제31회

① 요역지의 소유권이 양도되면 지역권은 원칙적으로 이전되지 않는다.

② 공유자의 1인이 지역권을 취득한 때에는 다른 공유자도 이를 취득한다.

③ 점유로 인한 지역권취득기간의 중단은 지역권을 행사하는 모든 공유자에 대한 사유가 아니면 그 효력이 없다.

④ 어느 토지에 대하여 통행지역권을 주장하려면 그 토지의 통행으로 편익을 얻는 요역지가 있음을 주장·증명해야 한다.

⑤ 승역지에 관하여 통행지역권을 시효취득한 경우, 특별한 사정이 없는 한 요역지 소유자는 승역지 소유자에게 승역지의 사용으로 입은 손해를 보상해야 한다.

해설

① 지역권은 요역지소유권에 부종하여 이전하며 또는 요역지에 대한 소유권이외의 권리의 목적이 된다. 그러나 다른 약정이 있는 때에는 그 약정에 의한다(제292조). 따라서 요역지의 소유권이 양도되면 원칙적으로 지역권도 함께 이전된다.

③ 지역권의 불가분성

> **제295조(취득과 불가분성)** ① 공유자의 1인이 지역권을 취득한 때에는 다른 공유자도 이를 취득한다.
> ② 점유로 인한 지역권취득기간의 중단은 지역권을 행사하는 모든 공유자에 대한 사유가 아니면 그 효력이 없다.
> **제296조(소멸시효의 중단, 정지와 불가분성)** 요역지가 수인의 공유인 경우에 그 1인에 의한 지역권소멸시효의 중단 또는 정지는 다른 공유자를 위하여 효력이 있다.

OX

• 요역지가 수인의 공유인 경우에 그 1인에 의한 지역권소멸시효의 정지는 다른 공유자를 위하여 효력이 있다. (   )   ▶정답 ○

05 지역권에 관한 설명으로 틀린 것은? 제32회

① 지역권은 요역지와 분리하여 따로 양도하거나 다른 권리의 목적으로 하지 못한다.

② 1필의 토지의 일부에는 지역권을 설정할 수 없다.

③ 요역지의 공유자 중 1인이 지역권을 취득한 경우, 요역지의 다른 공유자도 지역권을 취득한다.

④ 지역권에 기한 승역지 반환청구권은 인정되지 않는다.

⑤ 계속되고 표현된 지역권은 시효취득의 대상이 될 수 있다.

해설

② 1필의 토지의 일부에도 지역권을 설정할 수 있다.

06 지역권에 관한 설명으로 틀린 것은? (다툼이 있으면 판례에 따름) 제34회

① 지역권은 요역지와 분리하여 양도할 수 없다.

② 공유자 중 1인이 지역권을 취득한 때에는 다른 공유자도 이를 취득한다.

③ 통행지역권을 주장하는 자는 통행으로 편익을 얻는 요역지가 있음을 주장·증명해야 한다.

④ 요역지의 불법점유자도 통행지역권을 시효취득할 수 있다.

⑤ 지역권은 계속되고 표현된 것에 한하여 시효취득할 수 있다.

해설

④ 요역지의 불법점유자는 통행지역권을 시효취득할 수 없다.

OX

• 통행지역권의 점유취득시효는 승역지 위에 도로를 설치하여 늘 사용하는 객관적 상태를 전제로 한다. (   ) ▶ 정답 ○

정답 04 ① 05 ② 06 ④

07 지역권에 관한 설명으로 틀린 것은?   제35회

① 지역권은 요역지와 분리하여 양도할 수 없다.

② 지역권은 표현된 것이 아니더라도 시효취득할 수 있다.

③ 요역지의 소유권이 이전되면 다른 약정이 없는 한 지역권도 이전된다.

④ 요역지의 공유자 1인은 그 토지 지분에 관한 지역권을 소멸시킬 수 없다.

⑤ 공유자의 1인이 지역권을 취득한 때에는 다른 공유자도 지역권을 취득한다.

해설

② 지역권은 계속되고 표현된 것에 한하여 시효취득할 수 있다(제294조).

---

04 전세권

01 전세권에 관한 설명으로 옳은 것은? (다툼이 있으면 판례에 따름)   제28회

① 전세금은 반드시 현실적으로 수수되어야만 하므로 기존의 채권으로 전세금
의 지급에 갈음할 수 없다.

② 건물전세권이 법정갱신된 경우, 전세권자는 이를 등기해야 그 목적물을 취득
한 제3자에게 대항할 수 있다.

③ 토지전세권의 존속기간을 약정하지 않은 경우, 각 당사자는 6개월이 경과해
야 상대방에게 전세권의 소멸통고를 할 수 있다.

④ 건물전세권자와 인지(隣地)소유자 사이에는 상린관계에 관한 규정이 준용되
지 않는다.

⑤ 존속기간의 만료로 전세권이 소멸하면, 전세권의 용익물권적 권능은 소멸한다.

해설

① 기존의 채권으로 전세금의 지급에 갈음할 수 있다(대판 94다18508).

② 전세권의 법정갱신(민법 제312조 제4항)은 법률의 규정에 의한 부동산에 관한 물권의 변동이
므로 전세권갱신에 관한 등기를 필요로 하지 아니하고 전세권자는 그 등기 없이도 전세권설정
자나 그 목적물을 취득한 제3자에 대하여 그 권리를 주장할 수 있다(대판 88다카21029).

③ 존속기간을 정하지 않은 경우에는 각 당사자는 언제든지 소멸통고를 할 수 있다. 다만 소멸
통고의 효력이 6월이 지나야 발생한다(제313조).

④ 상린관계 규정은 지상권이나 전세권에도 준용되고(제319조), 임차권에도 유추적용된다.

02 甲은 그 소유 X건물의 일부에 관하여 乙명의의 전세권을 설정하였다. 다음 설명 중 틀린 것은? (다툼이 있으면 판례에 따름) 제30회

① 乙의 전세권이 법정갱신되는 경우, 그 존속기간은 1년이다.

② **존속기간 만료 시 乙이 전세금을 반환받지 못하더라도 乙은 전세권에 기하여 X건물 전체에 대한 경매를 신청할 수는 없다.**

③ 존속기간 만료 시 乙은 특별한 사정이 없는 한 전세금반환채권을 타인에게 양도할 수 있다.

④ 甲이 X건물의 소유권을 丙에게 양도한 후 존속기간이 만료되면 乙은 甲에 대하여 전세금반환을 청구할 수 없다.

⑤ 乙은 특별한 사정이 없는 한 전세목적물의 현상유지를 위해 지출한 통상필요 비의 상환을 甲에게 청구할 수 없다.

해설

① 乙의 전세권이 법정갱신되는 경우, 그 존속기간은 정함이 없는 것으로 본다.

03 甲은 자신의 X건물에 관하여 乙과 전세금 1억원으로 하는 전세권설정계약을 체결하고 乙명의로 전세권설정등기를 마쳐주었다. 이에 관한 설명으로 틀린 것은? (다툼이 있으면 판례에 따름) 제31회

① 전세권존속기간을 15년으로 정하더라도 그 기간은 10년으로 단축된다.

② **乙이 甲에게 전세금으로 지급하기로 한 1억원은 현실적으로 수수될 필요 없이 乙의 甲에 대한 기존의 채권으로 전세금에 갈음할 수도 있다.**

③ 甲이 X건물의 소유를 위해 그 대지에 지상권을 취득하였다면, 乙의 전세권의 효력은 그 지상권에 미친다.

④ 乙의 전세권이 법정갱신된 경우, 乙은 전세권갱신에 관한 등기 없이도 甲에 대하여 갱신된 전세권을 주장할 수 있다.

⑤ **협의한 전세권 존속기간이 시작되기 전에 乙 앞으로 전세권설정등기가 마쳐진 경우, 그 등기는 특별한 사정이 없는 한 무효로 추정된다.**

해설

⑤ 전세권이 용익물권적인 성격과 담보물권적인 성격을 모두 갖추고 있는 점에 비추어 전세권 존속기간이 시작되기 전에 마친 전세권설정등기도 특별한 사정이 없는 한 유효한 것으로 추정된다(대결 2017마1093).

③ 타인의 토지에 있는 건물에 전세권을 설정한 때에는 전세권의 효력은 그 건물의 소유를 목적으로 한 지상권 또는 임차권에 미친다(제304조).

정답 07 ② / 01 ⑤ 02 ① 03 ⑤

04 전세권에 관한 설명으로 틀린 것은? (다툼이 있으면 판례에 따름) 제32회

① 전세금의 지급은 전세권 성립의 요소이다.

② 당사자가 주로 채권담보의 목적을 갖는 전세권을 설정하였더라도 장차 전세권자의 목적물에 대한 사용수익권을 완전히 배제하는 것이 아니라면 그 효력은 인정된다.

③ 건물전세권이 법정갱신된 경우 전세권자는 전세권갱신에 관한 등기없이도 제3자에게 전세권을 주장할 수 있다.

④ 전세권의 존속기간 중 전세목적물의 소유권이 양도되면, 그 양수인이 전세권설정자의 지위를 승계한다.

⑤ 건물의 일부에 대한 전세에서 전세권설정자가 전세금의 반환을 지체하는 경우, 전세권자는 전세권에 기하여 건물 전부에 대해서 경매청구할 수 있다.

해설

⑤ 건물의 일부에 대한 전세에서 전세권설정자가 전세금의 반환을 지체하는 경우, 전세권자는 전세권에 기하여 건물 전부에 대해서 경매청구할 수 없다(대판).

② 당사자가 주로 채권담보의 목적으로 전세권을 설정하였고, 그 설정과 동시에 목적물을 인도하지 아니한 경우라 하더라도, 장차 전세권자가 목적물을 사용·수익하는 것을 완전히 배제하는 것이 아니라면, 그 전세권의 효력을 부인할 수는 없다(대판). 다만 전세권은 용익물권적 성격도 있으므로 전세권의 사용·수익 권능을 배제하고 채권담보만을 위해 전세권을 설정하는 것은 허용되지 않는다.

05 토지전세권에 관한 설명으로 옳은 것은? (다툼이 있으면 판례에 따름) 제33회

① 토지전세권을 처음 설정할 때에는 존속기간에 제한이 없다.

② 토지전세권의 존속기간을 1년 미만으로 정한 때에는 1년으로 한다.

③ 토지전세권의 설정은 갱신할 수 있으나 그 기간은 갱신한 날로부터 10년을 넘지 못한다.

④ 토지전세권자에게는 토지임차인과 달리 지상물매수청구권이 인정될 수 없다.

⑤ 토지전세권설정자가 존속기간 만료 전 6월부터 1월 사이에 갱신거절의 통지를 하지 않은 경우, 특별한 사정이 없는 한 동일한 조건으로 다시 전세권을 설정한 것으로 본다.

해설

① 전세권의 존속기간은 10년을 넘지 못한다(제312조 제1항).

② 건물전세권과 달리 토지전세권은 최단 기간 제한이 없다.

④ 명문규정은 없으나 토지임차인의 지상물매수청구권 규정은 토지전세권자에게 유추적용되어 토지전세권자에게도 지상물매수청구권이 인정된다(대판).

⑤ 건물전세권과 달리 토지전세권에는 법정갱신이 인정되지 않는다(제312조 제4항).

06 전세권에 관한 설명으로 옳은 것은? (다툼이 있으면 판례에 따름) 제34회

① 전세권설정자의 목적물 인도는 전세권의 성립요건이다.

② 타인의 토지에 있는 건물에 전세권을 설정한 경우, 전세권의 효력은 그 건물의 소유를 목적으로 한 지상권에 미친다.

③ 전세권의 사용·수익 권능을 배제하고 채권담보만을 위해 전세권을 설정하는 것은 허용된다.

④ 전세권설정자는 특별한 사정이 없는 한 목적물의 현상을 유지하고 그 통상의 관리에 속한 수선을 해야 한다.

⑤ 건물전세권이 법정갱신된 경우, 전세권자는 이를 등기해야 제3자에게 대항할 수 있다.

해설

② 타인의 토지에 있는 건물에 전세권을 설정한 때에는 전세권의 효력은 그 건물의 소유를 목적으로 한 지상권 또는 임차권에 미친다(제304조).

① 전세금의 지급은 전세권의 성립요건이다. 다만 목적물 인도는 전세권의 성립요건이 아니다.

③ 당사자가 주로 채권담보의 목적으로 전세권을 설정하였고, 그 설정과 동시에 목적물을 인도하지 아니한 경우라 하더라도, 장차 전세권자가 목적물을 사용·수익하는 것을 완전히 배제하는 것이 아니라면, 그 전세권의 효력을 부인할 수는 없다(대판). 다만 전세권은 용익물권적 성격도 있으므로 전세권의 사용·수익 권능을 배제하고 채권담보만을 위해 전세권을 설정하는 것은 허용되지 않는다.

④ 전세권자는 목적물의 현상을 유지하고 그 통상의 관리에 속한 수선을 하여야 한다(제309조).

⑤ 건물전세권이 법정갱신된 경우, 이는 법률규정에 의한 물권변동이므로 전세권자는 이를 등기없이도 전세권설정자나 제3자에게 대항할 수 있다(대판).

정답 04 ⑤ 05 ③ 06 ②

07 전세권에 관한 설명으로 틀린 것은?   제35회

① 전세금의 반환은 전세권말소등기에 필요한 서류를 교부하기 전에 이루어져야 한다.

② 전세권자는 전세권설정자에 대하여 통상의 수선에 필요한 비용의 상환을 청구할 수 없다.

③ 전전세한 목적물에 불가항력으로 인한 손해가 발생한 경우, 그 손해가 전전세하지 않았으면 면할 수 있는 것이었던 때에는 전세권자는 그 책임을 부담한다.

④ 대지와 건물을 소유한 자가 건물에 대해서만 전세권을 설정한 후 대지를 제3자에게 양도한 경우, 제3자는 전세권설정자에 대하여 대지에 대한 지상권을 설정한 것으로 본다.

⑤ 타인의 토지에 지상권을 설정한 자가 그 위에 건물을 신축하여 그 건물에 전세권을 설정한 경우, 그 건물소유자는 전세권자의 동의 없이 지상권을 소멸하게 하는 행위를 할 수 없다.

해설

① 전세권이 소멸한 때에는 전세권설정자는 전세권자로부터 그 목적물의 인도 및 전세권설정등기의 말소등기에 필요한 서류의 교부를 받는 동시에 전세금을 반환하여야 한다(제317조).

01 유치권

01 담보물권이 가지는 특성(통유성) 중에서 유치권에 인정되는 것을 모두 고른 것은?

제31회

㉠ 부종성	㉡ 수반성
㉢ 불가분성	㉣ **물상대위성**

① ㉠, ㉡ ② ㉠, ㉣ ③ ㉢, ㉣

④ ㉠, ㉡, ㉢ ⑤ ㉡, ㉢, ㉣

해설

㉣ 유치권에는 우선변제권, 물상대위성, 유치권에 기한 물권적 청구권이 인정되지 않는다.

OX

1. 유치물이 분할가능한 경우, 유치권자가 피담보채권의 일부를 변제받았다면 유치물 전부에 대하여 유치권을 행사할 수 없다. ( )

2. 유치물이 분할 가능한 경우, 채무자가 피담보채무의 일부를 변제하면 그 범위에서 유치권은 일부 소멸한다. ( ) ▶정답 1. × 2. ×

02 유치권에 관한 설명으로 틀린 것은? (다툼이 있으면 판례에 따름) 제31회

① 유치권이 인정되기 위한 유치권자의 점유는 직접점유이든 간접점유이든 관계없다.

② 유치권자와 유치물의 소유자 사이에 유치권을 포기하기로 특약한 경우, 제3자는 특약의 효력을 주장할 수 없다.

③ 유치권자는 채권의 변제를 받기 위하여 유치물을 경매할 수 있다.

④ 채무자는 상당한 담보를 제공하고 유치권의 소멸을 청구할 수 있다.

⑤ 임차인은 임대인과의 약정에 의한 권리금반환채권으로 임차건물에 유치권을 행사할 수 없다.

해설

② 당사자는 미리 유치권의 발생을 막는 특약을 할 수 있고 이러한 특약은 유효하다. 유치권 배제 특약이 있는 경우 다른 법정요건이 모두 충족되더라도 유치권은 발생하지 않는데, 특약에 따른 효력은 특약의 상대방뿐 아니라 그 밖의 사람(제3자)도 주장할 수 있다(대판 2016다234043).

④ 채무자는 상당한 담보를 제공하고 유치권의 소멸을 청구할 수 있다(제327조).

OX

1. 유치권배제특약이 있는 경우, 유치권이 발생하지 않으나 이는 유치권배제특약을 한 당사자 사이에서만 주장할 수 있다. (   )

2. 유치권배제특약에 따른 효력은 특약의 상대방만 주장할 수 있다. (   )

3. 유치권배제특약에는 조건을 붙일 수 있다. (   )

4. 유치권은 약정담보물권이므로 당사자의 약정으로 그 성립을 배제할 수 있다. (   )

5. 유치권 배제 특약이 있더라도 다른 법정요건이 모두 충족되면 유치권이 성립한다. (   )

▶정답 1. × 2. × 3. ○ 4. × 5. ×

03 민법상 유치권에 관한 설명으로 틀린 것은? (다툼이 있으면 판례에 의함) 제23회

① 물상대위가 인정되지 않는다.

② 유치권의 성립을 배제하는 특약은 유효하다.

③ 유치권은 채무자 이외의 제3자 소유물에도 성립할 수 있다.

④ 채무자가 유치물을 직접 점유하고 있는 경우, 채권자는 자신의 간접점유를 이유로 유치권을 행사할 수 없다.

⑤ 건축자재를 매도한 자는 그 자재로 건축된 건물에 대해 자신의 대금채권을 담보하기 위하여 유치권을 행사할 수 있다.

해설

⑤ 건축자재를 매도한 자는 그 자재로 건축된 건물에 대해 자신의 대금채권을 담보하기 위하여 유치권을 행사할 수 없다.

04 임차인이 임차물에 관한 유치권을 행사하기 위하여 주장할 수 있는 피담보채권을 모두 고른 것은? (다툼이 있으면 판례에 따름) 제27회

┌───┐
│ ㉠ 보증금반환청구권   │
│ ㉡ 권리금반환청구권   │
│ ㉢ 필요비상환채무의 불이행으로 인한 손해배상청구권 │
│ ㉣ 원상회복약정이 있는 경우 유익비상환청구권 │
└───┘

① ㉠   ② ㉢   ③ ㉠, ㉢
④ ㉡, ㉣   ⑤ ㉠, ㉡, ㉣

해설

㉠㉡ 보증금반환청구권이나 권리금반환청구권은 채권과 목적물 간의 견련성이 없으므로 유치권의 대상이 되는 채권이 될 수 없다.

㉣ 유익비상환청구권에 관한 규정은 임의규정이므로 당사자 간의 원상회복약정[비용포기특약]이 있는 경우에는 유익비를 청구할 수 없으므로 유치권이 성립되지 않는다.

정답 02 ② 03 ⑤ 04 ②

05 유치권 성립을 위한 견련관계가 인정되는 경우를 모두 고른 것은? (다툼이 있으면 판례에 따름) 제32회

> ㉠ 임대인과 임차인 사이에 건물명도시 권리금을 반환하기로 약정을 한 때, 권리금반환청구권을 가지고 건물에 대한 유치권을 주장하는 경우
> ㉡ 건물의 임대차에서 임차인의 임차보증금반환청구권으로써 임차인이 그 건물에 유치권을 주장하는 경우
> ㉢ 가축이 타인의 농작물을 먹어 발생한 손해에 관한 배상청구권에 기해 그 타인이 그 가축에 대한 유치권을 주장하는 경우

① ㉠   ② ㉡   ③ ㉢
④ ㉠, ㉢   ⑤ ㉡, ㉢

해설
㉠㉡ 권리금반환청구권, 보증금반환청구권은 유치권 성립을 위한 견련관계가 인정되지 않는다.

06 甲의 X건물을 임차한 乙은 X건물을 보존·개량하기 위해 丙으로부터 건축자재를 외상으로 공급받아 수리를 완료하였다. 그 후 임대차가 종료하였지만 수리비를 상환받지 못한 乙은 X건물을 점유하고 있다. 다음 설명 중 틀린 것은? 제25회

① 乙이 丙에게 외상대금을 지급하지 않으면 丙은 X건물에 대해 유치권을 행사할 수 있다.
② 乙은 甲이 수리비를 상환할 때까지 X건물에 대해 유치권을 행사할 수 있다.
③ 乙은 甲의 승낙 없이 X건물을 제3자에게 담보로 제공할 수 없다.
④ 乙은 수리비를 상환받기 위하여 X건물을 경매할 수 있다.
⑤ 만약 X건물을 甲으로부터 양수한 丁이 乙에게 X건물의 반환을 청구한 경우, 乙은 유치권으로 대항할 수 있다.

해설
① 丙의 외상대금채권 즉, 건축자재대금채권은 '매매대금채권'에 불과할 뿐 건물 자체에 관하여 생긴 채권이라고 할 수 없으므로 유치권을 행사할 수 없다.

07 甲은 자신이 점유하고 있는 건물에 관하여 乙을 상대로 유치권을 주장하고 있다. 다음 설명 중 틀린 것은? (다툼이 있으면 판례에 따름) 제27회

① 甲이 건물의 수급인으로서 소유권을 갖는다면, 甲의 유치권은 인정되지 않는다.

② 甲이 건물의 점유에 관하여 선관주의의무를 위반하면, 채무자 乙은 유치권의 소멸을 청구할 수 있다.

③ 甲은 유치권의 행사를 위해 자신의 점유가 불법행위로 인한 것이 아님을 증명해야 한다.

④ 채무자 乙이 건물을 직접점유하고 이를 매개로 하여 甲이 간접점유를 하고 있는 경우, 甲의 유치권이 인정되지 않는다.

⑤ 丙이 건물의 점유를 침탈하였더라도 甲이 점유물반환청구권을 행사하여 점유를 회복하면, 甲의 유치권은 되살아난다.

해설
③ 점유자의 점유는 적법한 것으로 추정되므로 점유자의 점유가 불법행위로 개시되었다는 점은 유치권을 부정하는 반환청구권자가 증명하여야 한다(대판 66다600).

08 민법상 유치권에 관한 설명으로 옳은 것은? (다툼이 있으면 판례에 따름) 제33회

① 유치권자는 유치물에 대한 경매신청권이 없다.

② 유치권자는 유치물의 과실인 금전을 수취하여 다른 채권보다 먼저 피담보채권의 변제에 충당할 수 있다.

③ 유치권자는 채무자의 승낙 없이 유치물을 담보로 제공할 수 있다.

④ 채권자가 채무자를 직접점유자로 하여 간접점유하는 경우에도 유치권은 성립한다.

⑤ 유치권자는 유치물에 관해 지출한 필요비를 소유자에게 상환 청구할 수 없다.

해설
① 유치권자에게 경매신청권은 인정된다(제322조 제1항).
③ 유치권자는 채무자의 승낙 없이 유치목적물을 사용, 대여, 담보제공을 하지 못한다.
④ 채무자를 직접점유자로 하여 채권자가 간접점유하는 경우에는 유치권은 성립할 여지가 없다.
⑤ 유치권자에게도 비용상환청구권이 인정된다(제325조 제1항).

정답 05 ③ 06 ① 07 ③ 08 ②

09 X물건에 대한 甲의 유치권 성립에 영향을 미치지 않는 것은? (다툼이 있으면 판례에 따름)

① X의 소유권자가 甲인지 여부
② X에 관하여 생긴 채권의 변제기가 도래하였는지 여부
③ X에 대한 甲의 점유가 채무자를 매개로 한 간접점유가 아닌 한, 직접점유인지 간접점유인지 여부
④ X에 대한 甲의 점유가 불법행위에 의한 것인지 여부
⑤ X에 관하여 생긴 채권에 기한 유치권을 배제하기로 한 채무자와의 약정이 있었는지 여부

해설
③ 유치권의 성립요건으로서의 점유에는 직접점유뿐만 아니라 간접점유도 포함된다.

10 동일한 건물에 대하여 서로 다른 사람이 저당권과 유치권을 각각 주장하는 경우에 관한 설명으로 틀린 것은? (다툼이 있으면 판례에 의함)

① 건물의 점유는 유치권의 성립요건이다.
② 경매개시결정의 기입등기 후 그 소유자인 채무자가 건물에 관한 공사대금채권자에게 그 건물의 점유를 이전한 경우, 공사대금채권자의 유치권은 성립할 수 없다.
③ 건물에 대한 임차보증금반환청구권은 유치권의 피담보채권이 될 수 없다.
④ 경매개시결정의 기입등기 전에 유치권을 취득한 자는 저당권이 실행되더라도 그의 채권이 완제될 때까지 매수인에 대하여 목적물의 인도를 거절할 수 있다.
⑤ 유치권자에게는 우선변제권이 인정되지 않는다.

해설
② 부동산에 강제경매개시결정의 기입등기가 경료되어 압류의 효력이 발생한 이후에 채무자가 위 부동산에 관한 공사대금 채권자에게 그 점유를 이전함으로써 그로 하여금 유치권을 취득하게 한 경우, 점유자로서는 위 유치권을 내세워 그 부동산에 관한 경매절차의 매수인에게 대항할 수 없다(대판 2005다22688). 다만 이 경우에도 유치권은 성립한다.

11 甲은 X건물에 관하여 생긴 채권을 가지고 있다. 乙의 경매신청에 따라 X건물에 압류의 효력이 발생하였고, 丙은 경매절차에서 X건물의 소유권을 취득하였다. 다음 중 甲이 丙에게 유치권을 행사할 수 있는 경우를 모두 고른 것은? (다툼이 있으면 판례에 따름) 제29회

> ㉠ X건물에 위 압류의 효력이 발생한 후에 甲이 X건물의 점유를 이전받은 경우
> ㉡ X건물에 위 압류의 효력이 발생한 후에 甲의 피담보채권의 변제기가 도래한 경우
> ㉢ X건물에 위 압류의 효력이 발생하기 전에 甲이 유치권을 취득하였지만, 乙의 저당권이 甲의 유치권보다 먼저 성립한 경우
> ㉣ X건물에 위 압류의 효력이 발생하기 전에 甲이 유치권을 취득하였지만, 乙의 가압류등기가 甲의 유치권보다 먼저 마쳐진 경우

① ㉠, ㉡　　　　　　　② ㉡, ㉢　　　　　　　③ ㉢, ㉣
④ ㉠, ㉡, ㉣　　　　　⑤ ㉠ ㉢ ㉣

해설

㉢㉣ 경매개시결정등기가 되기 전에 이미 그 부동산에 관하여 유치권을 취득한 사람은 그 취득에 앞서 저당권설정등기나 가압류등기 또는 체납처분압류등기가 먼저 되어 있다 하더라도 경매절차의 매수인에게 자기의 유치권으로 대항할 수 있다(대판 2010다84932).

㉠ 채무자 소유의 건물 등 부동산에 강제경매개시결정의 기입등기가 경료되어 압류의 효력이 발생한 이후에 채무자가 위 부동산에 관한 공사대금 채권자에게 그 점유를 이전함으로써 그로 하여금 유치권을 취득하게 한 경우, 점유자로서는 위 유치권을 내세워 그 부동산에 관한 경매절차의 매수인에게 대항할 수 없다(대판 2005다22688).

㉡ 채무자 소유의 건물에 관하여 증·개축 등 공사를 도급받은 수급인이 경매개시결정의 기입등기가 마쳐지기 전에 채무자에게서 건물의 점유를 이전받았다 하더라도 경매개시결정의 기입등기가 마쳐져 압류의 효력이 발생한 후에 공사를 완공하여 공사대금채권을 취득함으로써 그때 비로소 유치권이 성립한 경우에는, 수급인은 유치권을 내세워 경매절차의 매수인에게 대항할 수 없다(대판 2011다55214).

12 민법상 유치권에 관한 설명으로 틀린 것은? (다툼이 있으면 판례에 따름) 제34회

① 유치권자는 유치물에 대한 경매권이 있다.

② 유치권 발생을 배제하는 특약은 무효이다.

③ 건물신축공사를 도급받은 수급인이 사회통념상 독립한 건물이 되지 못한 정착물을 토지에 설치한 상태에서 공사가 중단된 경우, 그 토지에 대해 유치권을 행사할 수 없다.

④ 유치권은 피담보채권의 변제기가 도래하지 않으면 성립할 수 없다.

⑤ 유치권자는 선량한 관리자의 주의로 유치물을 점유해야 한다.

> **해설**
> ② 유치권은 법정담보물권이지만 임의규정이므로 유치권의 발생을 배제하는 특약은 유효하다(대판).
> ③ 건물의 신축공사를 도급받은 수급인이 사회통념상 독립한 건물이라고 볼 수 없는 정착물을 토지에 설치한 상태에서 공사가 중단된 경우에 위 정착물은 토지의 부합물에 불과하여 이러한 정착물에 대하여 유치권을 행사할 수 없는 것이고, 또한 공사중단시까지 발생한 공사금 채권은 토지에 관하여 생긴 것이 아니므로 위 공사금 채권에 기하여 토지에 대하여 유치권을 행사할 수도 없는 것이다.

13 민법상 유치권에 관한 설명으로 틀린 것은? (다툼이 있으면 판례에 따름) 제35회

① 권리금반환청구권은 유치권의 피담보채권이 될 수 없다.

② 유치권의 행사는 피담보채권 소멸시효의 진행에 영향을 미치지 않는다.

③ 공사대금채권에 기하여 유치권을 행사하는 자가 스스로 유치물인 주택에 거주하며 사용하는 것은 특별한 사정이 없는 한 유치물의 보존에 필요한 사용에 해당한다.

④ 유치권에 의한 경매가 목적부동산 위의 부담을 소멸시키는 법정매각조건으로 실시된 경우, 그 경매에서 유치권자는 일반채권자보다 우선하여 배당을 받을 수 있다.

⑤ 건물신축공사를 도급받은 수급인이 사회통념상 독립한 건물이 되지 못한 정착물을 토지에 설치한 상태에서 공사가 중단된 경우, 수급인은 그 정착물에 대하여 유치권을 행사할 수 없다.

> **해설**
> ④ 경매에서 유치권자는 일반채권자보다 우선하여 변제받을 권리가 없다.
> ③ 공사대금채권에 기하여 유치권을 행사하는 자가 스스로 유치물인 주택에 거주하며 사용하는 것은 특별한 사정이 없는 한 유치물의 보존에 필요한 사용에 해당하므로 채무자의 승낙 없이 사용할 수 있다. 다만 차임 상당의 부당이득 반환의무를 부담한다(적법 점유이므로 불법행위에 의한 손해배상책임을 부담하는 것은 아니다).

⑤ 건물의 신축공사를 도급받은 수급인이 <u>사회통념상 독립한 건물이라고 볼 수 없는 정착물</u>을 토지에 설치한 상태에서 공사가 중단된 경우, '위 정착물'은 토지의 부합물에 불과하여 이러한 정착물에 대하여 유치권을 행사할 수 없고, 또한 공사중단시까지 발생한 공사금 채권은 토지에 관하여 생긴 것이 아니므로 '토지'에 대하여 유치권을 행사할 수도 없다.

02 저당권

01 저당권에 관한 설명으로 틀린 것은? 제28회

① 지상권은 저당권의 객체가 될 수 있다.
② **저당권은 그 담보한 채권과 분리하여 타인에게 양도할 수 있다.**
③ 저당권으로 담보한 채권이 시효완성으로 소멸하면 저당권도 소멸한다.
④ **저당권의 효력은 특별한 사정이 없는 한 저당부동산의 종물에도 미친다.**
⑤ **저당물의 제3취득자가 그 부동산에 유익비를 지출한 경우, 저당물의 경매대가에서 우선상환을 받을 수 있다.**

해설

② 저당권은 그 담보한 채권과 분리하여 타인에게 양도하거나 다른 채권의 담보로 하지 못한다 (제361조).

02 저당권의 피담보채권의 범위에 속하지 않는 것은? 제29회

① 원본
② 위약금
③ 저당권의 실행비용
④ 저당목적물의 하자로 인한 손해배상금
⑤ 원본의 이행기일을 경과한 후의 1년분의 지연배상금

해설

④ 저당권은 원본, 이자, 위약금, 채무불이행으로 인한 손해배상 및 저당권의 실행비용을 담보한다. 그러나 지연배상에 대하여는 원본의 이행기일을 경과한 후의 1년분에 한하여 저당권을 행사할 수 있다(제360조).

정답 12 ② 13 ④ / 01 ② 02 ④

03 법률이나 규약에 특별한 규정 또는 별도의 약정이 없는 경우, 저당권의 효력이 미치는 것을 모두 고른 것은? (다툼이 있으면 판례에 따름) 제27회

> ㉠ 저당권의 목적인 건물에 증축되어 독립적 효용이 없는 부분
> ㉡ 건물의 소유를 목적으로 한 토지임차인이 건물에 저당권을 설정한 경우의 토지임차권
> ㉢ 구분건물의 전유부분에 관하여 저당권이 설정된 후, 전유부분의 소유자가 취득하여 전유부분과 일체가 된 대지사용권

① ㉠　　　　　　② ㉢　　　　　　③ ㉠, ㉡
④ ㉡, ㉢　　　　　⑤ ㉠, ㉡, ㉢

해설
㉠ 기존건물의 부합물이므로 저당권의 효력이 미친다.
㉡ 종된 권리에도 저당권의 효력이 미친다.
㉢ 대판 2001다22604

04 법률상 특별한 규정이나 당사자 사이에 다른 약정이 없는 경우, 저당권의 효력이 미치는 것을 모두 고른 것은? (다툼이 있으면 판례에 따름) 제30회

> ㉠ 저당권 설정 이전의 저당부동산의 종물로서 분리·반출되지 않은 것
> ㉡ 저당권 설정 이후의 저당부동산의 부합물로서 분리·반출되지 않은 것
> ㉢ 저당부동산에 대한 압류 이전에 저당부동산으로부터 발생한 저당권설정자의 차임채권

① ㉡　　　　　　② ㉠, ㉡　　　　　③ ㉠, ㉢
④ ㉡, ㉢　　　　　⑤ ㉠, ㉡, ㉢

해설
㉢ 저당부동산에 대한 '압류 이후'에 저당부동산으로부터 발생한 저당권설정자의 차임채권에 저당권의 효력이 미친다.

05 법률에 특별한 규정 또는 설정행위에 다른 약정이 없는 경우, 저당권의 우선변제적 효력이 미치는 것을 모두 고른 것은? (다툼이 있으면 판례에 따름) 제33회

> ㉠ 토지에 저당권이 설정된 후 그 토지 위에 완공된 건물
> ㉡ 토지에 저당권이 설정된 후 토지소유자가 그 토지에 매설한 유류저장탱크
> **㉢ 저당토지가 저당권 실행으로 압류된 후 그 토지에 관하여 발생한 저당권 설정자의 차임채권**
> ㉣ 토지에 저당권이 설정된 후 토지의 전세권자가 그 토지에 식재하고 등기한 입목

① ㉡   ② ㉠, ㉣   ③ ㉡, ㉢
④ ㉠, ㉢, ㉣   ⑤ ㉡, ㉢, ㉣

해설

㉠ 건물과 농작물은 토지에 부합하지 않으므로 토지 저당권의 효력은 건물과 농작물에는 미치지 않는다.
㉣ 정당한 권원(전세권)에 의하여 부속한 입목은 토지와 별개의 부동산이므로, 토지 저당권의 효력이 미치지 않는다.

OX

• 경매절차의 매수인이 증축부분의 소유권을 취득하기 위해서는 부합된 증축부분이 기존 건물에 대한 경매절차에서 경매목적물로 평가되어야 한다. (　) ▶**정답** ×

06 저당권의 효력이 미치는 목적물의 범위에 관한 설명으로 틀린 것은? (다툼이 있으면 판례에 따름) 제32회

① 당사자는 설정계약으로 저당권의 효력이 종물에 미치지 않는 것으로 정할 수 있다.

② 저당권의 목적토지가 「공익사업을 위한 토지 등의 취득 및 보상에 관한 법률」에 따라 협의취득된 경우, 저당권자는 그 보상금청구권에 대해 물상대위권을 행사할 수 없다.

③ 건물 소유를 목적으로 토지를 임차한 자가 그 토지 위에 소유하는 건물에 저당권을 설정한 경우 건물 소유를 목적으로 한 토지 임차권에도 저당권의 효력이 미친다.

④ 저당목적물의 변형물인 금전에 대해 이미 제3자가 압류한 경우 저당권자는 물상대위권을 행사할 수 없다.

⑤ 저당부동산에 대한 압류 이후의 저당권설정자의 저당부동산에 관한 차임채권에도 저당권의 효력이 미친다.

해설
④ 저당목적물의 변형물인 금전에 대해 이미 제3자가 압류한 경우에도 저당권자는 물상대위권을 행사할 수 있다.

07 甲은 2020. 1. 1. 乙에게 1억원을 대여하면서 변제기 2020. 12. 30. 이율 연 5%, 이자는 매달 말일 지급하기로 약정하였고, 그 담보로 당일 乙소유 토지에 저당권을 취득하였다. 乙이 차용일 이후부터 한 번도 이자를 지급하지 않았고, 甲은 2023. 7. 1. 저당권실행을 위한 경매를 신청하였다. 2023. 12. 31. 배당절차에서 배당재원 3억원으로 배당을 실시하게 되었는데, 甲은 총 1억 2,000만원의 채권신고서를 제출하였다. 甲의 배당금액은? (甲보다 우선하는 채권자는 없으나 2억원의 후순위저당권자가 있고, 공휴일 및 소멸시효와 이자에 대한 지연손해금 등은 고려하지 않음) 제35회

① 1억 500만원
② 1억 1,000만원
③ 1억 1,500만원
④ 1억 1,750만원
⑤ 1억 2,000만원

해설

② 원금 1억원에 대한 이율 연 5%에 해당하는 이자는 500만원이다. 한편 후순위저당권자가 있으므로 제360조에 따라 원금에 대한 지연이자는 1년분에 해당하는 500만원이다. 따라서 甲의 배당금액은 1억 1,000만원이다.

> **제360조(피담보채권의 범위)** 저당권은 원본, 이자, 위약금, 채무불이행으로 인한 손해배상 및 저당권의 실행비용을 담보한다. 그러나 지연배상에 대하여는 원본의 이행기일을 경과한 후의 1년분에 한하여 저당권을 행사할 수 있다.

08 저당권에 관한 설명으로 옳은 것은? (다툼이 있으면 판례에 따름) 제29회

① 저당권은 그 담보한 채권과 분리하여 타인에게 양도할 수 있다.
② 저당물의 소유권을 취득한 제3자는 그 저당물의 경매에서 경매인이 될 수 없다.
③ 건물저당권의 효력은 특별한 사정이 없는 한 그 건물의 소유를 목적으로 한 지상권에도 미친다.
④ 저당부동산에 대한 압류가 있으면 압류 이전의 저당권 설정자의 저당부동산에 관한 차임채권에도 저당권의 효력이 미친다.
⑤ 저당부동산의 제3취득자는 부동산의 보존·개량을 위해 지출한 비용을 그 부동산의 경매대가에서 우선 변제받을 수 없다.

해설

③ 건물저당권의 효력은 민법 제358조 본문에 따라서 건물뿐만 아니라 건물의 소유를 목적으로 한 토지의 임차권 또는 지상권에도 미친다(대판).
① 저당권은 그 담보한 채권과 분리하여 타인에게 양도하거나 다른 채권의 담보로 하지 못한다 (제361조).
② 저당물의 소유권을 취득한 제삼자도 경매인이 될 수 있다(제363조 제2항).
④ 저당권의 효력은 저당부동산에 대한 압류가 있은 후에 저당권설정자가 그 부동산으로부터 수취한 과실 또는 수취할 수 있는 과실에 미친다(제359조).
⑤ 저당물의 제삼취득자가 그 부동산의 보존, 개량을 위하여 필요비 또는 유익비를 지출한 때에는 저당물의 경매대가에서 우선상환을 받을 수 있다(제367조).

09 저당부동산의 제3취득자에 관한 설명으로 옳은 것을 모두 고른 것은? (다툼이 있으면 판례에 따름) 제32회

> ㉠ 저당부동산에 대한 후순위저당권자는 저당부동산의 피담보채권을 변제하고 그 저당권의 소멸을 청구할 수 있는 제3취득자에 해당하지 않는다.
> ㉡ 저당부동산의 제3취득자는 부동산의 보존·개량을 위해 지출한 비용을 그 부동산의 경매대가에서 우선상환을 받을 수 없다.
> ㉢ 저당부동산의 제3취득자는 저당권을 실행하는 경매에 참가하여 매수인이 될 수 있다.
> ㉣ 피담보채권을 변제하고 저당권의 소멸을 청구할 수 있는 제3취득자에는 경매신청 후에 소유권, 지상권 또는 전세권을 취득한 자도 포함된다.

① ㉠, ㉡   ② ㉠, ㉣   ③ ㉡, ㉢
④ ㉠, ㉢, ㉣   ⑤ ㉡, ㉢, ㉣

해설
㉡ 저당부동산의 제3취득자는 부동산의 보존·개량을 위해 지출한 비용을 그 부동산의 경매대가에서 우선상환을 받을 수 있다(제367조).

10 甲은 X건물에 1번 저당권을 취득하였고, 이어서 乙이 전세권을 취득하였다. 그 후 丙이 2번 저당권을 취득하였고, 경매신청 전에 X건물의 소유자의 부탁으로 비가 새는 X건물의 지붕을 수리한 丁이 현재 유치권을 행사하고 있다. 다음 중 옳은 것은? 제24회

① 甲의 경매신청으로 戊가 X건물을 매수하면 X건물을 목적으로 하는 모든 권리는 소멸한다.
② 乙의 경매신청으로 戊가 X건물을 매수하면 甲의 저당권과 丁의 유치권을 제외한 모든 권리는 소멸한다.
③ 丙의 경매신청으로 戊가 X건물을 매수하면 丁의 유치권을 제외한 모든 권리는 소멸한다.
④ 丁의 경매신청으로 戊가 X건물을 매수하면 乙의 전세권을 제외한 모든 권리는 소멸한다.
⑤ 甲의 경매신청으로 戊가 X건물을 매수하면 乙의 전세권과 丁의 유치권을 제외한 모든 권리는 소멸한다.

해설
③ 말소기준권리보다 후순위의 권리는 유치권을 제외하고 모두 소멸한다.

11 甲은 乙소유의 X토지에 저당권을 취득하였다. X토지에 Y건물이 존재할 때, 甲이 X토지와 Y건물에 대해 일괄경매를 청구할 수 있는 경우를 모두 고른 것은? (다툼이 있으면 판례에 따름)　　　　　　　　　　　　　　　　　　　　　　제31회

> ㉠ 甲이 저당권을 취득하기 전, 이미 X토지 위에 乙의 Y건물이 존재한 경우
> ㉡ 甲이 저당권을 취득한 후, 乙이 X토지 위에 Y건물을 축조하여 소유하고 있는 경우
> ㉢ 甲이 저당권을 취득한 후, 丙이 X토지에 지상권을 취득하여 Y건물을 축조하고 乙이 그 건물의 소유권을 취득한 경우

① ㉠　　　　　　　　② ㉡　　　　　　　　③ ㉠, ㉢
④ ㉡, ㉢　　　　　　⑤ ㉠, ㉡, ㉢

해설

㉡ 일괄경매청구권은 저당권 설정자의 소유 건물에 인정되므로, 甲이 저당권을 취득한 후, 저당권 설정자인 乙이 X토지 위에 Y건물을 축조하여 소유하고 있는 경우에는 일괄경매청구권이 인정된다.

㉢ 일괄경매청구권은 저당권 설정자의 소유 건물에 인정되므로, 甲이 저당권을 취득한 후, 丙이 X토지에 지상권을 취득하여 Y건물을 축조하고 저당권 설정자인 乙이 그 건물의 소유권을 취득한 경우에는 일괄경매청구권이 인정된다.

㉠ 甲이 저당권을 취득하기 전, 이미 X토지 위에 乙의 Y건물이 존재한 경우에는 법정지상권이 성립할 수 있으므로 일괄경매청구권이 인정되지 않는다.

12 甲은 乙에게 1억원을 대여하면서 乙 소유의 Y건물에 저당권을 취득하였다. 다음 설명 중 옳은 것을 모두 고른 것은? (다툼이 있으면 판례에 따름)   제34회

> ㉠ 乙이 甲에게 피담보채권 전부를 변제한 경우, 甲의 저당권은 말소등기를 하지 않아도 소멸한다.
> ㉡ 甲은 Y건물의 소실로 인하여 乙이 취득한 화재보험금청구권에 대하여 물상대위권을 행사할 수 있다.
> ㉢ 甲은 저당권을 피담보채권과 분리하여 제3자에게 양도하지 못한다.

① ㉠   ② ㉢   ③ ㉠, ㉡
④ ㉡, ㉢   ⑤ ㉠, ㉡, ㉢

해설
㉠ 피담보채권이 소멸하면, 저당권은 말소등기를 하지 않아도 소멸한다(제187조).
㉡ 저당권자에게 물상대위성이 인정된다(제370조, 제342조).
㉢ 저당권은 그 담보한 채권과 분리하여 타인에게 양도하거나 다른 채권의 담보로 하지 못한다(제361조).

13 저당권에 관한 설명으로 옳은 것은? (다툼이 있으면 판례에 따름)   제34회
① 전세권은 저당권의 객체가 될 수 없다.
② 저당권 설정은 권리의 이전적 승계에 해당한다.
③ 민법 제365조에 따라 토지와 건물의 일괄경매를 청구한 토지 저당권자는 그 건물의 경매대가에서 우선변제를 받을 수 있다.
④ 건물 건축 개시 전의 나대지에 저당권이 설정될 당시 저당권자가 그 토지 소유자의 건물 건축에 동의한 경우, 저당토지의 임의경매로 인한 법정지상권은 성립하지 않는다.
⑤ 저당물의 소유권을 취득한 제3자는 그 저당물의 보존을 위해 필요비를 지출하더라도 특별한 사정이 없는 한 그 저당물의 경매대가에서 우선상환을 받을 수 없다.

해설
① 지상권, 전세권은 저당권의 객체가 될 수 있다(제371조 제1항).
② 저당권 설정은 권리의 설정적 승계에 해당한다.
③ 토지를 목적으로 저당권을 설정한 후 그 설정자가 그 토지에 건물을 축조한 때에는 저당권자는 토지와 함께 그 건물에 대하여도 경매를 청구할 수 있다. 그러나 그 건물의 경매대가에 대하여는 우선변제를 받을 권리가 없다(제365조).
⑤ 저당물의 제삼취득자가 그 부동산의 보존, 개량을 위하여 필요비 또는 유익비를 지출한 때에는 저당물의 경매대가에서 우선상환을 받을 수 있다(제367조).

03 근저당권

01 근저당권에 관한 설명으로 틀린 것은? (다툼이 있으면 판례에 따름)   제26회

① 피담보채무의 확정 전에는 채무자를 변경할 수 없다.

② 1년분이 넘는 지연배상금이라도 채권최고액의 한도 내라면 전액 근저당권에 의해 담보된다.

③ 근저당권이 성립하기 위해서는 그 설정행위와 별도로 피담보채권을 성립시키는 법률행위가 있어야 한다.

④ **후순위 근저당권자가 경매를 신청한 경우 선순위 근저당권의 피담보채권은 매각대금이 완납된 때에 확정된다.**

⑤ 선순위 근저당권의 확정된 피담보채권액이 채권최고액을 초과하는 경우, 후순위 근저당권자가 그 채권최고액을 변제하더라도, 선순위 근저당권의 소멸을 청구할 수 없다.

> **해설**
>
> ① 피담보채무의 확정 전에는 채무자나 채무원인을 변경할 수 있다. 후순위 권리자의 승낙도 필요 없다.
>
> ⑤ 민법 제364조는 "저당부동산에 대하여 소유권, 지상권 또는 전세권을 취득한 제3자는 저당권자에게 그 부동산으로 담보된 채권을 변제하고 저당권의 소멸을 청구할 수 있다."고 규정하고 있다. 그러므로 근저당부동산에 대하여 후순위근저당권을 취득한 자는 민법 제364조에서 정한 권리를 행사할 수 있는 제3취득자에 해당하지 아니하므로 민법 제364조의 규정에 따라 선순위 근저당권의 소멸을 청구할 수 있는 사유로는 삼을 수 없다(대판 2005다17341).

OX

• 근저당권자가 피담보채무의 불이행을 이유로 경매신청을 하여 경매 신청시에 근저당채무액이 확정된 경우, 경매개시 결정 후 경매신청이 취소되더라도 채무확정의 효과가 번복되지 않는다. (   )   ▶정답 ○

02 근저당권에 관한 설명으로 틀린 것은? (다툼이 있으면 판례에 의함) 제24회

① 채권최고액은 저당목적물로부터 우선변제를 받을 수 있는 한도액을 의미한다.

② 채무자의 채무액이 채권최고액을 초과하는 경우, 물상보증인은 채무자의 채무 전액을 변제하지 않으면 근저당권설정등기의 말소를 청구할 수 없다.

③ 근저당권의 피담보채권이 확정된 경우, 확정 이후에 새로운 거래관계에서 발생하는 채권은 그 근저당권에 의하여 담보되지 않는다.

④ 근저당권자가 경매를 신청한 경우, 그 근저당권의 피담보채권은 경매를 신청한 때 확정된다.

⑤ 근저당권의 후순위 담보권자가 경매를 신청한 경우, 근저당권의 피담보채권은 매수인이 매각대금을 완납한 때 확정된다.

해설

② 제3취득자나 물상보증인은 채권최고액만 변제하고 근저당권설정등기의 말소를 청구할 수 있다.

③ 피담보채권이 확정되면 근저당권은 일반저당권으로 전환되므로, 그 이후에 발생하는 채권은 더 이상 담보되지 않는다. 다만 피담보채권 확정 전에 발생한 원본채권에 관하여 피담보채권 확정 후에 발생하는 이자나 지연손해금은 채권최고액 범위 내에서 여전히 담보된다.

03 근저당권에 관한 설명으로 틀린 것은? (다툼이 있으면 판례에 따름) 제31회

① 채무자 아닌 제3자도 근저당권을 설정할 수 있다.

② 채권자가 아닌 제3자 명의의 근저당권설정등기는 특별한 사정이 없는 한 무효이다.

③ 근저당권에 의해 담보될 채권최고액에 채무의 이자는 포함되지 않는다.

④ 근저당권설정자가 적법하게 기본계약을 해지하면 피담보채권은 확정된다.

⑤ 근저당권자가 피담보채무의 불이행을 이유로 경매신청을 한 경우에는 경매신청시에 피담보채권액이 확정된다.

해설

③ 근저당권에 의해 담보될 채권최고액에 채무의 이자도 포함된다(제357조 제2항).

04 근저당권에 관한 설명으로 틀린 것은? (다툼이 있으면 판례에 따름)

① 채권최고액에는 피담보채무의 이자가 산입된다.

② 피담보채무 확정 전에는 채무자를 변경할 수 있다.

③ 근저당권자가 피담보채무의 불이행을 이유로 경매신청을 한 경우, 특별한 사정이 없는 한 피담보채무액은 그 신청시에 확정된다.

④ 물상보증인은 채권최고액을 초과하는 부분의 채권액까지 변제할 의무를 부담한다.

⑤ 특별한 사정이 없는 한, 존속기간이 있는 근저당권은 그 기간이 만료한 때 피담보채무가 확정된다.

해설

④ 채무자의 실제채무액이 채권최고액을 초과하는 경우, 채무자는 실제 채무액 전액을 변제하여야 근저당권의 말소를 청구할 수 있으나, 물상보증인이나 제3취득자는 채권최고액만 변제하면 근저당권의 말소를 청구할 수 있다(대판).

05 근저당권에 관한 설명으로 옳은 것을 모두 고른 것은? (다툼이 있으면 판례에 따름)

> ㉠ 채무자가 아닌 제3자도 근저당권을 설정할 수 있다.
> ㉡ 피담보채무 확정 전에는 채무자를 변경할 수 있다.
> ㉢ 근저당권에 의해 담보될 채권최고액에 채무의 이자는 포함되지 않는다.

① ㉠   ② ㉢   ③ ㉠, ㉡

④ ㉡, ㉢   ⑤ ㉠, ㉡, ㉢

해설

㉢ 근저당권에 의해 담보될 채권최고액에는 채무의 이자도 당연히 포함된다(제357조 제2항).

PART

03

계약법

Chapter 01 계약법 총론

01 계약의 유형

01 계약의 유형에 관한 설명으로 옳은 것은? 　제33회

① 매매계약은 요물계약이다.
② 교환계약은 무상계약이다.
③ 증여계약은 낙성계약이다.
④ 도급계약은 요물계약이다.
⑤ 임대차계약은 편무계약이다.

해설

①②⑤ 매매, 교환, 임대차는 불요식·낙성·쌍무·유상계약이다.
④ 도급계약은 낙성계약이다.

02 민법상 계약에 관한 설명으로 옳은 것은? 　제35회

① 매매계약은 요물계약이다.
② 도급계약은 편무계약이다.
③ 교환계약은 무상계약이다.
④ 증여계약은 요식계약이다.
⑤ 임대차계약은 유상계약이다.

해설

① 매매계약은 낙성계약이다.
② 도급계약은 쌍무계약이다.
③ 교환계약은 유상계약이다.
④ 증여계약은 불요식계약이다.

02 계약의 성립

01 청약과 승낙에 관한 설명으로 틀린 것은? 제25회

① 불특정 다수인에 대한 청약은 효력이 있다.

② 불특정 다수인에 대한 승낙은 효력이 없다.

③ 청약과 승낙은 각각 그 발송시에 효력이 생긴다.

④ 승낙기간을 정하지 않은 청약은 상당한 기간 내에 승낙의 통지를 받지 못한 때 그 효력을 잃는다.

⑤ 승낙기간을 정하지 않은 청약에 대하여 연착된 승낙은 청약자가 이를 새로운 청약으로 볼 수 있다.

해설

③ 청약은 도달한 때에 효력이 발생하고, 격지자 간의 승낙은 그 발송시에 효력이 생긴다.

④ 승낙의 기간을 정하지 아니한 계약의 청약은 청약자가 상당한 기간 내에 승낙의 통지를 받지 못한 때에는 그 효력을 잃는다(제529조)

02 계약의 성립에 관한 설명으로 틀린 것은? (다툼이 있으면 판례에 따름) 제28회

① 청약은 그에 대한 승낙만 있으면 계약이 성립하는 구체적·확정적 의사표시이어야 한다.

② 아파트 분양광고는 청약의 유인의 성질을 갖는 것이 일반적이다.

③ 당사자 간에 동일한 내용의 청약이 상호교차된 경우, 양청약이 상대방에게 발송한 때에 계약이 성립한다.

④ 승낙자가 청약에 대하여 조건을 붙여 승낙한 때에는 그 청약의 거절과 동시에 새로 청약한 것으로 본다.

⑤ 청약자가 미리 정한 기간 내에 이의를 하지 아니하면 승낙한 것으로 본다는 뜻을 청약시 표시하였더라도 이는 특별한 사정이 없는 한 상대방을 구속하지 않는다.

해설

③ 당사자 간에 동일한 내용의 청약이 상호교차된 경우에는 양 청약이 상대방에게 도달한 때에 계약이 성립한다(제533조).

정답 01 ③ 02 ⑤ / 01 ③ 02 ③

03 민법상 계약성립에 관한 설명으로 틀린 것은? (다툼이 있으면 판례에 따름) 제29회

① 청약은 불특정 다수인을 상대로 할 수 있다.

② 청약은 특별한 사정이 없는 한 철회하지 못한다.

③ 격지자 간의 계약은 다른 의사표시가 없으면 승낙의 통지를 발송한 때에 성립한다.

④ 청약자가 청약의 의사표시를 발송한 후 제한능력자가 되어도 청약의 효력에 영향을 미치지 않는다.

⑤ 청약자가 청약에 "일정기간 내에 이의를 제기하지 않으면 승낙한 것으로 본다."는 뜻을 표시한 경우, 이의 없이 그 기간이 지나면 당연히 그 계약은 성립한다.

해설

⑤ 청약자가 미리 정한 기간 내에 이의를 하지 아니하면 승낙한 것으로 간주한다는 뜻을 청약시 표시하였다고 하더라도 이는 상대방을 구속하지 아니한다(대판 98다48903). 따라서 이의 없이 그 기간이 지나더라도 계약은 성립하지 않는다.

04 계약의 성립과 내용에 관한 설명으로 틀린 것은? (다툼이 있으면 판례에 따름) 제35회

① 격지자 간의 계약은 승낙의 통지를 발송한 때에 성립한다.

② 관습에 의하여 승낙의 통지가 필요하지 않는 경우, 계약은 승낙의 의사표시로 인정되는 사실이 있는 때에 성립한다.

③ 당사자 간에 동일한 내용의 청약이 상호교차된 경우, 양 청약이 상대방에게 도달한 때에 계약이 성립한다.

④ 승낙자가 청약에 대하여 변경을 가하여 승낙한 때에는 그 청약의 거절과 동시에 새로 청약한 것으로 본다.

⑤ 선시공·후분양이 되는 아파트의 경우, 준공 전 그 외형·재질에 관하여 분양광고에만 표현된 내용은 특별한 사정이 없는 한 분양계약의 내용이 된다.

해설

⑤ 선시공·후분양의 방식으로 분양이 되는 아파트의 경우에는 수분양자는 실제로 완공된 아파트 등의 외형·재질 등에 관한 시공 상태를 직접 확인하고 분양계약 체결 여부를 결정할 수 있어 "완공된 아파트 등 그 자체"가 분양계약의 목적물로 된다고 봄이 상당하다. 따라서 "완공된 아파트 등의 현황"과 달리 분양광고 등에만 표현되어 있는 아파트 등의 외형·재질 등에 관한 사항은 특별한 사정이 없는 한 이를 분양계약의 내용으로 보기는 어렵다(대판 2012다29601).

05 甲은 승낙기간을 2020. 5. 8.로 하여 자신의 X주택을 乙에게 5억원에 팔겠다고 하고, 그 청약은 乙에게 2020. 5. 1.에 도달하였다. 이에 관한 설명으로 틀린 것은? (다툼이 있으면 판례에 따름) 제31회

① 甲의 청약은 乙에게 도달한 때에 그 효력이 생긴다.

② 甲이 청약을 발송한 후 사망하였다면, 그 청약은 효력을 상실한다.

③ 甲이 乙에게 "2020. 5. 8.까지 이의가 없으면 승낙한 것으로 본다."고 표시한 경우, 乙이 그 기간까지 이의하지 않더라도 계약은 성립하지 않는다.

④ 乙이 2020. 5. 15. 승낙한 경우, 甲은 乙이 새로운 청약을 한 것으로 보고 이를 승낙함으로써 계약을 성립시킬 수 있다.

⑤ 乙이 5억원을 5천만원으로 잘못 읽어, 2020. 5. 8. 甲에게 5천만원에 매수한다는 승낙이 도달하더라도 계약은 성립하지 않는다.

해설

② 의사표시자가 그 통지를 발송한 후 사망하거나 제한능력자가 되어도 의사표시의 효력에 영향을 미치지 아니하므로, 甲이 청약을 발송한 후 사망하였어도 그 청약은 효력을 상실하지 않는다.

06 甲은 乙에게 우편으로 자기 소유의 X건물을 3억원에 매도하겠다는 청약을 하면서, 자신의 청약에 대한 회신을 2022. 10. 5.까지 해 줄 것을 요청하였다. 甲의 편지는 2022. 9. 14. 발송되어 2022. 9. 16. 乙에게 도달되었다. 이에 관한 설명으로 틀린 것을 모두 고른 것은? (다툼이 있으면 판례에 따름) 제33회

> ㉠ 甲이 2022. 9. 23. 자신의 청약을 철회한 경우, 특별한 사정이 없는 한 甲의 청약은 효력을 잃는다.
>
> ㉡ 乙이 2022. 9. 20. 甲에게 승낙의 통지를 발송하여 2022. 9. 22. 甲에게 도달한 경우, 甲과 乙의 계약은 2022. 9. 22.에 성립한다.
>
> ㉢ 乙이 2022. 9. 27. 매매가격을 2억 5천만원으로 조정해 줄 것을 조건으로 승낙한 경우, 乙의 승낙은 청약의 거절과 동시에 새로 청약한 것으로 본다.

① ㉠

② ㉡

③ ㉠, ㉡

④ ㉡, ㉢

⑤ ㉠, ㉡, ㉢

해설

㉠ 甲의 의사표시가 2022. 9. 16. 乙에게 도달하여 효력이 발생하였으므로, 甲은 원칙적으로 철회할 수 없다. 따라서 甲이 2022. 9. 23. 자신의 청약을 철회한 경우, 특별한 사정이 없는 한 甲의 청약은 효력을 잃지 않는다.

㉡ 격지자 간의 계약은 승낙의 통지를 발송한 때에 성립하므로(제531조), 계약은 2022. 9. 20. 성립한다.

03 동시이행의 항변권

01 동시이행의 항변권에 관한 설명으로 옳은 것은? (다툼이 있으면 판례에 따름) 제26회

① 동시이행관계에 있는 쌍방의 채무 중 어느 한 채무가 이행불능이 되어 손해배상채무로 바뀌는 경우, 동시이행의 항변권은 소멸한다.

② 임대차 종료 후 보증금을 반환받지 못한 임차인이 동시이행의 항변권에 기하여 임차목적물을 점유하는 경우, 불법점유로 인한 손해배상책임을 진다.

③ 동시이행의 항변권은 당사자의 주장이 없어도 법원이 직권으로 고려할 사항이다.

④ 채권자의 이행청구소송에서 채무자가 주장한 동시이행의 항변이 받아들여진 경우, 채권자는 전부 패소판결을 받게 된다.

⑤ 선이행의무자가 이행을 지체하는 동안에 상대방의 채무의 변제기가 도래한 경우, 특별한 사정이 없는 한 쌍방의 의무는 동시이행관계가 된다.

해설

① 당사자 일방의 책임 있는 사유로 채무이행이 불능으로 되어 그 채무가 손해배상채무로 바뀌게 되더라도 동시이행관계는 존속한다.

② 동시이행의 항변권에 기한 점유이므로 불법점유에 해당하지 아니하여 손해배상책임은 인정되지 않는다. 다만 점유 사용에 따른 부당이득반환의무는 부담한다.

③ 당사자의 원용이 없으면 법원은 직권으로 고려하지 않는다.

④ 유치권이나 동시이행의 항변권이 인정되면 상환이행(급부)판결을 한다.

02 동시이행의 관계에 있지 않는 것은? (다툼이 있으면 판례에 따름) 제29회

① 계약해제로 인한 당사자 쌍방의 원상회복의무
② 구분소유적 공유관계를 해소하기 위한 공유지분권자 상호간의 지분이전등기 의무
③ 전세권이 소멸한 때에 전세권자의 목적물인도 및 전세권설정등기말소의무와 전세권설정자의 전세금반환의무
④ 근저당권 실행을 위한 경매가 무효인 경우, 낙찰자의 채무자에 대한 소유권이 전등기말소의무와 근저당권자의 낙찰자에 대한 배당금반환의무
⑤ 가등기담보에 있어 채권자의 청산금지급의무와 채무자의 목적부동산에 대한 본등기 및 인도의무

해설

④ 근저당권 실행을 위한 경매가 무효인 경우, 낙찰자가 부담하는 소유권이전등기 말소의무는 채무자에 대한 것인 반면, 낙찰자의 배당금 반환청구권은 실제 배당금을 수령한 근저당권자에 대한 채권인바, 근저당권자가 낙찰자에 대하여 부담하는 배당금 반환채무와 낙찰자가 채무자에 대하여 부담하는 소유권이전등기 말소의무는 서로 이행의 상대방을 달리하는 것으로서, 위 두 채무는 동시에 이행되어야 할 관계에 있지 아니하다.

03 동시이행의 관계에 있는 것을 모두 고른 것은? (다툼이 있으면 판례에 따름) 제31회

> ㉠ 임대차 종료시 임차보증금 반환의무와 임차물 반환의무
> ㉡ 피담보채권을 변제할 의무와 근저당권설정등기 말소의무
> ㉢ 매도인의 토지거래허가 신청절차에 협력할 의무와 매수인의 매매대금지 급의무
> ㉣ 토지임차인이 건물매수청구권을 행사한 경우, 토지임차인의 건물인도 및 소유권이전등기의무와 토지임대인의 건물대금지급의무

① ㉣　　　　　　　② ㉠, ㉡　　　　　　　③ ㉠, ㉣
④ ㉡, ㉢　　　　　　⑤ ㉠, ㉢, ㉣

해설

㉡ 피담보채권을 변제할 의무가 선이행의무이고 근저당권설정등기 말소의무가 후이행의무이다.
㉢ 매도인의 토지거래계약허가 신청절차에 협력할 의무와 토지거래허가를 받으면 매매계약 내용에 따라 매수인이 이행하여야 할 매매대금 지급의무 사이에는 상호 이행상의 견련성이 있다고 할 수 없으므로, 매도인으로서는 그러한 의무이행의 제공이 있을 때까지 그 협력의무의 이행을 거절할 수 있는 것은 아니다(대판 96다23825). 즉 동시이행의 관계가 아니다.

정답　01 ⑤　02 ④　03 ③

04 동시이행관계에 있는 것을 모두 고른 것은? (단, 이에 관한 특약은 없으며, 다툼이 있으면 판례에 따름) 제32회

> ㉠ 부동산의 매매계약이 체결된 경우 매도인의 소유권이전등기의무와 매수인의 잔대금지급의무
> ㉡ 임대차 종료시 임대인의 임차보증금 반환의무와 임차인의 임차물 반환의무
> ㉢ 매도인의 토지거래허가 신청절차에 협력할 의무와 매수인의 매매대금지급의무

① ㉠ 　　　　　　② ㉡ 　　　　　　③ ㉢
④ ㉠, ㉡ 　　　　　⑤ ㉡, ㉢

해설

㉢ 매도인의 토지거래허가 신청절차에 협력할 의무와 매수인의 매매대금지급의무는 서로 동시이행관계에 있지 않다(대판).

05 특별한 사정이 없는 한 동시이행의 관계에 있는 경우를 모두 고른 것은? (다툼이 있으면 판례에 따름) 제33회

> ㉠ 임대차계약 종료에 따른 임차인의 임차목적물반환의무와 임대인의 권리금 회수 방해로 인한 손해배상의무
> ㉡ 주택임대차보호법상 임차권등기명령에 따라 행해진 임차권등기의 말소의무와 임대차보증금 반환의무
> ㉢ 구분소유적 공유관계의 해소로 인하여 공유지분권자 상호 간에 발생한 지분이전등기의무

① ㉠ 　　　　　　② ㉢ 　　　　　　③ ㉠, ㉡
④ ㉡, ㉢ 　　　　　⑤ ㉠, ㉡, ㉢

해설

㉠ 임대차계약 종료에 따른 임차인의 임차목적물반환의무와 임대인의 권리금 회수 방해로 인한 손해배상의무는 발생원인을 서로 달리하므로 동시이행의 관계가 아니다(대판 2018다242727).
㉡ 보증금반환의무가 선이행의무이다.

06 동시이행의 항변권에 관한 설명으로 틀린 것은? (다툼이 있으면 판례에 따름) 제35회

① 서로 이행이 완료된 쌍무계약이 무효로 된 경우, 당사자 사이의 반환의무는 동시이행관계에 있다.

② 구분소유적 공유관계가 해소된 경우, 공유지분권자 상호간의 지분이전등기 의무는 동시이행관계에 있다.

③ 동시이행의 항변권이 붙어 있는 채권은 특별한 사정이 없는 한 이를 자동채권으로 하여 상계하지 못한다.

④ 양 채무의 변제기가 도래한 쌍무계약에서 수령지체에 빠진 자는 이후 상대방이 자기 채무의 이행제공 없이 이행을 청구하는 경우, 동시이행의 항변권을 행사할 수 있다.

⑤ 채무를 담보하기 위해 채권자 명의의 소유권이전등기가 된 경우, 피담보채무의 변제의무와 그 소유권이전등기의 말소의무는 동시이행관계에 있다.

해설

⑤ 피담보채무의 변제의무가 선이행의무이고 담보물권(저당권, 가등기담보권, 양도담보권)의 말소등기의무는 후이행의무이다.

③ 동시이행의 항변권의 대항을 받는 채권을 자동채권으로 하여 상대방의 채권과의 상계를 허용하면 상계자 일방의 의사표시에 의하여 상대방의 항변권 행사의 기회를 상실시키는 결과가 되어서 그러한 상계는 허용될 수 없는 것이 원칙이다.

④ 동시이행관계에 있는 채무를 부담하는 쌍방 당사자 중 일방이 먼저 현실의 제공을 하고 상대방을 수령지체에 빠지게 하였다고 하더라도 그 이행의 제공이 계속되지 아니하였다면 과거에 이행제공이 있었다는 사실만으로 상대방이 가지는 동시이행의 항변권이 소멸하지 아니한다. 따라서 양 채무의 변제기가 도래한 쌍무계약에서 수령지체에 빠진 자는 이후 상대방이 자기 채무의 이행제공 없이 이행을 청구하는 경우, 동시이행의 항변권을 행사할 수 있다.

04 불 능

01 계약체결상의 과실책임에 관한 설명으로 옳은 것을 모두 고른 것은? (다툼이 있으면 판례에 따름) 제35회

> ㉠ 계약이 의사의 불합치로 성립하지 않는다는 사실을 알지 못하여 손해를 입은 당사자는 계약체결 당시 그 계약이 불성립될 수 있다는 것을 안 상대방에게 계약체결상의 과실책임을 물을 수 있다.
> ㉡ 부동산 수량지정 매매에서 실제면적이 계약면적에 미달하는 경우, 그 부분의 원시적 불능을 이유로 계약체결상의 과실책임을 물을 수 없다.
> ㉢ 계약체결 전에 이미 매매목적물이 전부 멸실된 사실을 알지 못하여 손해를 입은 계약당사자는 계약체결 당시 그 사실을 안 상대방에게 계약체결상의 과실책임을 물을 수 있다.

① ㉠   ② ㉡   ③ ㉠, ㉢
④ ㉡, ㉢   ⑤ ㉠, ㉡, ㉢

해설

㉢ 계약체결상의 과실

> **제535조(계약체결상의 과실)** ① 목적이 불능한 계약을 체결할 때에 그 불능을 알았거나 알 수 있었을 자는 상대방이 그 계약의 유효를 믿었음으로 인하여 받은 손해를 배상하여야 한다. 그러나 그 배상액은 계약이 유효함으로 인하여 생길 이익액을 넘지 못한다.
> ② 전항의 규정은 상대방이 그 불능을 알았거나 알 수 있었을 경우에는 적용하지 아니한다.

㉠ 계약이 성립하지 아니한 경우 그로 인하여 손해를 입은 당사자는 상대방에게 민법 제535조를 유추적용하여 계약체결상의 과실로 인한 손해배상청구를 할 수는 없고 불법행위로 인한 손해배상청구를 할 수 있다.
㉡ 수량지정매매계약에 있어서 실제면적이 계약면적에 미달하는 경우에는 **대금감액청구권**을 행사함은 별론으로 하고, 그 매매계약이 그 미달 부분만큼 무효임을 들어 일반 **부당이득반환청구**를 하거나 그 부분의 원시적 불능을 이유로 민법 제535조가 규정하는 계약체결상의 과실책임의 이행을 구할 수 없다.

OX

• 계약이 의사의 불합치로 성립하지 아니한 경우, 그로 인하여 손해를 입은 당사자는 상대방에 대하여 민법 제535조(계약체결상의 과실)를 유추적용하여 손해배상을 청구할 수 있다. ( ) ▶정답 ✕

02 甲은 자기소유의 주택을 乙에게 매도하는 계약을 체결하였는데, 그 주택의 점유와 등기가 乙에게 이전되기 전에 멸실되었다. 다음 중 틀린 것은? (다툼이 있으면 판례에 의함)　제22회

① 주택이 태풍으로 멸실된 경우, 甲은 乙에게 대금지급을 청구할 수 없다.

② 주택이 태풍으로 멸실된 경우, 甲은 이미 받은 계약금을 반환할 의무가 없다.

③ 甲의 과실로 주택이 전소된 경우, 乙은 계약을 해제할 수 있다.

④ 乙의 과실로 주택이 전소된 경우, 甲은 乙에게 대금지급을 청구할 수 있다.

⑤ 甲이 이행기에 이전등기에 필요한 서류를 제공하면서 주택의 인수를 최고하였으나 乙이 이를 거절하던 중 태풍으로 멸실된 경우, 甲은 乙에게 대금지급을 청구할 수 있다.

해설

①② 주택이 태풍으로 멸실된 경우, 甲은 乙에게 대금지급을 청구할 수 없으며, 이미 받은 계약금을 乙에게 반환하여야 한다(제537조).

③ 甲의 과실로 주택이 전소된 경우, 이는 이행불능에 해당한다. 따라서 乙은 甲에 대하여 계약을 해제하고 손해배상을 청구할 수 있다.

④ 채권자위험부담(제538조 제1항)

⑤ 채권자위험부담(제538조 제1항)

03 甲은 자신의 토지를 乙에게 매도하였으나 소유권이전등기의무의 이행기가 도래하기 전에 그 토지에 대한 丙의 강제수용(재결수용)으로 보상금을 받게 되었다. 다음 설명 중 틀린 것은? (다툼이 있으면 판례에 의함)　제24회

① 甲의 乙에 대한 소유권이전의무는 소멸한다.

② 乙은 甲에게 보상금청구권의 양도를 청구할 수 있다.

③ 甲이 丙으로부터 보상금을 수령하였다면 乙은 甲에게 보상금의 반환을 청구할 수 있다.

④ 乙은 소유권이전의무의 불이행을 이유로 甲에게 손해배상을 청구할 수 없다.

⑤ 만일 乙이 甲에게 계약금을 지급하였다면 乙은 그 배액의 반환을 청구할 수 있다.

해설

⑤ 이는 채무불이행이 아니므로, 乙은 자신이 지급한 계약금만 반환청구할 수 있다.

정답 01 ④　02 ②　03 ⑤

04 甲은 자신의 토지를 乙에게 팔고 중도금까지 수령하였으나, 그 토지가 공용(재결) 수용되는 바람에 乙에게 소유권을 이전할 수 없게 되었다. 다음 설명 중 옳은 것은? (다툼이 있으면 판례에 따름)   제29회

① 乙은 매매계약을 해제하고 전보배상을 청구할 수 있다.

② 乙은 甲의 수용보상금청구권의 양도를 청구할 수 있다.

③ 乙은 이미 지급한 중도금을 부당이득으로 반환 청구할 수 없다.

④ 乙은 계약체결상의 과실을 이유로 신뢰이익의 배상을 청구할 수 있다.

⑤ 乙이 매매대금 전부를 지급하면 甲의 수용보상금청구권 자체가 乙에게 귀속한다.

해설

②⑤ 소유권이전등기의무의 목적 부동산이 수용되어 그 소유권이전등기의무가 이행불능이 된 경우, 등기청구권자는 등기의무자에게 대상청구권의 행사로써 등기의무자가 지급받은 수용보상금의 반환을 구하거나 또는 등기의무자가 취득한 수용보상금청구권의 양도를 구할 수 있을 뿐 그 수용보상금청구권 자체가 등기청구권자에게 귀속되는 것은 아니다(대판 95다56910).

① 매매목적토지가 공용수용된 경우, 매도인에게 귀책사유가 없으므로 乙은 매매계약을 해제하고 전보배상(손해배상)을 청구할 수 없다.

③ 매매목적토지가 공용수용된 경우, 乙은 중도금을 부당이득으로 반환 청구할 수 있다.

④ 계약체결상의 과실책임은 원시적 불능일 경우에만 인정된다.

05 위험부담에 관한 설명으로 틀린 것은? (다툼이 있으면 판례에 따름)   제30회

① 후발적 불능이 당사자 쌍방에게 책임 없는 사유로 생긴 때에는 위험부담의 문제가 발생한다.

② 편무계약의 경우 원칙적으로 위험부담의 법리가 적용되지 않는다.

③ 당사자 일방이 대상청구권을 행사하려면 상대방에 대하여 반대급부를 이행할 의무가 있다.

④ 당사자 쌍방의 귀책사유 없는 이행불능으로 매매계약이 종료된 경우, 매도인은 이미 지급받은 계약금을 반환하지 않아도 된다.

⑤ 우리 민법은 채무자위험부담주의를 원칙으로 한다.

해설

④ 당사자 쌍방의 귀책사유 없는 이행불능으로 매매계약이 종료된 경우, 매도인은 이미 지급받은 계약금을 반환하여야 한다.

06 쌍무계약상 위험부담에 관한 설명으로 틀린 것은? (다툼이 있으면 판례에 따름)

① 계약당사자는 위험부담에 관하여 민법 규정과 달리 정할 수 있다.

② 채무자의 책임 있는 사유로 후발적 불능이 발생한 경우, 위험부담의 법리가 적용된다.

③ 매매목적물이 이행기 전에 강제수용된 경우, 매수인이 대상청구권을 행사하면 매도인은 매매대금 지급을 청구할 수 있다.

④ 채권자의 수령지체 중 당사자 모두에게 책임 없는 사유로 불능이 된 경우, 채무자는 상대방의 이행을 청구할 수 있다.

⑤ 당사자 일방의 채무가 채권자의 책임 있는 사유로 불능이 된 경우, 채무자는 상대방의 이행을 청구할 수 있다.

해설

② 채무자의 책임 있는 사유로 후발적 불능이 발생한 경우, 채무불이행(이행불능)의 법리가 적용된다. 한편 채무자의 책임 없는 사유로 후발적 불능이 발생한 경우, 위험부담의 법리가 적용된다.

07 甲과 乙은 甲 소유의 X토지에 대하여 매매계약을 체결하였으나 그 후 甲의 채무인 소유권이전등기의무의 이행이 불가능하게 되었다. 다음 설명 중 옳은 것을 모두 고른 것은? (다툼이 있으면 판례에 따름)

> ㉠ 甲의 채무가 쌍방의 귀책사유 없이 불능이 된 경우, 이미 대금을 지급한 乙은 그 대금을 부당이득법리에 따라 반환청구할 수 있다.
> ㉡ 甲의 채무가 乙의 귀책사유로 불능이 된 경우, 특별한 사정이 없는 한 甲은 乙에게 대금지급을 청구할 수 있다.
> ㉢ 乙의 수령지체 중에 쌍방의 귀책사유 없이 甲의 채무가 불능이 된 경우, 甲은 乙에게 대금지급을 청구할 수 없다.

① ㉠　　　　　　　　② ㉢　　　　　　　　③ ㉠, ㉡

④ ㉡, ㉢　　　　　　⑤ ㉠, ㉡, ㉢

해설

㉢ 채권자의 수령지체 중에 양 당사자의 책임 없는 사유로 이행이 불가능하게 된 경우에도 채무자는 상대방의 이행을 청구할 수 있다(제538조 제1항 제2문).

정답　**04** ②　**05** ④　**06** ②　**07** ③

08 甲은 X건물을 乙에게 매도하고 乙로부터 계약금을 지급받았는데, 그 후 甲과 乙의 귀책사유 없이 X건물이 멸실되었다. 다음 설명 중 옳은 것을 모두 고른 것은? (다툼이 있으면 판례에 따름) 제35회

> ㉠ 甲은 乙에게 잔대금의 지급을 청구할 수 있다.
> ㉡ 乙은 甲에게 계약금의 반환을 청구할 수 있다.
> ㉢ 만약 乙의 수령지체 중에 甲과 乙의 귀책사유 없이 X건물이 멸실된 경우, 乙은 甲에게 계약금의 반환을 청구할 수 있다.

① ㉡   ② ㉢   ③ ㉠, ㉡
④ ㉠, ㉢   ⑤ ㉡, ㉢

해설

㉠ 甲과 乙의 귀책사유 없이 X건물이 멸실되었으므로, 甲은 乙에게 잔대금의 지급을 청구할 수 없다.

㉢ 乙이 수령을 지체한 경우이므로, 乙은 甲에게 잔대금을 지급해야 한다. 따라서 乙은 甲에게 계약금의 반환을 청구할 수 없다.

---

05 **제3자를 위한 계약**

OX

1. 제3자는 계약체결 당시에 현존하고 있어야 한다. (   )
2. 제3자가 하는 수익의 의사표시의 상대방은 낙약자이다. (   )
3. 제3자의 권리는 그 제3자가 채무자에 대해 수익의 의사표시를 하면 계약의 성립시에 소급하여 발생한다. (   )

▶정답 1. × 2. ○ 3. ×

01 甲(요약자)과 乙(낙약자)은 丙을 수익자로 하는 제3자를 위한 계약을 체결하였다. 다음 설명 중 틀린 것은? (다툼이 있으면 판례에 따름) 제30회

① 甲은 대가관계의 부존재를 이유로 자신이 기본관계에 기하여 乙에게 부담하는 채무의 이행을 거부할 수 없다.

② 甲과 乙 간의 계약이 해제된 경우, 乙은 丙에게 급부한 것이 있더라도 丙을 상대로 부당이득반환을 청구할 수 없다.

③ 丙이 수익의 의사표시를 한 후 甲이 乙의 채무불이행을 이유로 계약을 해제하면, 丙은 乙에게 그 채무불이행으로 자기가 입은 손해의 배상을 청구할 수 있다.

④ 甲과 乙 간의 계약이 甲의 착오로 취소된 경우, 丙은 착오취소로써 대항할 수 없는 제3자의 범위에 속한다.

⑤ 수익의 의사표시를 한 丙은 乙에게 직접 그 이행을 청구할 수 있다.

해설

④ 제3자를 위한 계약에서의 제3자(수익자)는 민법전체에서 보호되는 제3자에 해당하지 않는다. 따라서 甲과 乙 간의 계약이 甲의 착오로 취소된 경우, 丙은 착오취소로써 대항할 수 없는 제3자의 범위에 속하지 않는다.

02 甲은 자신의 X부동산을 乙에게 매도하면서 대금채권을 丙에게 귀속시키기로 하고, 대금지급과 동시에 소유권이전등기를 해 주기로 했다. 그 후 丙은 乙에게 수익의 의사를 표시하였다. 이에 관한 설명으로 옳은 것은? (다툼이 있으면 판례에 따름) 제31회

① 甲과 乙은 특별한 사정이 없는 한 계약을 합의해제할 수 있다.

② 乙이 대금지급의무를 불이행한 경우, 丙은 계약을 해제할 수 있다.

③ 甲이 乙의 채무불이행을 이유로 계약을 해제한 경우, 丙은 乙에게 손해배상을 청구할 수 있다.

④ 甲이 소유권이전등기를 지체한 경우, 乙은 丙에 대한 대금지급을 거절할 수 없다.

⑤ 乙이 甲의 채무불이행을 이유로 계약을 해제한 경우, 乙은 이미 지급한 대금의 반환을 丙에게 청구할 수 있다.

해설

① 丙이 수익의 의사를 표시하였으므로, 甲과 乙은 특별한 사정이 없는 한 계약을 합의해제할
수 없다.
② 乙이 대금지급의무를 불이행한 경우, 계약당사자가 아닌 丙은 계약을 해제할 수 없다.
④ 甲이 소유권이전등기를 지체한 경우, 乙은 동시이행의 항변권을 행사하여 대금지급을 거절
할 수 있다.
⑤ 乙이 甲의 채무불이행을 이유로 계약을 해제한 경우, 乙은 이미 지급한 대금의 반환을 丙에
게 청구할 수 없으며 甲에게 청구할 수 있다.

03 제3자를 위한 유상·쌍무계약에 관한 설명으로 옳은 것은? (다툼이 있으면 판례에
따름)   제33회

① 제3자를 위한 계약의 당사자는 요약자, 낙약자, 수익자이다.
② 수익자는 계약체결 당시 특정되어 있어야 한다.
③ 수익자는 제3자를 위한 계약에서 발생한 해제권을 가지는 것이 원칙이다.
④ 낙약자는 특별한 사정이 없는 한 요약자와의 기본관계에서 발생한 항변으로
써 수익자의 청구에 대항할 수 있다.
⑤ 요약자는 특별한 사정이 없는 한 수익자의 동의 없이 낙약자의 이행불능을
이유로 계약을 해제할 수 없다.

해설

① 수익자는 제3자를 위한 계약의 당사자가 아니다.
② 수익자는 제3자를 위한 계약의 당사자가 아니기 때문에 계약체결 당시 특정될 필요가 없다.
③ 수익자는 제3자를 위한 계약의 당사자가 아니기 때문에 해제권이 인정되지 않는다.
⑤ 취소권, 해제권은 계약의 당사자인 요약자와 낙약자에게 인정되는 권리이므로, 요약자와 낙
약자는 수익자의 동의 없이 계약을 해제할 수 있다.

04 甲은 그 소유의 토지를 乙에게 매도하면서 甲의 丙에 대한 채무변제를 위해 乙이 그 대금 전액을 丙에게 지급하기로 하는 제3자를 위한 계약을 乙과 체결하였고, 丙도 乙에 대해 수익의 의사표시를 하였다. 다음 설명 중 틀린 것은? (다툼이 있으면 판례에 따름)
제34회

① 乙은 甲과 丙 사이의 채무 부존재의 항변으로 丙에게 대항할 수 없다.

② 丙은 乙의 채무불이행을 이유로 甲과 乙 사이의 계약을 해제할 수 없다.

③ 乙이 甲의 채무불이행을 이유로 계약을 해제한 경우, 특별한 사정이 없는 한 乙은 이미 이행한 급부의 반환을 丙에게 청구할 수 있다.

④ 甲이 乙의 채무불이행을 이유로 계약을 해제하면, 丙은 乙에게 채무불이행으로 인해 자신이 입은 손해의 배상을 청구할 수 있다.

⑤ 甲은 丙의 동의 없이도 乙의 채무불이행을 이유로 계약을 해제할 수 있다.

해설

③ 제3자를 위한 계약관계에서 낙약자와 요약자 사이의 법률관계(이른바 기본관계)를 이루는 계약이 해제된 경우 그 계약관계의 청산은 계약의 당사자인 낙약자와 요약자 사이에 이루어져야 하므로, 특별한 사정이 없는 한 낙약자가 이미 제3자에게 급부한 것이 있더라도 낙약자는 계약해제에 기한 원상회복 또는 부당이득을 원인으로 제3자를 상대로 그 반환을 구할 수 없다 (대판).

05 매도인 甲과 매수인 乙 사이에 매매대금을 丙에게 지급하기로 하는 제3자를 위한 계약을 체결하였고, 丙이 乙에게 수익의 의사표시를 하였다. 다음 설명 중 옳은 것은? (다툼이 있으면 판례에 따름)
제35회

① 乙의 대금채무 불이행이 있는 경우, 甲은 丙의 동의 없이 乙과의 계약을 해제할 수 없다.

② 乙의 기망행위로 甲과 乙의 계약이 체결된 경우, 丙은 사기를 이유로 그 계약을 취소할 수 있다.

③ 甲과 丙의 법률관계가 무효인 경우, 특별한 사정이 없는 한 乙은 丙에게 대금지급을 거절할 수 있다.

④ 乙이 매매대금을 丙에게 지급한 후에 甲과 乙의 계약이 취소된 경우, 乙은 丙에게 부당이득반환을 청구할 수 있다.

⑤ 甲과 乙이 계약을 체결할 때 丙의 권리를 변경시킬 수 있음을 유보한 경우, 甲과 乙은 丙의 권리를 변경시킬 수 있다.

정답 03 ④ 04 ③ 05 ⑤

해설

⑤ 제3자를 위한 계약에 있어서, 제3자가 수익의 의사표시를 함으로써 제3자에게 권리가 확정적으로 귀속된 경우에는, 요약자와 낙약자의 합의에 의하여 제3자의 권리를 변경·소멸시킬 수 있음을 미리 유보하였거나, 제3자의 동의가 있는 경우가 아니면 계약의 당사자인 요약자와 낙약자는 제3자의 권리를 변경·소멸시키지 못하고, 만일 계약의 당사자가 제3자의 권리를 임의로 변경·소멸시키는 행위를 한 경우 이는 제3자에 대하여 효력이 없다. 따라서 甲과 乙이 계약을 체결할 때 丙의 권리를 변경시킬 수 있음을 유보한 경우, 甲과 乙은 丙의 권리를 변경시킬 수 있다.

① 甲은 丙의 동의 없이 계약을 해제할 수 있다.

② 丙은 계약당사자가 아니므로 계약을 취소할 수 없다.

③ 낙약자는 <u>요약자와 수익자 사이의 법률관계(대가관계)</u>에 기한 항변으로 수익자에게 대항하지 못한다. 따라서 甲과 丙의 법률관계(대가관계)가 무효인 경우에도 乙은 丙에게 대금지급을 거절할 수 없다.

④ 제3자를 위한 계약관계에서 낙약자와 요약자 사이의 법률관계(이른바 기본관계)를 이루는 계약이 무효이거나 해제된 경우 그 계약관계의 청산은 계약의 당사자인 낙약자와 요약자 사이에 이루어져야 하므로, 특별한 사정이 없는 한 낙약자가 이미 제3자에게 급부한 것이 있더라도 낙약자는 계약해제 등에 기한 원상회복 또는 부당이득을 원인으로 제3자를 상대로 그 반환을 구할 수 없다.

06 계약의 해제

01 계약해제에 관한 설명으로 틀린 것은? (다툼이 있으면 판례에 따름)　　제29회

① 매도인의 책임 있는 사유로 이행불능이 되면 매수인은 최고 없이 계약을 해제할 수 있다.

② 계약이 합의해제된 경우, 다른 사정이 없으면 채무불이행으로 인한 손해배상을 청구할 수 없다.

③ 매도인이 매매계약을 적법하게 해제하였더라도, 매수인은 계약해제의 효과로 발생하는 불이익을 면하기 위하여 착오를 원인으로 그 계약을 취소할 수 있다.

④ 계약상대방이 수인인 경우, 특별한 사정이 없는 한 그 중 1인에 대하여 한 계약의 해제는 효력이 없다.

⑤ 매도인은 다른 약정이 없으면 합의해제로 인하여 반환할 금전에 그 받은 날로부터 이자를 가산하여야 할 의무가 있다.

해설

⑤ 합의해제의 경우, 다른 약정이 없는 한 반환할 금전에 그 받은 날로부터 이자를 가산하여야 할 의무가 있는 것은 아니다(대판 79다1455).

02 계약의 해지에 관한 설명으로 틀린 것은?(다툼이 있으면 판례에 따름)　제27회
① 계약해지의 의사표시는 묵시적으로도 가능하다.
② 해지의 의사표시가 상대방에게 도달하면 이를 철회하지 못한다.
③ 토지임대차에서 그 기간의 약정이 없는 경우, 임차인은 언제든지 계약해지의 통고를 할 수 있다.
④ 당사자 일방이 수인인 경우, 그 중 1인에 대하여 해지권이 소멸한 때에는 다른 당사자에 대하여도 소멸한다.
⑤ **특별한 약정이 없는 한, 합의해지로 인하여 반환할 금전에는 그 받은 날로부터의 이자를 가하여야 한다.**

해설
⑤ 특별한 약정이 없는 한, 합의해지로 인하여 반환할 금전에는 그 받은 날로부터의 이자를 가하여야 하는 것은 아니다.

03 합의해제·해지에 관한 설명으로 틀린 것은? (다툼이 있으면 판례에 따름) 제30회
① 계약을 합의해제할 때에 원상회복에 관하여 반드시 약정해야 하는 것은 아니다.
② **계약이 합의해제된 경우, 다른 사정이 없는 한 채무불이행으로 인한 손해배상을 청구할 수 없다.**
③ **합의해지로 인하여 반환할 금전에 대해서는 특약이 없더라도 그 받은 날로부터 이자를 가산해야 한다.**
④ 계약의 합의해제에 관한 청약에 대하여 상대방이 변경을 가하여 승낙한 때에는 그 청약은 효력을 잃는다.
⑤ **합의해제의 경우에도 법정해제의 경우와 마찬가지로 제3자의 권리를 해하지 못한다.**

해설
③ 합의해지로 인하여 반환할 금전에 대해서는 특약이 없는 한 그 받은 날로부터 이자를 가산하여야 할 의무가 없다.
① 계약을 합의해제할 때에 원상회복에 관하여 반드시 약정을 하여야 하는 것은 아니다(대판 94다17093).
④ 승낙자가 청약에 대하여 조건을 붙이거나 변경을 가하여 승낙한 때에는 그 청약의 거절과 동시에 새로 청약한 것으로 본다(제534조).

정답 01 ⑤　02 ⑤　03 ③

04 부동산의 매매계약이 합의해제된 경우에 관한 설명으로 틀린 것은? (다툼이 있으면 판례에 따름)   제31회

① 특별한 사정이 없는 한 채무불이행으로 인한 손해배상을 청구할 수 있다.
② 매도인은 원칙적으로 수령한 대금에 이자를 붙여 반환할 필요가 없다.
③ 매도인으로부터 매수인에게 이전되었던 소유권은 매도인에게 당연히 복귀한다.
④ 합의해제의 소급효는 법정해제의 경우와 같이 제3자의 권리를 해하지 못한다.
⑤ 매도인이 잔금기일 경과 후 해제를 주장하며 수령한 대금을 공탁하고 매수인이 이의 없이 수령한 경우, 특별한 사정이 없는 한 합의해제된 것으로 본다.

해설

① 계약이 합의해제된 경우, 특별한 사정이 없는 한 채무불이행으로 인한 손해배상을 청구할 수 없으며 반환할 금전에 이자를 가하여야 할 의무가 없다.
④ 매매계약이 무효(취소, 해제, 합의해제 등)가 되면 매도인으로부터 매수인에게 이전되었던 소유권은 매도인에게 당연히(등기 없이, 말소등기 없이) 매도인에게 복귀한다.

05 합의해제에 관한 설명으로 틀린 것은? (다툼이 있으면 판례에 따름) 제32회

① 부동산매매계약이 합의해제된 경우, 다른 약정이 없는 한 매도인은 수령한 대금에 이자를 붙여 반환할 필요가 없다.

② 당사자 쌍방은 자기 채무의 이행제공 없이 합의에 의해 계약을 해제할 수 있다.

③ 합의해제의 소급효는 법정해제의 경우와 같이 제3자의 권리를 해하지 못한다.

④ 계약이 합의해제된 경우 다른 사정이 없는 한, 합의해제시에 채무불이행으로 인한 손해배상을 청구할 수 있다.

⑤ 매도인이 잔금기일 경과 후 해제를 주장하며 수령한 대금을 공탁하고 매수인이 이의 없이 수령한 경우, 특별한 사정이 없는 한 합의해제된 것으로 본다.

해설

④ 계약이 합의해제된 경우 손해배상을 하기로 하는 특약을 하는 등 다른 사정이 없는 한, 합의해제시에 채무불이행으로 인한 손해배상을 청구할 수 없다(대판).

06 계약해제·해지에 관한 설명으로 틀린 것은? (다툼이 있으면 판례에 따름) 제31회

① 계약의 해지는 손해배상청구에 영향을 미치지 않는다.

② 채무자가 불이행 의사를 명백히 표시하더라도 이행기 도래 전에는 최고 없이 해제할 수 없다.

③ 이행불능으로 계약을 해제하는 경우, 채권자는 동시이행관계에 있는 자신의 급부를 제공할 필요가 없다.

④ 일부 이행불능의 경우, 계약목적을 달성할 수 없으면 계약 전부의 해제가 가능하다.

⑤ 계약당사자 일방 또는 쌍방이 여러 명이면, 해지는 특별한 사정이 없는 한 그 전원으로부터 또는 전원에게 해야 한다.

해설

② 채무자가 불이행 의사를 명백히 표시한 경우에는, 이행기 도래 전이라도 최고 없이 계약을 해제할 수 있다.

④ 계약의 일부의 이행이 불능인 경우에는 이행이 가능한 나머지 부분만의 이행으로 계약의 목적을 달성할 수 없을 경우에만 계약 전부의 해제가 가능하다.

정답 04 ① 05 ④ 06 ②

07 매매계약의 법정해제에 관한 설명으로 옳은 것을 모두 고른 것은? (다툼이 있으면 판례에 따름) 제34회

> ⊙ 일방 당사자의 계약위반을 이유로 한 상대방의 계약해제 의사표시에 의해 계약이 해제되었음에도 상대방이 계약이 존속함을 전제로 계약상 의무의 이행을 구하는 경우, 특별한 사정이 없는 한 계약을 위반한 당사자도 당해 계약이 상대방의 해제로 소멸되었음을 들어 그 이행을 거절할 수 있다.
> ⓒ 계약해제로 인한 원상회복의 대상에는 매매대금은 물론 이와 관련하여 그 계약의 존속을 전제로 수령한 지연손해금도 포함된다.
> ⓒ 과실상계는 계약해제로 인한 원상회복의무의 이행으로서 이미 지급한 급부의 반환을 구하는 경우에는 적용되지 않는다.

① ㉠   ② ㉡   ③ ㉠, ㉢

④ ㉡, ㉢   ⑤ ㉠, ㉡, ㉢

해설

㉠ 대판 2001다21441・21458

㉡ 매매계약이 해제되면 그 효력이 소급적으로 소멸함에 따라 각 당사자는 상대방에 대하여 원상회복의무가 있으므로 이미 그 계약상 의무에 기하여 이행된 급부는 원상회복을 위하여 부당이득으로 반환되어야 하고, 그 원상회복의 대상에는 매매대금은 물론 이와 관련하여 그 매매계약의 존속을 전제로 수령한 지연손해금도 포함된다(대판 2017다284236).

㉢ 과실상계는 본래 채무불이행 또는 불법행위로 인한 손해배상책임에 대하여 인정되는 것이고, 매매계약이 해제되어 원상회복의무의 이행으로서 이미 지급한 매매대금 기타의 급부의 반환을 구하는 경우에는 적용되지 아니한다(대판 2013다34143).

08 계약해제의 소급효로부터 보호될 수 있는 제3자에 해당하는 자는? (다툼이 있으면 판례에 의함) 제23회

① 계약해제 전, 계약상의 채권을 양수하여 이를 피보전권리로 하여 처분금지가 처분결정을 받은 채권자
② 계약해제 전, 해제대상인 계약상의 채권 자체를 압류 또는 전부(轉付)한 채권자
③ 해제대상 매매계약에 의하여 채무자명의로 이전등기된 부동산을 가압류 집행한 가압류채권자
④ 주택의 임대권한을 부여받은 매수인으로부터 매매계약이 해제되기 전에 주택을 임차한 후, 대항요건을 갖추지 않은 임차인
⑤ 해제대상 매매계약의 매수인으로부터 목적 부동산을 증여받은 후 소유권이전등기를 마치지 않은 수증자

해설

③ 계약해제의 소급효로부터 보호될 수 있는 제3자에 해당하는 자는 등기, 인도 등 완전한 권리를 갖춘 자이다.
④ 주택의 임대권한을 부여받은 매수인으로부터 매매계약이 해제되기 전에 주택을 임차한 후, 대항요건을 갖춘 임차인은 계약해제의 소급효로부터 보호될 수 있는 제3자에 해당한다.
⑤ 해제대상 매매계약의 매수인으로부터 목적 부동산을 증여받은 후 소유권이전등기를 마친 수증자는 계약해제의 소급효로부터 보호될 수 있는 제3자에 해당한다.

09 계약해제시 보호되는 제3자에 해당하지 않는 자를 모두 고른 것은? (다툼이 있으면 판례에 따름) 제30회

> ㉠ 계약해제 전 그 계약상의 채권을 양수하고 이를 피보전권리로 하여 처분금지가처분결정을 받은 채권자
> ㉡ 매매계약에 의하여 매수인 명의로 이전등기 된 부동산을 계약해제 전에 가압류 집행한 자
> ㉢ 계약해제 전 그 계약상의 채권을 압류한 자

① ㉠   ② ㉠, ㉡   ③ ㉠, ㉢
④ ㉡, ㉢   ⑤ ㉠, ㉡, ㉢

해설

㉠ 계약해제 전 그 계약상의 채권을 양수하고 이를 피보전권리로 하여 처분금지가처분결정을 받은 채권자는 해제로 인하여 보호받는 제3자에 해당하지 않는다(대판).
㉢ 계약해제 전 그 계약상의 채권을 압류한 자는 해제로 인하여 보호받는 제3자에 해당하지 않는다(대판).

10 매도인 甲과 매수인 乙 사이의 X주택에 관한 계약이 적법하게 해제된 경우, 해제 전에 이해관계를 맺은 자로서 '계약해제로부터 보호되는 제3자'에 해당하지 않는 자는? (다툼이 있으면 판례에 따름) 제35회

① 乙의 소유권이전등기청구권을 압류한 자
② 乙의 **책임재산이 된 X주택을 가압류한 자**
③ 乙명의로 소유권이전등기가 된 X주택에 관하여 저당권을 취득한 자
④ 乙과 매매예약에 따라 소유권이전등기청구권보전을 위한 가등기를 마친 자
⑤ 乙명의로 소유권이전등기가 된 X주택에 관하여 주택임대차보호법상 대항요건을 갖춘 자

해설

① 민법 제548조 제1항 단서에서 말하는 제3자(계약해제로부터 보호되는 제3자)란 일반적으로 그 해제된 계약으로부터 생긴 법률효과를 기초로 하여 해제 전에 새로운 이해관계를 가졌을 뿐 아니라 "등기" 등으로 완전한 권리를 취득한 자를 말하므로 계약상의 "채권"을 양수한 자나 그 "채권" 자체를 압류한 채권자는 여기서 말하는 제3자에 해당하지 아니한다. 따라서 乙의 소유권이전등기청구권은 채권(채권적 청구권)이므로 乙의 소유권이전등기청구권을 압류한 자는 '계약해제로부터 보호되는 제3자'에 해당하지 않는다.

11 甲은 자신의 X토지를 乙에게 매도하고 소유권이전등기를 마쳐주었으나, 乙은 변제기가 지났음에도 매매대금을 지급하지 않고 있다. 이에 관한 설명으로 틀린 것을 모두 고른 것은? (다툼이 있으면 판례에 따름) 제33회

> ㉠ 甲은 특별한 사정이 없는 한 별도의 최고 없이 매매계약을 해제할 수 있다.
> ㉡ 甲이 적법하게 매매계약을 해제한 경우, X토지의 소유권은 등기와 무관하게 계약이 없었던 상태로 복귀한다.
> ㉢ 乙이 X토지를 丙에게 매도하고 그 소유권이전등기를 마친 후 甲이 乙을 상대로 적법하게 매매계약을 해제하였다면, 丙은 X토지의 소유권을 상실한다.

① ㉠ 　　　　② ㉡ 　　　　③ ㉢
④ ㉠, ㉢ 　　　⑤ ㉡, ㉢

해설

㉠ 이행지체이므로 원칙적으로 최고를 먼저 하고 해제하여야 한다(제544조).

㉢ 甲이 해제하기 전에 소유권이전등기를 마친 丙은 해제의 제3자로 보호되기 때문에(제548조 제1항 단서), 甲이 계약을 해제하더라도 X토지의 소유권을 상실하지 않는다.

㉡ 매매계약이 무효(취소, 해제, 합의해제 등)가 되면 매도인으로부터 매수인에게 이전되었던 소유권은 매도인에게 당연히(등기 없이, 말소등기 없이) 매도인에게 복귀한다.

OX

1. X토지에 대한 매매계약이 해제되기 전에 매수인으로부터 X토지에 대한 소유권이전등기청구권을 양도받은 자는 계약해제의 소급효로부터 보호받는 제3자에 해당하지 않는다. (　)

2. 미등기 무허가건물에 관한 매매계약이 해제되기 전에 매수인으로부터 무허가건물을 다시 매수하고 무허가건물관리대장에 소유자로 등재된 자는 계약해제의 소급효로부터 보호받는 제3자에 해당하지 않는다. (　)　　　　▶정답 1. ○ 2. ○

01 매매 일반

01 매매계약에 관한 설명으로 틀린 것은? 제25회

① 매매의 목적이 된 권리가 타인에게 속한 경우에는 매도인은 그 권리를 취득하여 매수인에게 이전하여야 한다.

② 매매계약에 관한 비용은 특별한 사정이 없는 한 당사자가 균분하여 부담한다.

③ 담보책임의 면책특약이 있는 경우, 매도인은 알면서 고지하지 않은 하자에 대해서도 그 책임을 면한다.

④ **목적물의 인도와 동시에 대금을 지급할 경우, 특별한 사정이 없는 한 대금은 목적물의 인도장소에서 지급해야 한다.**

⑤ 당사자 일방에 대한 의무이행의 기한이 있는 때에는 상대방의 의무이행에 대하여도 동일한 기한이 있는 것으로 추정한다.

해설

③ 담보책임의 면책특약이 있는 경우라도 매도인은 알면서 고지하지 않은 하자에 대해서는 그 책임을 면하지 못한다(제584조).

02 甲은 그 소유의 X부동산에 관하여 乙과 매매의 일방예약을 체결하면서 예약완결권은 乙이 가지고 20년 내에 행사하기로 약정하였다. 이에 관한 설명으로 옳은 것은? (다툼이 있으면 판례에 따름)

① 乙이 예약체결시로부터 1년 뒤에 예약완결권을 행사한 경우, 매매는 예약체결시로 소급하여 그 효력이 발생한다.

② 乙의 예약완결권은 형성권에 속하므로 甲과의 약정에도 불구하고 그 행사기간은 10년으로 단축된다.

③ 乙이 가진 예약완결권은 재산권이므로 특별한 사정이 없는 한 타인에게 양도할 수 있다.

④ 乙이 예약완결권을 행사기간 내에 행사하였는지에 관해 甲의 주장이 없다면 법원은 이를 고려할 수 없다.

⑤ 乙이 예약완결권을 행사하더라도 甲의 승낙이 있어야 비로소 매매계약은 그 효력이 발생한다.

해설

① 예약완결권 행사는 소급효가 없다.

② 예약완결권의 행사기간에 관한 약정에는 특별한 제한이 없으므로(대판 2016다42077), 甲과 乙의 약정에 따라 행사기간은 20년이다.

④ 형성권의 행사기간인 제척기간은 법원의 직권조사사항이므로, 제척기간이 도과하였는지 여부는 당사자의 주장이 없더라도 법원은 당연히 조사하여 고려하여야 한다(대판 99다18725).

⑤ 예약완결권은 형성권이므로 예약완결권을 행사하면 당사자의 승낙이 없어도 매매의 효력이 발생한다(대판 93다4908).

정답 01 ③ 02 ③

03 **매매의 일방예약에 관한 설명으로 틀린 것은?** (다툼이 있으면 판례에 따름) 제34회

① 일방예약이 성립하려면 본계약인 매매계약의 요소가 되는 내용이 확정되어 있거나 확정할 수 있어야 한다.

② 예약완결권의 행사기간 도과 전에 예약완결권자가 예약목적물인 부동산을 인도받은 경우, 그 기간이 도과되더라도 예약완결권은 소멸되지 않는다.

③ 예약완결권은 당사자 사이에 행사기간을 약정한 때에는 그 기간 내에 행사해야 한다.

④ 상가에 관하여 매매예약이 성립한 이후 법령상의 제한에 의해 일시적으로 분양이 금지되었다가 다시 허용된 경우, 그 예약완결권 행사는 이행불능이라 할 수 없다.

⑤ 예약완결권 행사의 의사표시를 담은 소장 부본의 송달로써 예약완결권을 재판상 행사하는 경우, 그 행사가 유효하기 위해서는 그 소장 부본이 제척기간 내에 상대방에게 송달되어야 한다.

해설

②③ 매매의 일방예약에서 예약자의 상대방이 매매예약 완결의 의사표시를 하여 매매의 효력을 생기게 하는 권리 즉, 매매예약 완결권은 일종의 형성권으로서 당사자 사이에 그 행사기간을 약정한 때에는 그 기간 내에, 그러한 약정이 없는 때에는 그 예약이 성립한 때로부터 10년 내에 이를 행사하여야 하고, 그 기간을 지난 때에는 상대방이 예약 목적물인 부동산을 인도받은 경우라도 예약완결권은 제척기간의 경과로 인하여 소멸한다(대판 96다47494).

④ 백화점 점포에 관하여 매매예약이 성립한 이후 일시적으로 법령상의 제한으로 인하여 분양이 금지되었다가 다시 그러한 금지가 없어진 경우, 그 매매예약에 기한 매매예약완결권의 행사가 이행불능이라고 할 수는 없다(대판 99다18725).

⑤ 예약완결권 행사의 의사표시를 담은 소장 부본의 송달로써 예약완결권을 재판상 행사하는 경우, 예약완결권 행사의 의사표시가 담긴 소장 부본이 제척기간 내에 상대방에게 송달되어야만 예약완결권자가 제척기간 내에 적법하게 예약완결권을 행사하였다고 볼 수 있다(대판 2019다227817).

OX

• 매매예약완결권은 당사자 사이에 다른 약정이 없는 한 10년 내에 이를 행사하지 않으면 시효로 소멸한다. ( )　　▶ 정답 ×

04 민법상 매매계약에 관한 설명으로 틀린 것은? (다툼이 있으면 판례에 따름) 제34회

① 매매계약은 낙성·불요식계약이다.

② 타인의 권리도 매매의 목적이 될 수 있다.

③ 매도인의 담보책임 규정은 그 성질이 허용되는 한 교환계약에도 준용된다.

④ 매매계약에 관한 비용은 특약이 없는 한 매수인이 전부 부담한다.

⑤ 경매목적물에 하자가 있는 경우, 매도인은 물건의 하자로 인한 담보책임을 지지 않는다.

해설

④ 매매계약에 관한 비용은 당사자 쌍방이 균분하여 부담한다(제566조).

05 매매에서 과실의 귀속과 대금의 이자 등에 관한 설명으로 옳은 것을 모두 고른 것은? (대금지급과 목적물 인도는 동시이행관계에 있고, 다툼이 있으면 판례에 따름) 제34회

> ㉠ 매매계약 후 목적물이 인도되지 않더라도 매수인이 대금을 완제한 때에는 그 시점 이후 목적물로부터 생긴 과실은 매수인에게 귀속된다.
>
> ㉡ 매수인이 대금지급을 거절할 정당한 사유가 있는 경우, 매수인은 목적물을 미리 인도받더라도 대금 이자의 지급의무가 없다.
>
> ㉢ 매매계약이 취소된 경우, 선의의 점유자인 매수인의 과실취득권이 인정되는 이상 선의의 매도인도 지급받은 대금의 운용이익 내지 법정이자를 반환할 의무가 없다.

① ㉠   ② ㉡   ③ ㉠, ㉢

④ ㉡, ㉢   ⑤ ㉠, ㉡, ㉢

해설

㉠ 과실의 귀속

> **제587조(과실의 귀속, 대금의 이자)** 매매계약이 있은 후에도 인도하지 아니한 목적물로부터 생긴 과실은 매도인에게 속한다. 매수인은 목적물의 인도를 받은 날로부터 대금의 이자를 지급하여야 한다.

(1) 매수인이 아직 대금을 지급하지 않은 경우

    ① 목적물이 매수인에게 인도되지 않은 경우 : 과실은 매도인이 취득한다.

    ② 목적물이 매수인에게 인도된 경우 : 과실은 매수인이 취득하나, 매수인은 목적물을 인도받은 날부터 대금의 이자를 지급하여야 한다.

정답 03 ②   04 ④   05 ⑤

(2) 매수인이 대금을 지급한 경우
 ① 목적물이 매수인에게 인도되지 않은 경우 : 과실은 매수인이 취득한다.
 ② 목적물이 매수인에게 인도된 경우 : 과실은 매수인이 취득한다.
ⓛ 민법 제587조는 "매매계약이 있은 후에도 인도하지 아니한 목적물로부터 생긴 과실은 매도인에게 속한다. 매수인은 목적물의 인도를 받은 날로부터 대금의 이자를 지급하여야 한다."고 규정하고 있다. 그러나 매수인의 대금지급의무와 매도인의 소유권이전등기의무가 동시이행관계에 있는 등으로 매수인이 대금지급을 거절할 정당한 사유가 있는 경우에는 매매목적물을 미리 인도받았다 하더라도 위 민법 규정에 의한 이자를 지급할 의무는 없다고 보아야 한다(대판 96다6554).
ⓒ 쌍무계약이 취소된 경우 선의의 매수인에게 민법 제201조가 적용되어 과실취득권이 인정되는 이상 선의의 매도인에게도 민법 제587조의 유추적용에 의하여 대금의 운용이익 내지 법정이자의 반환을 부정함이 형평에 맞다(대판 92다45025).

02 계약금

01 계약금에 관한 설명으로 틀린 것은? (다툼이 있으면 판례에 따름) 제26회
① 계약금은 별도의 약정이 없는 한 해약금으로 추정된다.
② 매매해약금에 관한 민법 규정은 임대차에도 적용된다.
③ 해약금에 기해 계약을 해제하는 경우에는 원상회복의 문제가 생기지 않는다.
④ 토지거래허가구역 내 토지에 관한 매매계약을 체결하고 계약금만 지급한 상태에서 거래허가를 받은 경우, 다른 약정이 없는 한 매도인은 계약금의 배액을 상환하고 계약을 해제할 수 없다.
⑤ 계약금만 수령한 매도인이 매수인에게 계약의 이행을 최고하고 매매잔금의 지급을 청구하는 소송을 제기한 경우, 다른 약정이 없는 한 매수인은 계약금을 포기하고 계약을 해제할 수 있다.

해설

④ 토지거래계약에 관한 허가구역 안의 토지에 관하여 매매계약이 체결된 후 계약금만 수수한 상태에서 거래허가를 받았다 하더라도, 그러한 사정만으로는 아직 이행의 착수가 있다고 볼 수 없어 매도인으로서는 계약금의 배액을 상환하여 매매계약을 해제할 수 있다(대판).
⑤ 매도인이 매수인에 대하여 매매계약의 이행을 최고하고 매매잔대금의 지급을 구하는 소송을 제기한 것만으로는 이행에 착수하였다고 볼 수 없으므로(대판), 매수인은 계약금을 포기하고 계약을 해제할 수 있다.

02 계약금에 관한 설명으로 틀린 것은? (다툼이 있으면 판례에 따름)

① 계약금 포기에 의한 계약해제의 경우, 상대방은 채무불이행을 이유로 손해배상을 청구할 수 없다.

② 계약금계약은 계약에 부수하여 행해지는 종된 계약이다.

③ 계약금을 위약금으로 하는 당사자의 특약이 있으면 계약금은 위약금의 성질이 있다.

④ 계약금을 포기하고 행사할 수 있는 해제권은 당사자의 합의로 배제할 수 있다.

⑤ 매매계약시 계약금의 일부만을 먼저 지급하고 잔액은 나중에 지급하기로 한 경우, 매도인은 실제 받은 일부금액의 배액을 상환하고 매매계약을 해제할 수 있다.

해설

⑤ 계약금 일부만 지급된 경우 수령자인 매도인이 매매계약을 해제할 수 있다고 하더라도 해약금의 기준이 되는 금원은 '실제 교부받은 계약금'이 아니라 '약정 계약금'이라고 봄이 타당하다.

03 계약금에 관한 설명으로 옳은 것을 모두 고른 것은? (다툼이 있으면 판례에 따름)

> ㉠ 계약금은 별도의 약정이 없는 한 해약금의 성질을 가진다.
> ㉡ 매수인이 이행기 전에 중도금을 지급한 경우, 매도인은 특별한 사정이 없는 한 계약금의 배액을 상환하여 계약을 해제할 수 없다.
> ㉢ 매도인이 계약금의 배액을 상환하여 계약을 해제하는 경우, 그 이행의 제공을 하면 족하고 매수인이 이를 수령하지 않더라도 공탁까지 할 필요는 없다.

① ㉠   ② ㉠, ㉡   ③ ㉠, ㉢

④ ㉡, ㉢   ⑤ ㉠, ㉡, ㉢

해설

㉠ 제565조

㉡ 매수인이 이행기 전에 중도금을 지급한 경우에도 특별한 사정이 없는 한 이행의 착수에 해당하므로, 매도인은 특별한 사정이 없는 한 계약금의 배액을 상환하여 계약을 해제할 수 없다.

㉢ 매도인이 계약금의 배액을 상환하여 계약을 해제하는 경우, 그 이행의 제공을 하면 족하고 매수인이 이를 수령하지 않더라도 공탁까지 할 필요는 없다(대판).

정답 01 ④ 02 ⑤ 03 ⑤

04 甲은 자신의 토지를 乙에게 매도하면서 계약금을 수령한 후, 중도금과 잔금은 1개월 후에 지급받기로 약정하였다. 다음 중 틀린 것은? (다툼이 있으면 판례에 따름)

제27회

① 甲과 乙 사이에 계약금을 위약금으로 하는 특약도 가능하다.

② 甲과 乙 사이의 계약금계약은 매매계약의 종된 계약이다.

③ 乙은 중도금의 지급 후에는 특약이 없는 한 계약금을 포기하고 계약을 해제할 수 없다.

④ 乙의 해약금에 기한 해제권 행사로 인하여 발생한 손해에 대하여 甲은 그 배상을 청구할 수 있다.

⑤ 甲과 乙 사이에 해약금에 기한 해제권을 배제하기로 하는 약정을 하였다면 더 이상 그 해제권을 행사할 수 없다.

> **해설**
> ④ 해약금에 기한 해제권 행사의 경우 손해배상을 청구할 수 없다(제565조 제2항).
> ⑤ 제565조는 임의규정이므로 본조에 의한 해제권을 배제하는 특약은 유효하다.

05 甲은 자신의 X토지를 乙에게 매도하는 계약을 체결하고 乙로부터 계약금을 수령하였다. 이에 관한 설명으로 틀린 것은? (다툼이 있으면 판례에 따름) 제31회

① 乙이 지급한 계약금은 해약금으로 추정된다.

② 甲과 乙이 계약금을 위약금으로 약정한 경우, 손해배상액의 예정으로 추정한다.

③ 乙이 중도금 지급기일 전 중도금을 지급한 경우, 甲은 계약금 배액을 상환하고 해제할 수 없다.

④ 만약 乙이 甲에게 약정한 계약금의 일부만 지급한 경우, 甲은 수령한 금액의 배액을 상환하고 계약을 해제할 수 없다.

⑤ 만약 X토지가 토지거래허가구역 내에 있고 매매계약에 대하여 허가를 받은 경우, 甲은 계약금 배액을 상환하고 해제할 수 없다.

> **해설**
> ⑤ 토지거래허가구역 내에 있는 토지의 매매계약에 대하여 허가를 받은 경우, 이는 이행의 착수에 해당하지 않는다. 따라서 甲은 계약금 배액을 상환하고 해제할 수 있다.

06 甲은 2023. 9. 30. 乙에게 자신 소유의 X부동산을 3억원에 매도하되, 계약금 2천 만원은 계약 당일, 중도금 2억원은 2023. 10. 30., 잔금 8천만원은 2023. 11. 30. 에 지급받기로 하는 매매계약을 체결하고, 乙로부터 계약 당일 계약금 전액을 지급받았다. 다음 설명 중 옳은 것을 모두 고른 것은? (특별한 사정은 없으며, 다툼이 있으면 판례에 따름) 제34회

> ⊙ 乙이 2023. 10. 25. 중도금 2억원을 甲에게 지급한 경우, 乙은 2023. 10. 27. 계약금을 포기하더라도 계약을 해제할 수 없다.
> ⓛ 乙이 2023. 10. 25. 중도금 2억원을 甲에게 지급한 경우, 甲은 2023. 10. 27. 계약금의 배액을 상환하더라도 계약을 해제할 수 없다.
> ⓒ 乙이 계약 당시 중도금 중 1억원의 지급에 갈음하여 자신의 丙에 대한 대여금채권을 甲에게 양도하기로 약정하고 그 자리에 丙도 참석하였다면, 甲은 2023. 10. 27. 계약금의 배액을 상환하더라도 계약을 해제할 수 없다.

① ㉠
② ㉢
③ ㉠, ㉡
④ ㉡, ㉢
⑤ ㉠, ㉡, ㉢

해설

㉠㉡ 특별한 사정이 없는 한 이행기 전에도 이행에 착수할 수 있으므로, 매수인이 중도금 지급지일인 2023. 10. 30. 이전에 중도금을 지급하였어도 이행의 착수에 해당하므로 甲과 乙은 모두 계약금 해제를 할 수 없다.

㉢ 매매계약 당시 매수인이 중도금 일부의 지급에 갈음하여 매도인에게 제3자에 대한 대여금채권을 양도하기로 약정하고, 그 자리에 제3자도 참석한 경우, 매수인은 매매계약과 함께 채무의 일부 이행에 착수하였으므로, 매도인은 민법 제565조 제1항에 정한 해제권을 행사할 수 없다(대판 2005다39594).

07 乙은 甲소유 X토지를 매수하고 계약금을 지급한 후 X토지를 인도받아 사용·수익하고 있다. 다음 설명 중 틀린 것은? (다툼이 있으면 판례에 따름) 제35회

① 계약이 채무불이행으로 해제된 경우, 乙은 甲에게 X토지와 그 사용이익을 반환할 의무가 있다.

② 계약이 채무불이행으로 해제된 경우, 甲은 乙로부터 받은 계약금에 이자를 가산하여 반환할 의무를 진다.

③ 甲이 乙의 중도금 지급채무 불이행을 이유로 계약을 해제한 이후에도 乙은 착오를 이유로 계약을 취소할 수 있다.

④ 만약 甲의 채권자가 X토지를 가압류하면, 乙은 이를 이유로 계약을 즉시 해제할 수 있다.

⑤ 만약 乙명의로 소유권이전등기가 된 후 계약이 합의해제 되면, X토지의 소유권은 甲에게 당연히 복귀한다.

〔해설〕

④ 매매계약 후에 매매목적물에 대하여 가압류, 압류, 가처분, 가등기가 경료된 경우에도 소유권이전이 불가능하게 된 것은 아니므로, 매수인은 이러한 사유만으로는 매도인의 계약위반을 이유로 계약을 즉시 해제할 수는 없다.

---

03 매도인의 담보책임

01 甲이 1만㎡ 토지를 乙에게 매도하는 계약을 체결하였다. 다음 중 옳은 것은?

제22회

① 토지 전부가 丙의 소유이고 甲이 이를 乙에게 이전할 수 없는 경우, 악의인 乙은 계약을 해제할 수 없다.

② 토지의 2천㎡가 丙의 소유이고 甲이 이를 乙에게 이전할 수 없는 경우, 악의인 乙은 대금감액을 청구할 수 없다.

③ 토지의 2천㎡가 계약당시 이미 포락(浦落)으로 멸실된 경우, 악의인 乙은 대금감액을 청구할 수 있다.

④ 토지 위에 설정된 지상권으로 인하여 계약의 목적을 달성할 수 없는 경우, 악의인 乙도 계약을 해제할 수 있다.

⑤ 토지 위에 설정된 저당권의 실행으로 乙이 그 토지의 소유권을 취득할 수 없게 된 경우, 악의인 乙은 계약의 해제뿐만 아니라 손해배상도 청구할 수 있다.

해설

⑤ 제576조

① 악의인 乙도 계약을 해제할 수 있다(제570조 본문).

② 악의인 乙도 대금감액을 청구할 수 있다(제572조 제1항).

③ 악의인 乙은 대금감액을 청구할 수 없다(제574조).

④ 악의인 乙은 계약을 해제할 수 없다(제575조).

02 매도인의 담보책임에 관한 설명으로 옳은 것은? (다툼이 있으면 판례에 따름)

제26회

① 타인의 권리를 매도한 자가 그 전부를 취득하여 매수인에게 이전할 수 없는 경우, 악의의 매수인은 계약을 해제할 수 없다.

② 저당권이 설정된 부동산의 매수인이 저당권의 행사로 그 소유권을 취득할 수 없는 경우, 악의의 매수인은 특별한 사정이 없는 한 계약을 해제하고 손해배상을 청구할 수 있다.

③ 매매목적인 권리의 전부가 타인에게 속하여 권리의 전부를 이전할 수 없게 된 경우, 매도인은 선의의 매수인에게 신뢰이익을 배상하여야 한다.

④ 매매목적 부동산에 전세권이 설정된 경우, 계약의 목적달성 여부와 관계없이, 선의의 매수인은 계약을 해제할 수 있다.

⑤ 권리의 일부가 타인에게 속한 경우, 선의의 매수인이 갖는 손해배상청구권은 계약한 날로부터 1년 내에 행사되어야 한다.

해설

② 제576조

① 전부타인권리매매의 경우 악의의 매수인에게도 해제권은 인정된다(제570조).

③ 매도인의 담보책임은 계약이 유효할 때에만 인정된다. 그리고 계약이 유효할 때 손해배상책임은 원칙적으로 이행이익을 배상하여야 한다(대판).

④ 계약목적 달성이 가능한 경우에는 손해배상만을 청구할 수 있고, 계약의 목적 달성이 불가능한 경우에만 계약을 해제할 수 있다(제575조).

⑤ 선의의 매수인은 안 날로부터 1년 내에 행사하여야 한다(제573조).

정답 07 ④ / 01 ⑤ 02 ②

03 부동산매매계약이 수량지정매매인데, 그 부동산의 실제면적이 계약면적에 미치지 못한 경우에 관한 설명으로 틀린 것은? (다툼이 있으면 판례에 따름) 제28회

① 선의의 매수인은 대금감액을 청구할 수 없다.

② 악의의 매수인은 손해배상을 청구할 수 없다.

③ 담보책임에 대한 권리행사기간은 매수인이 그 사실을 안 날로부터 1년 이내이다.

④ 미달부분의 원시적 불능을 이유로 계약체결상의 과실책임에 따른 책임의 이행을 구할 수 없다.

⑤ 잔존한 부분만이면 매수인이 이를 매수하지 않았을 경우, 선의의 매수인은 계약 전부를 해제할 수 있다.

해설

①② 수량지정매매의 경우, 수량이 부족한 경우 선의의 매수인은 대금감액, 계약해제, 손해배상을 청구할 수 있다(제574조, 제572조).

③ 제574조, 제573조

④ 부동산매매계약에 있어서 실제면적(180평)이 계약면적(200평)에 미달하는 경우에는 그 매매가 수량지정매매에 해당할 때에 한하여 대금감액청구권을 행사함은 별론으로 하고, 그 매매계약이 그 미달 부분만큼 일부 무효임을 들어 이와 별도로 일반 부당이득반환청구를 하거나 그 부분의 원시적 불능을 이유로 민법 제535조가 규정하는 계약체결상의 과실에 따른 책임의 이행을 구할 수 없다(대판 99다47396).

⑤ 제574조, 제572조 제2항

04 수량을 지정한 매매의 목적물의 일부가 멸실된 경우 매도인의 담보책임에 관한 설명으로 틀린 것은? (단, 이에 관한 특약은 없으며, 다툼이 있으면 판례에 따름) 제32회

① 수량을 지정한 매매란 특정물이 일정한 수량을 가지고 있다는 데 주안을 두고 대금도 그 수량을 기준으로 정한 경우를 말한다.

② 악의의 매수인은 대금감액과 손해배상을 청구할 수 있다.

③ 선의의 매수인은 멸실된 부분의 비율로 대금감액을 청구할 수 있다.

④ 잔존한 부분만이면 매수하지 아니하였을 때에는 선의의 매수인은 계약전부를 해제할 수 있다.

⑤ 선의의 매수인은 일부멸실의 사실을 안 날부터 1년 내에 매도인의 담보책임에 따른 매수인의 권리를 행사하여야 한다.

해설

② 수량부족·일부멸실의 경우에는 선의의 매수인만 담보책임을 물을 수 있다(제574조).

05 권리의 하자에 대한 매도인의 담보책임과 관련하여 '악의의 매수인에게 인정되는 권리'로 옳은 것을 모두 고른 것은? 제33회

> ㉠ 권리의 전부가 타인에게 속하여 매수인에게 이전할 수 없는 경우 – 계약해제권
> ㉡ 권리의 일부가 타인에게 속하여 그 권리의 일부를 매수인에게 이전할 수 없는 경우 – 대금감액청구권
> ㉢ 목적물에 설정된 저당권의 실행으로 인하여 매수인이 소유권을 취득할 수 없는 경우 – 계약해제권
> ㉣ 목적물에 설정된 지상권에 의해 매수인의 권리행사가 제한되어 계약의 목적을 달성할 수 없는 경우 – 계약해제권

① ㉠, ㉡   ② ㉠, ㉣   ③ ㉡, ㉢
④ ㉢, ㉣   ⑤ ㉠, ㉡, ㉢

해설
㉣ 목적물에 설정된 지상권에 의해 매수인의 권리행사가 제한되어 계약의 목적을 달성할 수 없는 경우에는 선의의 매수인만 계약을 해제할 수 있다(제575조 제1항).

06 甲은 乙로부터 X토지를 매수하여 상가용 건물을 신축할 계획이었으나, 법령상의 제한으로 그 건물을 신축할 수 없게 되었다. 또한 토지의 오염으로 통상적인 사용도 기대할 수 없게 되었다. 다음 중 옳은 것은? (다툼이 있으면 판례에 의함) 제23회

① 토지에 대한 법령상의 제한으로 건물신축이 불가능하면 이는 매매목적물의 하자에 해당한다.
② X토지에 하자가 존재하는지의 여부는 언제나 목적물의 인도시를 기준으로 판단하여야 한다.
③ 甲이 토지가 오염되어 있다는 사실을 계약체결시에 알고 있었더라도 乙에게 하자담보책임을 물을 수 있다.
④ 甲이 토지의 오염으로 인하여 계약의 목적을 달성할 수 없더라도 계약을 해제할 수 없다.
⑤ 甲은 토지의 오염사실을 안 날로부터 1년 내에는 언제든지 乙에 대하여 담보책임에 기한 손해배상을 청구할 수 있다.

정답   03 ①   04 ②   05 ⑤   06 ①

①② 건축을 목적으로 매매된 토지에 대하여 건축허가를 받을 수 없어 건축이 불가능한 경우, 위와 같은 법률적 제한 내지 장애 역시 매매<u>목적물의 하자</u>에 해당한다 할 것이나, 다만 위와 같은 하자의 존부는 <u>매매계약 성립시</u>를 기준으로 판단하여야 할 것이다(대판).

③ 물건의 하자에 대한 담보책임은 매수인이 선의·무과실인 경우에만 주장할 수 있다(제580조 제1항).

④ 토지의 오염(물건의 하자)으로 인하여 계약의 목적을 달성할 수 없다면 계약을 해제할 수 있다(제580조).

⑤ 6월 내에 행사하여야 한다(제582조).

07 불특정물의 하자로 인해 매도인의 담보책임이 성립한 경우, 매수인의 권리로 규정된 것을 모두 고른 것은? 제31회

> ㉠ 계약해제권　　　　　　　㉡ 손해배상청구권
> ㉢ 대금감액청구권　　　　　㉣ 완전물급부청구권

① ㉢　　　　　　　　② ㉠, ㉢　　　　　　　　③ ㉡, ㉣

④ ㉠, ㉡, ㉣　　　　　⑤ ㉠, ㉡, ㉢, ㉣

㉠ 제580조, 제575조
㉡ 제580조, 제575조
㉣ 제581조 제2항

04 환 매

01 甲은 자기 소유 X토지를 3억원에 乙에게 매도하면서 동시에 환매할 권리를 보유하기로 약정하고 乙이 X토지에 대한 소유권 이전등기를 마쳤다. 이에 관한 설명으로 틀린 것은? (다툼이 있으면 판례에 따름) 제32회

① 특별한 약정이 없는 한, 甲은 환매기간 내에 그가 수령한 3억원과 乙이 부담한 매매비용을 반환하고 X토지를 환매할 수 있다.

② 甲과 乙이 환매기간을 정하지 아니한 경우 그 기간은 5년으로 한다.

③ 환매등기는 乙 명의의 소유권이전등기에 대한 부기등기의 형식으로 한다.

④ 만일, 甲의 환매등기 후 丙이 乙로부터 X토지를 매수하였다면, 乙은 환매등기를 이유로 丙의 X토지에 대한 소유권이전등기청구를 거절할 수 있다.

⑤ 만일 甲의 환매등기 후 丁이 X토지에 乙에 대한 채권을 담보하기 위하여 저당권을 설정하였다면, 甲이 적법하게 환매권을 행사하여 X토지의 소유권이전등기를 마친 경우 丁의 저당권은 소멸한다.

해설

① 환매의 의의

> **제590조(환매의 의의)** ① 매도인이 매매계약과 동시에 환매할 권리를 보류한 때에는 그 영수한 대금 및 매수인이 부담한 매매비용을 반환하고 그 목적물을 환매할 수 있다.
> ② 전항의 환매대금에 관하여 특별한 약정이 있으면 그 약정에 의한다.
> ③ 전2항의 경우에 목적물의 과실과 대금의 이자는 특별한 약정이 없으면 이를 상계한 것으로 본다.

④ 환매특약의 등기가 된 부동산의 매수인은 전득자인 제3자에 대하여 환매특약의 등기사실만으로 제3자의 소유권이전등기청구를 거절할 수 없다(대판).

02 **부동산의 환매에 관한 설명으로 틀린 것은?** (다툼이 있으면 판례에 따름) 제33회

① 환매특약은 매매계약과 동시에 이루어져야 한다.

② 매매계약이 취소되어 효력을 상실하면 그에 부수하는 환매특약도 효력을 상실한다.

③ 환매시 목적물의 과실과 대금의 이자는 특별한 약정이 없으면 이를 상계한 것으로 본다.

④ **환매기간을 정하지 않은 경우, 그 기간은 5년으로 한다.**

⑤ 환매기간을 정한 경우, 환매권의 행사로 발생한 소유권이전등기청구권은 특별한 사정이 없는 한 그 환매기간 내에 행사하지 않으면 소멸한다.

> **해설**
> ⑤ 환매권의 행사로 발생한 소유권이전등기청구권은 환매기간 제한과는 별도로 환매권을 행사한 때로부터 10년의 소멸시효 기간이 진행하는 것이지, 환매기간 내에 이를 행사하여야 하는 것은 아니다(대판 90다13420).

03 **민법상 환매에 관한 설명으로 틀린 것은?** 제34회

① 환매권은 양도할 수 없는 일신전속권이다.

② 매매계약이 무효이면 환매특약도 무효이다.

③ 환매기간을 정한 경우에는 그 기간을 다시 연장하지 못한다.

④ 환매특약등기는 매수인의 권리취득의 등기에 부기하는 방식으로 한다.

⑤ 환매특약은 매매계약과 동시에 해야 한다.

> **해설**
> ① 환매권은 재산권이므로 양도할 수 있고 상속도 가능하다. 따라서 환매권은 일신전속권이 아니다.

05 교 환

01 부동산의 교환계약에 관한 설명으로 옳은 것을 모두 고른 것은? (다툼이 있으면 판례에 따름) 제32회

> ㉠ 유상 · 쌍무계약이다.
> ㉡ 일방이 금전의 보충지급을 약정한 경우 그 금전에 대하여는 매매대금에 관한 규정을 준용한다.
> ㉢ 다른 약정이 없는 한 각 당사자는 목적물의 하자에 대해 담보책임을 부담한다.
> ㉣ 당사자가 자기 소유 목적물의 시가를 묵비하여 상대방에게 고지하지 않은 경우, 특별한 사정이 없는 한 상대방의 의사결정에 불법적인 간섭을 한 것이다.

① ㉠, ㉡   ② ㉢, ㉣   ③ ㉠, ㉡, ㉢
④ ㉡, ㉢, ㉣   ⑤ ㉠, ㉡, ㉢, ㉣

해설

㉡ 당사자 일방이 재산권이전과 금전의 보충지급을 약정한 때에는 그 금전에 대하여는 매매대금에 관한 규정을 준용한다(제597조).

㉣ 교환계약의 당사자가 자기 소유 목적물의 시가를 묵비하여 상대방에게 고지하지 않거나 혹은 시가보다 높은 가액을 시가라고 고지하였다 하더라도 특별한 사정이 없는 한 상대방의 의사결정에 불법적인 간섭을 한 것이라고 볼 수 없다(대판).

06 임대차계약

01 민법의 규정보다 임차인에게 불리하게 그 내용을 약정한 경우에도 유효인 것은?

제20회

① 임차인의 차임감액청구권
② **임차인의 필요비상환청구권**
③ 토지임차인의 임대차갱신청구권
④ 토지임차인의 지상물매수청구권
⑤ 건물임차인의 부속물매수청구권

> **해설**
> ② 임차인의 비용상환청구권에 관한 규정은 임의규정이므로 임차인에게 불리한 약정을 하더라도 유효하다.

02 임차인의 부속물매수청구권에 관한 설명으로 틀린 것은? (다툼이 있으면 판례에 따름)

제29회

① 임차인의 지위와 분리하여 부속물매수청구권만을 양도할 수 없다.
② **임차목적물의 구성부분은 부속물매수청구권의 객체가 될 수 없다.**
③ **임대차계약이 임차인의 채무불이행으로 해지된 경우, 부속물매수청구권은 인정되지 않는다.**
④ **부속물은 임차인이 임대인의 동의를 얻어 부속하거나 임대인으로부터 매수한 것이어야 한다.**
⑤ 건물임차인이 자신의 비용을 들여 증축한 부분을 임대인 소유로 하기로 한 약정이 유효한 때에도 임차인의 유익비상환청구가 허용된다.

> **해설**
> ⑤ 건물자체의 수선 내지 증·개축부분은 특별한 사정이 없는 한 건물자체의 구성부분을 이루고 독립된 물건이라고 보이지 않으므로 임차인의 부속물 매수청구권의 대상이 될 수 없다(대판 80다589). 그리고 건물 임차인이 자신의 비용을 들여 증축한 부분을 임대인 소유로 귀속시키기로 하는 약정은 임차인이 원상회복의무를 면하는 대신 투입비용의 변상이나 권리주장을 포기하는 내용이 포함된 것으로서 특별한 사정이 없는 한 유효하므로, 그 약정이 부속물매수청구권을 포기하는 약정으로서 강행규정에 반하여 무효라고 할 수 없고 또한 그 증축 부분의 원상회복이 불가능하다고 해서 유익비의 상환을 청구할 수도 없다(대판 94다44705·44712).
> ① 부속물매수청구권은 부속물의 소유자인 건물임차인에게 인정되므로, 임차인의 지위와 분리하여 부속물매수청구권만을 양도할 수 없다.

03 임차인의 부속물매수청구권에 관한 설명으로 틀린 것은? (다툼이 있으면 판례에 따름)

제30회

① 토지 내지 건물의 임차인에게 인정된다.

② 임대인으로부터 매수한 물건을 부속한 경우에도 인정된다.

③ 적법한 전차인에게도 인정된다.

④ 이를 인정하지 않는 약정으로 임차인에게 불리한 것은 그 효력이 없다.

⑤ 오로지 임차인의 특수목적을 위해 부속된 물건은 매수청구의 대상이 아니다.

해설

① 부속물매수청구권은 토지임차인에게는 인정되지 않는다.

04 임차인의 권리에 관한 설명으로 옳은 것은? (다툼이 있으면 판례에 따름) 제26회

① 임차물에 필요비를 지출한 임차인은 임대차 종료 시 그 가액증가가 현존한 때에 한하여 그 상환을 청구할 수 있다.

② 건물임차인이 그 사용의 편익을 위해 임대인으로부터 부속물을 매수한 경우, 임대차 종료 전에도 임대인에게 그 매수를 청구할 수 있다.

③ 건물소유를 목적으로 한 토지임대차를 등기하지 않았더라도, 임차인이 그 지상건물의 보존등기를 하면, 토지임대차는 제3자에 대하여 효력이 생긴다.

④ 건물소유를 목적으로 한 토지임대차의 기간이 만료된 경우, 임차인은 계약갱신의 청구 없이도 임대인에게 건물의 매수를 청구할 수 있다.

⑤ 토지임대차가 묵시적으로 갱신된 경우, 임차인은 언제든지 해지통고 할 수 있으나, 임대인은 그렇지 않다.

해설

③ 건물의 소유를 목적으로 한 토지임대차는 이를 등기하지 아니한 경우에도 임차인이 그 지상건물을 등기한 때에는 제3자에 대하여 토지임대차의 효력이 생긴다(제622조).

① 필요비는 가액의 증가와 상관 없이 지출한 즉시 청구할 수 있다(제626조).

② 부속물매수청구권은 임대차 종료 후에만 가능하다(제646조).

④ 원칙적으로 먼저 갱신청구를 하여야 한다(제643조, 제283조).

⑤ 임대인이나 임차인 모두 언제든지 해지통고를 할 수 있다. 부동산의 경우 임대인이 해지통고를 하면 6개월, 임차인이 해지통고를 하면 1개월이 지나면 임대차가 종료한다(제635조).

정답 01 ② 02 ⑤ 03 ① 04 ③

05 乙이 甲으로부터 건물의 소유를 목적으로 X토지를 10년간 임차하여 그 위에 자신의 건물을 신축한 경우에 관한 설명으로 틀린 것은? (다툼이 있으면 판례에 따름) 제32회

① 특별한 사정이 없는 한 甲이 X토지의 소유자가 아닌 경우에도 임대차 계약은 유효하게 성립한다.

② 甲과 乙 사이에 반대약정이 없으면 乙은 甲에 대하여 임대차등기절차에 협력할 것을 청구할 수 있다.

③ 乙이 현존하는 지상건물을 등기해도 임대차를 등기하지 않은 때에는 제3자에 대해 임대차의 효력이 없다.

④ 10년의 임대차 기간이 경과한 때 乙의 지상건물이 현존하는 경우 乙은 임대차 계약의 갱신을 청구할 수 있다.

⑤ 乙의 차임연체액이 2기의 차임액에 달하는 경우, 특약이 없는 한 甲은 임대차 계약을 해지할 수 있다.

해설

③ 건물의 소유를 목적으로 한 토지임대차는 이를 등기하지 아니한 경우에도 임차인이 그 지상건물을 등기한 때에는 제3자에 대하여 토지임대차의 효력이 생긴다(제622조).

06 임차인 甲이 임대인 乙에게 지상물매수청구권을 행사하는 경우에 관한 설명으로 옳은 것은? (다툼이 있으면 판례에 따름) 제30회

① 甲의 매수청구가 유효하려면 乙의 승낙을 요한다.

② 건축허가를 받은 건물이 아니라면 甲은 매수청구를 하지 못한다.

③ 甲 소유 건물이 乙이 임대한 토지와 제3자 소유의 토지 위에 걸쳐서 건립된 경우, 甲은 건물 전체에 대하여 매수청구를 할 수 있다.

④ 임대차가 甲의 채무불이행 때문에 기간 만료 전에 종료되었다면, 甲은 매수청구를 할 수 없다.

⑤ 甲은 매수청구권의 행사에 앞서 임대차계약의 갱신을 청구할 수 없다.

해설

① 매수청구권은 형성권이므로, 甲의 매수청구가 유효하기 위하여 乙의 승낙이 필요한 것은 아니다.

② 건축허가를 받은 건물이 아니라도 甲은 매수청구를 할 수 있다.

③ 건물 소유를 목적으로 하는 토지임대차에 있어서 임차인 소유 건물이 임대인이 임대한 토지 외에 임차인 또는 제3자 소유의 토지 위에 걸쳐서 건립되어 있는 경우에는, 임차지 상에 서 있는 건물 부분 중 구분소유의 객체가 될 수 있는 부분에 한하여 임차인에게 매수청구가 허용된다. 따라서 그 건물이 구분소유의 객체로 될 수 없는 것이라면 임차인의 매수청구는 허용되지 아니한다.

⑤ 甲은 매수청구권의 행사에 앞서 임대차계약의 갱신을 청구하고, 임대인이 이를 거절한 경우에 甲이 매수청구를 할 수 있다.

07 甲은 건물 소유를 목적으로 乙 소유의 X토지를 임차한 후, 그 지상에 Y건물을 신축하여 소유하고 있다. 위 임대차계약이 종료된 후, 甲이 乙에게 Y건물에 관하여 지상물매수청구권을 행사하는 경우에 관한 설명으로 틀린 것은? (다툼이 있으면 판례에 따름) 제34회

① 특별한 사정이 없는 한 Y건물이 미등기 무허가건물이라도 매수청구권의 대상이 될 수 있다.
② 임대차기간이 만료되면 甲이 Y건물을 철거하기로 한 약정은 특별한 사정이 없는 한 무효이다.
③ Y건물이 X토지와 제3자 소유의 토지 위에 걸쳐서 건립되었다면, 甲은 Y건물 전체에 대하여 매수청구를 할 수 있다.
④ 甲의 차임연체를 이유로 임대차계약이 해지된 경우, 甲은 매수청구권을 행사할 수 없다.
⑤ 甲이 적법하게 매수청구권을 행사한 후에도 Y건물의 점유·사용을 통하여 X토지를 계속하여 점유·사용하였다면, 甲은 乙에게 X토지 임료 상당액의 부당이득반환의무를 진다.

해설
③ 건물 소유를 목적으로 하는 토지임대차에 있어서 임차인 소유 건물이 임대인이 임대한 토지 외에 임차인 또는 제3자 소유의 토지 위에 걸쳐서 건립되어 있는 경우에는, 임차지 상에 서 있는 건물 부분 중 구분소유의 객체가 될 수 있는 부분에 한하여 임차인에게 매수청구가 허용된다.

08 건물소유를 목적으로 하는 토지임차인의 지상물매수청구권에 관한 설명으로 옳은 것은? (다툼이 있으면 판례에 따름) 제35회

① 지상 건물을 타인에게 양도한 임차인도 매수청구권을 행사할 수 있다.

② 임차인은 저당권이 설정된 건물에 대해서는 매수청구권을 행사할 수 없다.

③ 토지소유자가 아닌 제3자가 토지를 임대한 경우, 임대인은 특별한 사정이 없는 한 매수청구권의 상대방이 될 수 없다.

④ 임대인이 임차권 소멸 당시에 이미 토지소유권을 상실하였더라도 임차인은 그에게 매수청구권을 행사할 수 있다.

⑤ 기간의 정함이 없는 임대차에서 임대인의 해고통고에 의하여 임차권이 소멸된 경우, 임차인은 매수청구권을 행사할 수 없다.

해설

③ 건물의 소유를 목적으로 하는 토지 임차인의 지상물매수청구권 행사의 상대방은 원칙적으로 임차권 소멸 당시의 토지 소유자인 임대인이다. 토지 소유자가 아닌 제3자가 토지를 임대한 경우에 임대인은 특별한 사정이 없는 한 지상물매수청구권의 상대방이 될 수 없다(대판 2020다 254228 · 254235).

① 건물을 타인에게 양도한 임차인은 매수청구권을 행사할 수 없다.

② 건물에 저당권이 설정된 경우에도 임차인은 매수청구권을 행사할 수 있다.

④ 건물의 소유를 목적으로 하는 토지 임차인의 건물매수청구권 행사의 상대방은 원칙적으로 임차권 소멸 당시의 토지소유자인 임대인이고, 임대인이 임차권 소멸 당시에 이미 토지소유권을 상실한 경우에는 그에게 지상건물의 매수청구권을 행사할 수는 없다(대판 93다59717).

⑤ 기간의 정함이 없는 임대차에서 임대인의 해지통고에 의하여 임차권이 소멸된 경우에는 임차인은 갱신청구를 하지 않고 즉시 매수청구권을 행사할 수 있다.

09 토지임차인에게 인정될 수 있는 권리가 아닌 것은? 제33회

① **부속물매수청구권**

② 유익비상환청구권

③ 지상물매수청구권

④ 필요비상환청구권

⑤ 차임감액청구권

해설

① 부속물매수청구권은 건물임차인에게 인정된다.

10 민법상 임대차계약에 관한 설명으로 틀린 것은? (다툼이 있으면 판례에 따름) 제34회

① 임대인이 목적물을 임대할 권한이 없어도 임대차계약은 유효하게 성립한다.

② 임차기간을 영구로 정한 임대차약정은 특별한 사정이 없는 한 허용된다.

③ 임차인은 특별한 사정이 없는 한 자신이 지출한 임차물의 보존에 관한 필요비 금액의 한도에서 차임의 지급을 거절할 수 있다.

④ 임대차가 묵시의 갱신이 된 경우, 전임대차에 대해 제3자가 제공한 담보는 원칙적으로 소멸하지 않는다.

⑤ 임대차 종료로 인한 임차인의 원상회복의무에는 임대인이 임대 당시의 부동산 용도에 맞게 다시 사용할 수 있도록 협력할 의무까지 포함된다.

해설

③ 임대차계약에서 임대인은 목적물을 계약존속 중 사용·수익에 필요한 상태를 유지하게 할 의무를 부담하고(민법 제623조), 이러한 의무와 관련한 임차물의 보존을 위한 비용도 임대인이 부담해야 하므로, 임차인이 필요비를 지출하면, 임대인은 이를 상환할 의무가 있다. 임대인의 필요비상환의무는 특별한 사정이 없는 한 임차인의 차임지급의무와 서로 대응하는 관계에 있으므로, 임차인은 지출한 필요비 금액의 한도에서 차임의 지급을 거절할 수 있다(대판 2016다227694).

④ 묵시의 갱신

> **제639조(묵시의 갱신)** ① 임대차기간이 만료한 후 임차인이 임차물의 사용, 수익을 계속하는 경우에 임대인이 상당한 기간내에 이의를 하지 아니한 때에는 전임대차와 동일한 조건으로 다시 임대차한 것으로 본다. 그러나 당사자는 제635조의 규정에 의하여 해지의 통고를 할 수 있다.
> ② 전항의 경우에 전임대차에 대하여 제3자가 제공한 담보는 기간의 만료로 인하여 소멸한다.

⑤ 임대차 종료로 인한 임차인의 원상회복의무는 임차인이 사용하고 있던 부동산의 점유를 임대인에게 이전하는 것은 물론 임대인이 임대 당시의 부동산 용도에 맞게 다시 사용할 수 있도록 협력할 의무도 포함한다(대판 2008다34903).

11 甲은 자신의 X건물을 乙에게 임대하였고, 乙은 甲의 동의 없이 X건물에 대한 임차권을 丙에게 양도하였다. 다음 설명 중 틀린 것은? (다툼이 있으면 판례에 따름)

제28회

① 乙은 丙에게 甲의 동의를 받아 줄 의무가 있다.
② 乙과 丙사이의 임차권 양도계약은 유동적 무효이다.
③ 甲은 乙에게 차임의 지급을 청구할 수 있다.
④ 만약 丙이 乙의 배우자이고 X건물에서 동거하면서 함께 가구점을 경영하고 있다면, 甲은 임대차계약을 해지할 수 없다.
⑤ 만약 乙이 甲의 동의를 받아 임차권을 丙에게 양도하였다면, 이미 발생된 乙의 연체차임채무는 특약이 없는 한 丙에게 이전되지 않는다.

> **해설**
>
> ② 임대인의 동의 없는 임차권의 양도나 임차물의 전대도 유효하다. 즉 임대인의 동의는 임차권의 양도 또는 전대의 효력발생요건은 아니다. 다만 양도인 또는 전대인은 임대인의 동의를 받아 줄 의무를 부담한다.

12 甲소유의 X토지를 건물 소유의 목적으로 임차한 乙은 甲의 동의 없이 이를 丙에게 전대하였다. 다음 설명 중 틀린 것은? (다툼이 있으면 판례에 따름)   제29회

① 乙과 丙 사이의 전대차계약은 유효하다.
② 甲은 임대차계약이 종료되지 않으면 X토지의 불법점유를 이유로 丙에게 차임상당의 부당이득반환을 청구할 수 없다.
③ 甲은 임대차계약이 존속하는 동안에는 X토지의 불법점유를 이유로 丙에게 차임상당의 손해배상을 청구할 수 없다.
④ 만약 乙이 X토지에 신축한 건물의 보존등기를 마친 후 丁이 X토지의 소유권을 취득하였다면, 乙은 丁에게 건물매수청구권을 행사할 수 없다.
⑤ 만약 乙이 X토지에 신축한 건물의 소유권을 임대차종료 전에 戊에게 이전하였다면, 乙의 건물매수청구권은 인정되지 않는다.

> **해설**
>
> ④ 임차권 소멸 후 임대인이 그 토지를 제3자에게 양도하는 등 그 소유권이 이전되었을 때에는 그 건물에 대하여 보존등기를 필하여 제3자에 대하여 대항할 수 있는 차지권을 가지고 있는 토지임차인은 그 신소유자에 대하여도 지상물매수청구권을 행사할 수 있다(대판 75다348).

13 건물임대인 甲의 동의를 얻어 임차인 乙이 丙과 전대차계약을 체결하고 그 건물을 인도해 주었다. 옳은 것을 모두 고른 것은? (다툼이 있으면 판례에 따름) 제26회

> ㉠ 甲과 乙의 합의로 임대차계약이 종료되어도 丙의 권리는 소멸하지 않는다.
> ㉡ 전대차 종료 시에 丙은 건물 사용의 편익을 위해 乙의 동의를 얻어 부속한 물건의 매수를 甲에게 청구할 수 있다.
> ㉢ 임대차와 전대차 기간이 모두 만료된 경우, 丙은 건물을 甲에게 직접 명도해도 乙에 대한 건물명도의무를 면하지 못한다.
> ㉣ 乙의 차임연체액이 2기의 차임액에 달하여 甲이 임대차계약을 해지하는 경우, 甲은 丙에 대해 그 사유의 통지 없이도 해지로써 대항할 수 있다.

① ㉠, ㉢   ② ㉠, ㉣   ③ ㉡, ㉢
④ ㉡, ㉣   ⑤ ㉢, ㉣

해설

㉡ 임대인 甲의 동의를 얻어 부속한 물건이어야 한다(제647조 제1항).
㉢ 임대인 甲에게 명도하면 임차인(전대인) 乙에 대한 명도의무를 면한다(대판).

14 乙은 甲소유의 건물 전체를 임차하고 있던 중 甲의 동의를 얻어 이를 다시 丙에게 전대(轉貸)하였다. 다음 중 틀린 것은? 제21회

① 丙이 건물사용의 편익을 위하여 甲의 동의를 얻어 건물에 물건을 부속했다면, 丙은 전대차종료시 甲에게 그 매수를 청구할 수 있다.
② 丙이 건물의 부속물을 甲으로부터 매수했다면, 丙은 전대차종료시 甲에게 그 매수를 청구할 수 있다.
③ 임대차와 전대차가 모두 종료한 후에 丙이 건물을 반환하지 않고 사용하는 경우, 甲은 丙에게 차임상당의 부당이득반환을 청구할 수 있다.
④ 임대차와 전대차가 모두 종료한 경우, 丙이 甲에게 직접 건물을 반환하면 乙에 대한 건물반환의무를 면한다.
⑤ 甲이 乙과 임대차계약을 합의해지하면 丙의 전차권도 따라서 소멸한다.

해설

⑤ 적법한 전대의 경우 임대인과 임차인의 합의로 임대차계약을 종료한 때에도 전차인의 권리는 소멸하지 않으므로(제631조), 甲이 乙과 임대차계약을 합의해지하더라도 丙의 전차권은 소멸하지 않는다.

15 甲은 자기 소유 X창고건물 전부를 乙에게 월차임 60만원에 3년간 임대하였고, 乙은 甲의 동의를 얻어 X건물 전부를 丙에게 월차임 70만원에 2년간 전대하였다. 이에 관한 설명으로 틀린 것은? (단, 이에 관한 특약은 없으며, 다툼이 있으면 판례에 따름)　　　　　　　　　　　　　　　　　　　　　　　　　제32회

① 甲과 乙의 합의로 임대차 계약을 종료한 경우 丙의 권리는 소멸한다.

② 丙은 직접 甲에 대해 월차임 60만원을 지급할 의무를 부담한다.

③ 甲은 乙에게 월차임 60만원의 지급을 청구할 수 있다.

④ 甲에 대한 차임연체액이 120만원에 달하여 甲이 임대차 계약을 해지한 경우, 丙에게 그 사유를 통지하지 않아도 해지로써 丙에게 대항할 수 있다.

⑤ 전대차 기간이 만료한 경우 丙은 甲에게 전전대차(前轉貸借)와 동일한 조건으로 임대할 것을 청구할 수 없다.

> **해설**
> ① 임차인 乙이 임대인 甲의 동의를 얻어 임차물을 전대한 경우에는 甲과 乙의 합의로 임대차 계약을 종료한 경우 丙의 권리는 소멸하지 않는다(제631조).
> ⑤ 전차인의 임대청구권은 "토지"전차인에게만 인정된다. "건물"전차인에게는 부속물매수청구권은 인정된다. 즉, 적법한 "토지"전차인은 임대차 및 전대차의 기간이 동시에 만료되고 지상시설이 현존하는 때에는 임대인에 대하여 전전대차와 동일한 조건으로 임대할 것을 청구할 수 있고, 임대인이 거절시에는 지상물매수청구권을 행사할 수 있다(제644조).

16 건물임대차계약상 보증금에 관한 설명으로 틀린 것을 모두 고른 것은? (다툼이 있으면 판례에 따름)

제33회

> ○ 임대차계약에서 보증금을 지급하였다는 사실에 대한 증명책임은 임차인이 부담한다.
> ○ 임대차계약이 종료하지 않은 경우, 특별한 사정이 없는 한 임차인은 보증금의 존재를 이유로 차임의 지급을 거절할 수 없다.
> ○ 임대차 종료 후 보증금이 반환되지 않고 있는 한, 임차인의 목적물에 대한 점유는 적법점유이므로 임차인이 목적물을 계속하여 사용·수익하더라도 부당이득 반환의무는 발생하지 않는다.

① ○　　　　　　　② ○　　　　　　　③ ○
④ ○, ○　　　　　　⑤ ○, ○

해설

○ 임대차 종료 후 임차인이 동시이행의 항변권에 기하여 임차목적물을 점유·사용하는 경우, 이는 적법하므로 불법행위에 따른 손해배상책임은 발생하지 않으나, 임료 상당의 부당이득반환의무는 발생한다.

박문각 공인중개사 ──────────────────────────

민사특별법

Chapter 01 주택임대차보호법

01 주택임대차보호법에 관한 설명으로 틀린 것은? (다툼이 있으면 판례에 의함)

제24회

① 임대차계약이 묵시적으로 갱신되면 그 임대차의 존속기간은 2년으로 본다.

② 주택의 전부를 일시적으로 사용하기 위한 임대차인 것이 명백한 경우에도 「주택임대차보호법」이 적용된다.

③ 임대차보증금의 감액으로 「주택임대차보호법」상 소액임차인에 해당하게 된 경우, 특별한 사정이 없으면 소액임차인으로서 보호받을 수 있다.

④ 임대차 성립시에 임차주택과 그 대지가 임대인의 소유인 경우, 대항력과 확정일자를 갖춘 임차인은 대지만 경매되더라도 그 매각대금으로부터 우선변제를 받을 수 있다.

⑤ 「주택임대차보호법」상 대항력을 갖춘 임차인의 임대차보증금반환채권이 가압류된 상태에서 주택이 양도된 경우, 양수인은 채권가압류의 제3채무자 지위를 승계한다.

해설

② 일시사용하기 위한 임대차인 것이 명백한 경우에는 「주택임대차보호법」이 적용되지 않는다.

④ 대항요건 및 확정일자를 갖춘 임차인 임차주택과 그 대지가 함께 경매될 경우뿐만 아니라 임차주택과 별도로 그 대지만이 경매될 경우에도 그 대지의 환가대금에 대하여 우선변제권을 행사할 수 있다.

02 주택임대차보호법에 관한 설명으로 옳은 것은? (다툼이 있으면 판례에 따름) 제26회

① 주민등록의 신고는 행정청이 수리한 때가 아니라, 행정청에 도달한 때 효력이 발생한다.

② 등기명령의 집행에 따라 주택 전부에 대해 타인 명의의 임차권등기가 끝난 뒤 소액보증금을 내고 그 주택을 임차한 자는 최우선변제권을 행사할 수 없다.

③ **임차권보다 선순위의 저당권이 존재하는 주택이 경매로 매각된 경우, 경매의 매수인은 임대인의 지위를 승계한다.**

④ 소액임차인은 경매신청의 등기 전까지 임대차계약서에 확정일자를 받아야 최우선변제권을 행사할 수 있다.

⑤ **주택임차인의 우선변제권은 대지의 환가대금에는 미치지 않는다.**

해설

② 임차권 등기명령 후에 해당 주택을 임차한 자는 소액임차인이라 하더라도 최우선변제권이 인정되지 않는다(제3조의3 제6항).

① 주민등록의 신고는 행정청에 도달한 때가 아니라 행정청이 수리한 때 효력이 발생한다.

③ 임차권보다 선순위 저당권이 있는 주택이 경매된 경우, 임차인에게 대항력이 인정되지 않으므로 경매절차의 매수인은 임대인의 지위를 승계하지 않는다.

④ 소액임차인은 대항요건(주민등록과 인도)만 갖추면 확정일자가 없어도 최우선변제를 받을 수 있다.

⑤ 주택임차인의 우선변제권은 대지의 환가대금에도 미친다.

03 주택임대차보호법상 임차인의 계약갱신요구권에 관한 설명으로 옳은 것을 모두 고른 것은? 제32회

> ㉠ 임대차기간이 끝나기 6개월 전부터 2개월 전까지의 기간에 행사해야 한다.
> ㉡ 임대차의 조건이 동일한 경우 여러 번 행사할 수 있다.
> ㉢ 임차인이 임대인의 동의 없이 목적 주택을 전대한 경우 임대인은 계약갱신요구를 거절하지 못한다.

① ㉠   ② ㉡   ③ ㉢
④ ㉠, ㉢   ⑤ ㉡, ㉢

해설

㉡ 임차인은 1회에 한하여 계약갱신요구권을 행사할 수 있다.

㉢ 임차인이 임대인의 동의 없이 목적 주택의 전부 또는 일부를 전대한 경우 임대인은 임차인의 계약갱신요구를 거절할 수 있다.

정답 01 ② 02 ② 03 ①

04 甲은 乙의 저당권이 설정되어 있는 丙소유의 X주택을 丙으로부터 보증금 2억원에 임차하여 즉시 대항요건을 갖추고 확정일자를 받아 거주하고 있다. 그 후 丁이 X주택에 저당권을 취득한 다음 저당권실행을 위한 경매에서 戊가 X주택의 소유권을 취득하였다. 다음 설명 중 옳은 것은? (다툼이 있으면 판례에 따름)   제28회

① 乙의 저당권은 소멸한다.
② 戊가 임대인 丙의 지위를 승계한다.
③ 甲이 적법한 배당요구를 하면 乙보다 보증금 2억원에 대해 우선변제를 받는다.
④ 甲은 戊로부터 보증금을 전부 받을 때까지 임대차관계의 존속을 주장할 수 있다.
⑤ 丁이 甲보다 매각대금으로부터 우선변제를 받는다.

해설
② 매수인 戊는 경매의 목적인 권리를 취득하고 임대인의 지위를 승계하지 않는다. 乙과 丁의 저당권은 경매로 소멸하고, 후순위 임차인 甲은 매수인 戊에게 대항할 수 없다.
③ 임차인 甲은 乙의 저당권보다 후순위이므로 乙보다 우선변제를 받을 수 없다.
④ 임차인 甲은 말소기준권리인 乙의 저당권보다 후순위이므로 매수인 戊에게 대항할 수 없다. 따라서 甲은 戊에게 임대차관계의 존속을 주장할 수 없고 X주택을 戊에게 인도하여야 한다.
⑤ 乙이 1순위, 甲이 2순위, 丁이 3순위이므로, 丁은 甲보다 우선변제를 받을 수 없다.

05 乙은 甲소유의 X주택에 대하여 보증금 3억원으로 하는 임대차계약을 甲과 체결한 다음 즉시 대항요건을 갖추고 확정일자를 받아 현재 거주하고 있다. 다음 설명 중 옳은 것은?   제29회

① 묵시적 갱신으로 인한 임대차계약의 존속기간은 2년이다.
② 임대차기간을 1년으로 약정한 경우, 乙은 그 기간이 유효함을 주장할 수 없다.
③ 임대차계약이 묵시적으로 갱신된 경우, 甲은 언제든지 乙에게 계약해지를 통지할 수 있다.
④ 乙은 임대차가 끝나기 전에 X주택의 소재지를 관할하는 법원에 임차권등기명령을 신청할 수 있다.
⑤ 임대차기간이 만료하기 전에 甲이 丙에게 X주택을 매도하고 소유권이전등기를 마친 경우, 乙은 丙에게 임차권을 주장할 수 없다.

해설

① 묵시적 갱신으로 인한 임대차계약의 존속기간은 2년이다(제6조 제2항).

② 임대차기간을 1년으로 약정한 경우, 乙은 그 기간이 유효함을 주장할 수 있다.

③ 임대차계약이 묵시적으로 갱신된 경우, 乙은 언제든지 甲에게 계약해지를 통지할 수 있다.

④ 乙은 임대차가 종료한 후 보증금을 지급받지 못하였을 때 법원에 임차권등기명령을 신청할 수 있다.

⑤ 임대차기간이 만료하기 전에 甲이 丙에게 X주택을 매도하고 소유권이전등기를 마친 경우, 대항력을 갖춘 乙은 丙에게 임차권을 주장할 수 있다.

06 甲이 그 소유의 X주택에 거주하려는 乙과 존속기간 1년의 임대차계약을 체결한 경우에 관한 설명으로 틀린 것은? 제30회

① 乙은 2년의 임대차 존속기간을 주장할 수 있다.

② 乙은 1년의 존속기간이 유효함을 주장할 수 있다.

③ 乙이 2기의 차임액에 달하도록 차임을 연체한 경우, 묵시적 갱신이 인정되지 아니한다.

④ 임대차계약이 묵시적으로 갱신된 경우, 乙은 언제든지 甲에게 계약해지를 통지할 수 있다.

⑤ X주택의 경매로 인한 환가대금에서 乙이 보증금을 우선변제받기 위해서 X주택을 양수인에게 인도할 필요가 없다.

해설

⑤ X주택의 경매로 인한 환가대금에서 乙이 보증금을 우선변제받기 위해서는 X주택을 양수인에게 인도할 필요가 있다.

정답 04 ① 05 ① 06 ⑤

07 甲은 乙소유의 X주택에 관하여 乙과 보증금 3억원으로 하는 임대차계약을 체결하고 2018. 3. 5. 대항요건과 확정일자를 갖추었다. 丙은 2018. 5. 6. X주택에 관하여 저당권을 취득하였고, 甲은 2020. 3. 9. X주택에 임차권등기명령의 집행에 따른 임차권등기를 마쳤다. 이에 관한 설명으로 옳은 것은? (다툼이 있으면 판례에 따름)

제31회

① 甲은 임차권등기의 비용을 乙에게 청구할 수 있다.

② 甲이 2020. 3. 10. 다른 곳으로 이사한 경우, 대항력을 잃는다.

③ **乙의 임차보증금반환의무와 甲의 임차권등기말소의무는 동시이행의 관계에 있다.**

④ 경매가 2020. 6. 9. 개시되어 X주택이 매각된 경우, 甲이 배당요구를 하지 않으면 丙보다 우선변제를 받을 수 없다.

⑤ 만약 2020. 4. 5. 丁이 X주택을 보증금 2억원에 임차하여 대항요건을 갖춘 다음 X주택이 경매된 경우, 丁은 매각대금에서 丙보다 우선변제를 받을 수 있다.

해설

② 甲은 임차권등기명령의 집행에 따른 임차권등기를 마쳤으므로, 2020. 3. 10. 다른 곳으로 이사한 경우, 대항력을 잃지 않는다.

③ 乙의 임차보증금반환의무가 甲의 임차권등기말소의무보다 선이행의무이다.

④ X주택이 경매로 매각된 경우, 甲은 임차권등기명령의 집행에 따른 임차권등기를 마쳤으므로 배당요구를 하지 않아도 丙보다 우선변제를 받을 수 있다.

⑤ 만약 2020. 4. 5. 丁이 X주택을 보증금 2억원에 임차하여 대항요건을 갖춘 다음 X주택이 경매된 경우, 丁은 매각대금에서 丙보다 우선변제를 받을 수 없다.

08 주택임차인 乙이 보증금을 지급하고 대항요건을 갖춘 후 임대인 甲이 그 주택의 소유권을 丙에게 양도하였다. 이에 관한 설명으로 틀린 것은? (다툼이 있으면 판례에 따름) 제31회

① 甲은 특별한 사정이 없는 한 보증금반환의무를 면한다.

② 임차주택 양도 전 발생한 연체차임채권은 특별한 사정이 없는 한 丙에게 승계되지 않는다.

③ **임차주택 양도 전 보증금반환채권이 가압류된 경우, 丙은 제3채무자의 지위를 승계한다.**

④ 丙이 乙에게 보증금을 반환하더라도 특별한 사정이 없는 한 甲에게 부당이득반환을 청구할 수 없다.

⑤ 만약 甲이 채권담보를 목적으로 임차주택을 丙에게 양도한 경우, 甲은 특별한 사정이 없는 한 보증금반환의무를 면한다.

> **해설**
>
> ⑤ 만약 甲이 채권담보를 목적으로 임차주택을 丙에게 양도한 경우, 이는 양도담보에 해당하여 丙이 청산금을 지급하지 않는 한 임차주택의 소유권을 취득할 수 없으므로 임차주택의 양수인에 해당하지 않는다. 따라서 甲은 특별한 사정이 없는 한 보증금반환의무를 면할 수 없다.
>
> ② 임차주택 양도 전 발생한 연체차임채권은 임대인 甲의 乙에 대한 채권이므로 특별한 사정이 없는 한 丙에게 승계되지 않는다.

정답 07 ① 08 ⑤

09 주택임대차보호법에 관한 설명으로 옳은 것을 모두 고른 것은? (다툼이 있으면 판례에 따름) 제33회

> ㉠ 다가구용 단독주택 일부의 임차인이 대항력을 취득하였다면, 후에 건축물 대장상으로 다가구용 단독주택이 다세대 주택으로 변경되었다는 사정만으로는 이미 취득한 대항력을 상실하지 않는다.
> ㉡ **우선변제권 있는 임차인은 임차주택과 별도로 그 대지만이 경매될 경우, 특별한 사정이 없는 한 그 대지의 환가대금에 대하여 우선변제권을 행사할 수 있다.**
> ㉢ 임차인이 대항력을 가진 후 그 임차주택의 소유권이 양도되어 양수인이 임차보증금반환채무를 부담하게 되었더라도, 임차인이 주민등록을 이전하면 양수인이 부담하는 임차보증금반환채무는 소멸한다.

① ㉠   ② ㉡   ③ ㉠, ㉡
④ ㉡, ㉢   ⑤ ㉠, ㉡, ㉢

해설
㉢ 주택의 임차인이 제3자에 대하여 대항력을 구비한 후에 임대주택의 소유권이 양도되어 양수인이 임차보증금반환채무를 부담하게 된 이후에 임차인이 주민등록을 다른 곳으로 옮겼다 하여 이미 발생한 임차보증금반환채무가 소멸하는 것은 아니다(대판 93다36615).

10 甲은 2023. 1. 5. 乙로부터 그 소유의 X주택을 보증금 2억원, 월 임료 50만원, 기간은 계약일로부터 1년으로 정하여 임차하는 내용의 계약을 체결하고, 당일 乙에게 보증금을 지급함과 동시에 X주택을 인도받아 주민등록을 마치고 확정일자를 받았다. 다음 중 주택임대차보호법의 적용에 관한 설명으로 틀린 것은? (다툼이 있으면 판례에 따름) 제34회

① 甲은 2023. 1. 6. 오전 영시부터 대항력을 취득한다.
② 제3자에 의해 2023. 5. 9. 경매가 개시되어 X주택이 매각된 경우, 甲은 경매절차에서 배당요구를 하지 않아도 보증금에 대해 우선변제를 받을 수 있다.
③ 乙이 X주택을 丙에게 매도하고 소유권이전등기를 마친 경우, 乙은 특별한 사정이 없는 한 보증금반환의무를 면한다.
④ 甲이 2기의 차임액에 달하는 차임을 연체하면 묵시적 갱신이 인정되지 않는다.
⑤ 묵시적 갱신이 된 경우, 갱신된 임대차계약의 존속기간은 2년이다.

해설

② 보증금반환채권은 경매절차에서 원칙적으로 배당요구채권이므로, 우선변제권이 있는 임차인이라도 배당요구를 하지 않으면 우선변제를 받을 수 없다(대판).

11 甲은 자신의 X주택을 보증금 2억원, 월차임 50만원으로 乙에게 임대하였는데, 乙이 전입신고 후 X주택을 점유·사용하면서 차임을 연체하다가 계약이 종료되었다. 계약 종료 전에 X주택의 소유권이 매매를 원인으로 丙에게 이전되었다. 다음 설명 중 틀린 것은? (다툼이 있으면 판례에 따름) 제35회

① 특별한 사정이 없는 한 丙이 임대인의 지위를 승계한 것으로 본다.

② 연체차임에 대한 지연손해금의 발생종기는 특별한 사정이 없는 한 X주택이 반환되는 때이다.

③ 丙은 甲의 차임채권을 양수하지 않았다면 X주택을 반환받을 때 보증금에서 이를 공제할 수 없다.

④ X주택을 반환할 때까지 잔존하는 甲의 차임채권은 압류가 되었더라도 보증금에서 당연히 공제된다.

⑤ X주택을 반환하지 않으면, 특별한 사정이 없는 한 乙은 보증금이 있음을 이유로 연체차임의 지급을 거절할 수 없다.

해설

③ 임대차계약에서 임대차보증금은 임대차계약 종료 후 목적물을 임대인에게 명도할 때까지 발생하는 임대차에 따른 임차인의 모든 채무를 담보한다. 따라서 이러한 채무는 임대차관계 종료 후 목적물이 반환될 때에 특별한 사정이 없는 한 별도의 의사표시 없이 보증금에서 당연히 공제된다. 임차건물의 양수인이 건물 소유권을 취득한 후 임대차관계가 종료되어 임차인에게 임대차보증금을 반환해야 하는 경우에 임대인의 지위를 승계하기 전까지 발생한 연체차임이나 관리비 등이 있으면 이는 특별한 사정이 없는 한 임대차보증금에서 당연히 공제된다(대판 2016다218874).

④ 임대보증금이 수수된 임대차계약에서 차임채권에 관하여 압류 및 추심명령이 있었다 하더라도, 당해 임대차계약이 종료되어 목적물이 반환될 때에는 그 때까지 추심되지 아니한 채 잔존하는 차임채권 상당액도 임대보증금에서 당연히 공제된다(대판 2004다56554).

12 임차인 乙은 임대인 甲에게 2024. 3. 10.로 기간이 만료되는 X주택의 임대차계약에 대해 주택임대차보호법에 따라 갱신요구 통지를 하여 그 통지가 2024. 1. 5. 甲에게 도달하였고, 甲이 갱신거절 통지를 하지 않아 계약이 갱신되었다. 그 후 乙이 갱신된 계약기간이 개시되기 전인 2024. 1. 29. 갱신된 임대차계약의 해지를 통지하여 2024. 1. 30. 甲에게 도달하였다. 임대차계약의 종료일은? (다툼이 있으면 판례에 따름) 제35회

① 2024. 1. 30.
② 2024. 3. 10.
③ 2024. 4. 30.
④ 2024. 6. 10.
⑤ 2026. 3. 10.

해설

③ 임차인이 임대차계약의 갱신을 요구하면 임대인에게 갱신거절 사유가 존재하지 않는 한 임대인에게 갱신요구가 도달한 때 갱신의 효력이 발생한다. 갱신요구에 따라 임대차계약에 갱신의 효력이 발생한 경우 임차인은 언제든지 계약의 해지통지를 할 수 있고, 해지통지 후 3개월이 지나면 그 효력이 발생하며, 이는 계약해지의 통지가 갱신된 임대차계약 기간이 개시되기 전에 임대인에게 도달하였더라도 마찬가지이다(대판 2023다258672).

01 상가건물 임대차보호법에 관한 설명으로 옳은 것은? (다툼이 있으면 판례에 의함)

제21회 변형

① 서울에 있는 상가건물을 보증금 5억원, 월세 450만원에 임차한 계약은 이 법이 전면적으로 적용된다.

② 임차기간을 2년으로 정한 임대차는 그 기간을 1년으로 보므로, 임대인은 임차기간이 1년임을 주장할 수 있다.

③ 임차인이 상가건물을 인도받고 「부가가치세법」 등에 의한 사업자등록을 신청하면 사업자등록증이 교부된 다음 날부터 제3자에 대한 대항력이 생긴다.

④ 대항력 있는 임차인이 적법하게 상가건물을 전대하여 전차인이 이를 직접점유하면서 그 명의로 「부가가치세법」 등에 의한 사업자등록을 하였다면, 임차인의 대항력이 유지된다.

⑤ 상가건물의 인도와 사업자등록의 요건을 구비한 임차인이 폐업신고를 하였다가 다시 같은 상호 및 등록번호로 사업자등록을 하였다면, 처음의 대항력이 그대로 유지된다.

해설

① 서울특별시의 경우 환산보증금이 9억원을 초과하는 상가임대차의 경우에는 이 법의 일부 규정이 적용된다.

② 임차기간을 2년으로 정한 임대차는 그 기간은 2년이 된다.

③ 사업자등록증이 교부된 다음 날이 아니라 사업자등록을 신청한 다음 날부터 제3자에 대한 대항력이 생긴다.

⑤ 상가건물의 인도와 사업자등록의 요건을 구비한 임차인이 폐업신고를 하였다가 다시 같은 상호 및 등록번호로 사업자등록을 하였더라도 처음의 대항력이 그대로 유지되지 않는다(대판).

정답 12 ③ / 01 ④

02 상가건물 임대차보호법상 임차인이 그가 주선한 신규임차인이 되려는 자로부터 권리금을 지급받는 것을 방해한 임대인에게 손해배상을 청구할 권리는 "임대차가 종료한 날부터 (   ) 이내에 행사하지 않으면 시효의 완성으로 소멸한다." 빈 칸에 들어갈 기간은? 제26회

① 6개월   ② 1년   ③ 2년
④ 3년   ⑤ 5년

해설
④ 상가건물 임대차보호법 제10조의4 제4항

03 상가건물 임대차보호법의 내용으로 옳은 것은? 제27회

① 임차인이 대항력을 갖추기 위해서는 임대차계약서상의 확정일자를 받아야 한다.
② 사업자등록의 대상이 되지 않는 건물에 대해서는 위 법이 적용되지 않는다.
③ 기간을 정하지 아니하거나 기간을 2년 미만으로 정한 임대차는 그 기간을 2년으로 본다.
④ 전차인의 차임연체액이 2기의 차임액에 달하는 경우, 전대인은 전대차계약을 해지할 수 있다.
⑤ 권리금회수의 방해로 인한 임차인의 임대인에 대한 손해배상청구권은 그 방해가 있는 날로부터 3년 이내에 행사하지 않으면 시효의 완성으로 소멸한다.

해설
① 확정일자는 대항요건에 해당하지 않는다.
③ 동법의 최단기간은 1년이다.
④ 차임연체액이 '3기'의 차임액에 달하여야 해지할 수 있다.
⑤ '임대차가 종료한 날'부터 3년 이내에 행사하지 않으면 시효의 완성으로 소멸한다.

04 甲이 2022. 5. 10. 乙소유의 X상가건물을 乙로부터 보증금 6억원, 월차임 400만원에 임차하여 상가건물 임대차보호법상의 대항요건을 갖추고 영업하고 있다. 다음 설명 중 틀린 것은? 제28회 변형

① 甲의 계약갱신요구권은 최초의 임대차기간을 포함한 전체 임대차기간이 10년을 초과하지 아니하는 범위에서만 행사할 수 있다.

② 甲과 乙사이에 임대차기간을 6개월로 정한 경우, 乙은 그 기간이 유효함을 주장할 수 있다.

③ 甲의 계약갱신요구권에 따라 갱신되는 임대차는 전 임대차와 동일한 조건으로 다시 계약된 것으로 본다.

④ 임대차종료 후 보증금이 반환되지 않은 경우, 甲은 X건물의 소재지 관할법원에 임차권등기명령을 신청할 수 없다.

⑤ **X건물이 경매로 매각된 경우, 甲은 특별한 사정이 없는 한 보증금에 대해 일반채권자보다 우선하여 변제받을 수 있다.**

해설

⑤ 서울특별시의 경우, 환산보증금이 9억원을 초과하는 상가임대차의 경우, 대항력은 인정되지만 우선변제권은 인정되지 않는다. 따라서 X건물이 경매로 매각된 경우, 甲은 특별한 사정이 없는 한 보증금에 대해 일반채권자보다 우선하여 변제받을 수 없다.

①③ 서울특별시의 경우, 환산보증금이 9억원을 초과하는 상가임대차의 경우에도 계약갱신요구권이 인정된다.

② 서울특별시의 경우, 환산보증금이 9억원을 초과하는 상가임대차의 경우에는 최단기간 1년이 보장되지 않는다. 따라서 甲과 乙사이에 임대차기간을 6개월로 정한 경우, 약정기간인 6개월이 유효하므로 甲, 乙 모두 그 기간이 유효함을 주장할 수 있다.

④ 서울특별시의 경우, 환산보증금이 9억원을 초과하는 상가임대차의 경우에는 임차권등기명령 규정이 인정되지 않는다.

정답 02 ④ 03 ② 04 ⑤

05 상가건물 임대차보호법에 관한 설명으로 옳은 것은? 제30회

① 임대차계약을 체결하려는 자는 임대인의 동의 없이도 관할 세무서장에게 해당 상가건물의 임대차에 관한 정보제공을 요구할 수 있다.

② 임차인이 임차한 건물을 중대한 과실로 전부 파손한 경우, 임대인은 권리금회수의 기회를 보장할 필요가 없다.

③ 임차인은 임대인에게 계약갱신을 요구할 수 있으나 전체 임대차기간이 7년을 초과해서는 안된다.

④ 임대차가 종료한 후 보증금이 반환되지 않은 때에는 임차인은 관할 세무서에 임차권등기명령을 신청할 수 있다.

⑤ 임대차계약이 묵시적으로 갱신된 경우, 임차인의 계약해지의 통고가 있으면 즉시 해지의 효력이 발생한다.

해설

② 제10조의4 제1항 단서

① 임대차계약을 체결하려는 자는 임대인의 동의가 있어야 관할 세무서장에게 해당 상가건물의 임대차에 관한 정보제공을 요구할 수 있다.

③ 임차인은 임대인에게 계약갱신을 요구할 수 있으나 전체 임대차기간이 10년을 초과해서는 안된다.

④ 임대차가 종료한 후 보증금이 반환되지 않은 때에는 임차인은 임차건물의 소재지를 관할하는 지방법원, 지방법원지원 또는 시·군법원에 임차권등기명령을 신청할 수 있다. 임차권등기명령을 신청할 수 있다.

⑤ 임대차계약이 묵시적으로 갱신된 경우, 임차인의 계약해지의 통고가 있으면 임대인이 통고를 받은 날로부터 3개월이 지나면 해지의 효력이 발생한다.

06 乙은 甲소유의 X상가건물을 甲으로부터 임차하고 인도 및 사업자등록을 마쳤다. 乙의 임대차가 제3자에 대하여 효력이 있는 경우를 모두 고른 것은? (다툼이 있으면 판례에 따름) 제31회

> ㉠ 乙이 폐업한 경우
> ㉡ 乙이 폐업신고를 한 후에 다시 같은 상호 및 등록번호로 사업자등록을 한 경우
> ㉢ 丙이 乙로부터 X건물을 적법하게 전차하여 직접 점유하면서 丙명의로 사업자등록을 하고 사업을 운영하는 경우

① ㉠   ② ㉢   ③ ㉠, ㉡

④ ㉡, ㉢   ⑤ ㉠, ㉡, ㉢

해설
ⓛ 사업자등록은 대항력 또는 우선변제권의 취득요건일 뿐만 아니라 존속요건이기도 하므로, 상가건물을 임차하고 사업자등록을 마친 사업자가 폐업한 경우에는 기존의 대항력은 이미 소멸하였고, 다시 같은 상호 및 등록번호로 사업자등록을 하면 새로운 대항력이 생긴다.
ⓒ 상가건물을 임차하고 사업자등록을 마친 사업자가 임차 건물의 전대차 등으로 당해 사업을 개시하지 않거나 사실상 폐업한 경우, 임차인이 상가건물 임대차보호법상의 대항력 및 우선변제권을 유지하기 위해서는 건물을 직접 점유하면서 사업을 운영하는 전차인이 그 명의로 사업자등록을 하여야 한다(대판).
ⓖ 乙이 폐업하면 제3자에 대한 대항력이 상실된다.

07 甲은 2021년 2월 1일 서울특별시에 위치한 乙 소유 X상가건물에 대하여 보증금 5억원, 월차임 5백만원으로 임대차계약을 체결하였다. 甲은 2021년 2월 15일 건물의 인도를 받아 영업을 개시하고, 사업자등록을 신청하였다. 이에 관한 설명으로 옳은 것을 모두 고른 것은? (다툼이 있으면 판례에 따름) 제32회

> ㉠ 위 계약에는 확정일자 부여 등에 대해 규정하고 있는 「상가건물 임대차보호법」 제4조의 규정이 적용된다.
> ㉡ 甲이 임차건물의 일부를 중과실로 파손한 경우 계약갱신을 요구할 수 있다.
> ㉢ 甲이 2개월분의 차임을 연체하던 중 매매로 건물의 소유자가 丙으로 바뀐 경우, 특별한 사정이 없는 한 연체차임은 乙에게 지급해야 한다.

① ㉠   ② ㉡   ③ ㉢
④ ㉠, ㉡   ⑤ ㉠, ㉢

해설 전항정답(옳은 지문 : ㉡, ㉢)
㉠ 서울특별시에서 환산보증금이 9억원을 초과하는 위 계약에는 확정일자 부여 등에 대해 규정하고 있는 「상가건물 임대차보호법」 제4조의 규정이 적용되지 않는다.

정답 05 ② 06 ②④ 07 **전항정답**

08 乙은 식당을 운영하기 위해 2023. 5. 1. 甲으로부터 그 소유의 서울특별시 소재 X 상가건물을 보증금 10억원, 월 임료 100만원, 기간은 정함이 없는 것으로 하여 임차하는 상가임대차계약을 체결하였다. 상가건물 임대차보호법상 乙의 주장이 인정되는 것을 모두 고른 것은? (다툼이 있으면 판례에 따름) 제34회

> ㉠ X상가건물을 인도받고 사업자등록을 마친 乙이 대항력을 주장하는 경우
> ㉡ 乙이 甲에게 1년의 존속기간을 주장하는 경우
> ㉢ 乙이 甲에게 계약갱신요구권을 주장하는 경우

① ㉠ ② ㉢ ③ ㉠, ㉡
④ ㉡, ㉢ ⑤ ㉠, ㉡, ㉢

해설

㉡ 서울특별시에서 보증금이 9억원을 초과하는 임차인에게는 상가임대차의 최단존속기간 규정(제9조)이 적용되지 않는다.

㉢ 상가건물 임대차보호법(이하 '상가임대차법'이라고 한다)에서 기간을 정하지 않은 임대차는 그 기간을 1년으로 간주하지만(제9조 제1항), 대통령령으로 정한 보증금액을 초과하는 임대차는 위 규정이 적용되지 않으므로, 원래의 상태 그대로 기간을 정하지 않은 것이 되어 민법의 적용을 받는다. 민법 제635조에 따라 이러한 임대차는 임대인이 언제든지 해지를 통고할 수 있고 임차인이 통고를 받은 날로부터 6개월이 지남으로써 효력이 생기므로, 임대차기간이 정해져 있음을 전제로 기간 만료 6개월 전부터 1개월 전까지 사이에 행사하도록 규정된 임차인의 계약갱신요구권은 발생할 여지가 없다(대판 2021다233730).

09 임차인 乙은 甲소유의 X상가건물에 관하여 월차임 200만원, 기간 2023. 5. 24. ~ 2024. 5. 23.로 하는 임대차계약을 甲과 체결하였고, 기간만료 14일 전인 2024. 5. 9. 갱신거절의 통지를 하여 다음날 甲에게 도달하였다. 임대차계약의 종료일은? (다툼이 있으면 판례에 따름) 제35회

① 2024. 5. 10.

② 2024. 5. 23.

③ 2024. 8. 23.

④ 2024. 11. 23.

⑤ 2025. 5. 23.

해설

② 상가의 임차인이 임대차기간 만료 1개월 전부터 만료일 사이에 갱신거절의 통지를 한 경우, 임대차계약의 묵시적 갱신이 인정되지 않고 임대차기간의 만료일에 종료한다고 보아야 한다. 그 이유는 다음과 같다. 상가건물 임대차보호법(이하 '상가임대차법'이라 한다) 제10조 제1항은 "임대인은 임차인이 임대차기간이 만료되기 6개월 전부터 1개월 전까지 사이에 계약갱신을 요구할 경우 정당한 사유 없이 거절하지 못한다."라고 정하여 임차인의 계약갱신 요구권을 인정할 뿐이고, 임차인이 갱신거절의 통지를 할 수 있는 기간은 제한하지 않았다. 상가임대차법 제10조 제4항은 "임대인이 임대차기간이 만료되기 6개월 전부터 1개월 전까지 임차인에게 갱신거절의 통지 또는 조건변경의 통지를 하지 아니한 경우에는 그 기간이 만료된 때에 전 임대차와 동일한 조건으로 다시 임대차한 것으로 본다."라고 정하여 묵시적 갱신을 규정하면서 임대인의 갱신거절 또는 조건변경의 통지기간을 제한하였을 뿐, 주택임대차보호법 제6조 제1항 후문과 달리 상가의 임차인에 대하여는 기간의 제한을 두지 않았다. 상가임대차법에 임차인의 갱신거절 통지기간에 대하여 명시적인 규정이 없는 이상 원칙으로 돌아가 임차인의 갱신거절 통지기간은 제한이 없다고 보아야 한다(대판 2023다307024).

10 상가건물 임대차보호법이 적용되는 X건물에 관하여 임대인 甲과 임차인 乙이 보증금 3억원, 월차임 60만원으로 정하여 체결한 임대차가 기간만료로 종료되었다. 그런데 甲이 乙에게 보증금을 반환하지 않아서 乙이 현재 X건물을 점유·사용하고 있다. 다음 설명 중 옳은 것은? (다툼이 있으면 판례에 따름)   제35회

① 甲은 乙에게 불법행위로 인한 손해배상을 청구할 수 있다.
② 乙은 甲에 대해 채무불이행으로 인한 손해배상의무를 진다.
③ 甲은 乙에게 차임에 상당하는 부당이득반환을 청구할 수 있다.
④ 甲은 乙에게 종전 임대차계약에서 정한 차임의 지급을 청구할 수 있다.
⑤ 乙은 보증금을 반환받을 때까지 X건물에 대해 유치권을 행사할 수 있다.

> **해설**
>
> ③④ 상가건물 임대차에서 기간만료나 당사자의 합의 등으로 임대차가 종료된 경우에도 상가건물 임대차보호법(이하 '상가임대차법'이라고 한다) 제9조 제2항에 의하여 임차인은 보증금을 반환받을 때까지 임대차관계가 존속하는 것으로 의제된다. 따라서 상가임대차법이 적용되는 임대차가 기간만료나 당사자의 합의, 해지 등으로 종료된 경우 보증금을 반환받을 때까지 임차 목적물을 계속 점유하면서 사용·수익한 임차인은 '종전 임대차계약에서 정한 차임을 지급할 의무'를 부담할 뿐이고, '시가에 따른 차임에 상응하는 부당이득금을 지급할 의무'를 부담하는 것은 아니다(대판 2023다257600).
>
> ①② 甲이 乙에게 보증금을 반환하지 않아서 乙이 현재 X건물을 점유·사용하고 있으므로 乙의 점유는 불법점유가 아니다. 따라서 甲은 乙에게 불법행위로 인한 손해배상을 청구할 수 없고, 乙은 甲에 대해 채무불이행으로 인한 손해배상의무를 지지 않는다.
>
> ⑤ 보증금반환채권은 물건에 관하여 생긴 채권이 아니므로 유치권을 행사할 수 있는 피담보채권에 해당하지 않는다. 따라서 乙은 보증금을 반환받을 때까지 X건물에 대해 동시이행의 항변권을 행사할 수 있으나 유치권을 행사할 수 없다.

Chapter 03 가등기담보 등에 관한 법률

01 가등기담보 등에 관한 법률이 원칙적으로 적용되는 것은? (단, 이자는 고려하지 않으며, 다툼이 있으면 판례에 따름) 제34회

① 1억원을 차용하면서 부동산에 관하여 가등기나 소유권이전등기를 하지 않은 경우

② 매매대금채무 1억원의 담보로 2억원 상당의 부동산 소유권이전등기를 한 경우

③ 차용금채무 1억원의 담보로 2억원 상당의 부동산에 대해 대물변제예약을 하고 가등기 한 경우

④ 차용금채무 3억원의 담보로 이미 2억원의 다른 채무에 대한 저당권이 설정된 4억원 상당의 부동산에 대해 대물변제예약을 하고 가등기한 경우

⑤ 1억원을 차용하면서 2억원 상당의 그림을 양도담보로 제공한 경우

해설

①⑤ 등기 또는 등록이 되지 않으면 가등기담보법이 적용되지 않는다.

② 매매대금에는 가등기담보법이 적용되지 않는다.

④ 재산권 이전의 예약 당시 재산에 대하여 선순위 근저당권이 설정되어 있는 경우에는 재산의 가액에서 피담보채무액을 공제한 나머지 가액이 차용액 및 이에 붙인 이자의 합산액을 초과하는 경우에만 적용된다(대판). 따라서 이미 2억원의 다른 채무에 대한 저당권이 설정된 4억원 상당의 부동산에 대해 대물변제예약을 하고 가등기한 경우에는 예약 당시 부동산목적물의 가액이 피담보채무액에 미치지 못하므로 가등기담보법이 적용되지 않는다.

02 가등기담보 등에 관한 법률에 관한 설명으로 옳은 것은? (다툼이 있으면 판례에 따름)
제26회

① 공사대금채무를 담보하기 위한 가등기에도 「가등기담보등에 관한 법률」이 적용된다.

② 청산금을 지급할 필요 없이 청산절차가 종료한 경우, 그 때부터 담보목적물의 과실수취권은 채권자에게 귀속한다.

③ 가등기담보의 채무자는 귀속정산과 처분정산 중 하나를 선택할 수 있다.

④ 가등기담보의 채무자의 채무변제와 가등기 말소는 동시이행관계에 있다.

⑤ 담보가등기 후의 저당권자는 청산기간 내라도 저당권의 피담보채권의 변제기 도래 전에는 담보목적 부동산의 경매를 청구할 수 없다.

해설

② 청산절차 종료 전에는 담보설정자에게 사용수익권이 있고, 청산절차가 종료되면 채권자에게 사용수익권이 귀속된다.

① 「가등기담보 등에 관한 법률」은 '소비대차채권'을 담보하기 위해 가등기한 경우에만 적용된다.

③ '채무자'가 아니라 '채권자'에게 선택권이 있다.

④ 변제의무와 담보권말소의무의 경우, 변제의무가 선이행의무이다.

⑤ 후순위권리자는 청산기간 내라면 자기 채권의 변제기 도래 전이라도 경매를 신청할 수 있다 (제5조).

03 가등기담보 등에 관한 법률의 설명으로 옳은 것은? (다툼이 있으면 판례에 따름)
제30회

① 가등기가 담보가등기인지, 청구권보전을 위한 가등기인지의 여부는 등기부상 표시를 보고 결정한다.

② 채권자가 담보권실행을 통지함에 있어서, 청산금이 없다고 인정되면 통지의 상대방에게 그 뜻을 통지하지 않아도 된다.

③ 청산금은 담보권실행의 통지 당시 담보목적부동산의 가액에서 피담보채권액을 뺀 금액이며, 그 부동산에 선순위담보권이 있으면 위 피담보채권액에 선순위담보로 담보한 채권액을 포함시킨다.

④ 통지한 청산금액이 객관적으로 정확하게 계산된 액수와 맞지 않으면, 채권자는 정확하게 계산된 금액을 다시 통지해야 한다.

⑤ 채권자가 채무자에게 담보권실행을 통지하고 난 후부터는 담보목적물에 대한 과실수취권은 채권자에게 귀속한다.

해설

① 가등기가 담보가등기인지 여부는 그 등기부상 표시나 등기시에 주고 받은 서류의 종류에 의하여 형식적으로 결정될 것이 아니고 거래의 실질과 당사자의 의사해석에 따라 결정될 문제라고 할 것이다(대판 91다36932).

② 채권자가 담보권실행을 통지함에 있어서, 청산금이 없다고 인정되더라도 통지의 상대방에게 그 뜻을 통지하여야 한다.

④ 통지한 청산금액이 객관적으로 정확하게 계산된 액수와 맞지 않아도 실행통지로서의 효력이 있다.

⑤ 채권자가 채무자에게 청산금을 지급하고 난 후부터는 담보목적물에 대한 과실수취권은 채권자에게 귀속한다.

04 가등기담보 등에 관한 법률에 관한 설명으로 틀린 것은? (다툼이 있으면 판례에 따름)

제32회

① 담보가등기를 마친 부동산에 대하여 강제경매가 된 경우 담보가등기권리는 그 부동산의 매각에 의해 소멸한다.

② 가등기의 피담보채권은 당사자의 약정과 관계없이 가등기의 원인증서인 매매예약서상의 매매대금의 한도로 제한된다.

③ 채무자가 청산기간이 지나기 전에 한 청산금에 관한 권리의 양도는 이로써 후순위권리자에게 대항하지 못한다.

④ 가등기가 담보가등기인지 여부는 거래의 실질과 당사자의 의사해석에 따라 결정된다.

⑤ 가등기담보부동산의 예약 당시 시가가 그 피담보채무액에 미달하는 경우에는 청산금평가액의 통지를 할 필요가 없다.

해설

② 가등기의 원인증서인 매매예약서상의 매매대금은 가등기절차의 편의상 기재하는 것에 불과하고 가등기의 피담보채권이 그 한도로 제한되는 것은 아니며 피담보채권의 범위는 당사자의 약정 내용에 따라 결정된다(대판).

정답 02 ② 03 ③ 04 ②

05 가등기담보 등에 관한 법률이 적용되는 가등기담보에 관한 설명으로 옳은 것은? (다툼이 있으면 판례에 따름) 제33회

① 채무자가 아닌 제3자는 가등기담보권의 설정자가 될 수 없다.

② 귀속청산에서 변제기 후 청산금의 평가액을 채무자에게 통지한 경우, 채권자는 그가 통지한 청산금의 금액에 관하여 다툴 수 있다.

③ **공사대금채권을 담보하기 위하여 담보가등기를 한 경우, 가등기담보 등에 관한 법률이 적용된다.**

④ 가등기담보권자는 특별한 사정이 없는 한 가등기담보권을 그 피담보채권과 함께 제3자에게 양도할 수 있다.

⑤ 가등기담보권자는 담보목적물에 대한 경매를 청구할 수 없다.

> **해설**
> ① 채무자가 아닌 제3자도 가등기담보권의 설정자가 될 수 있다(물상보증인).
> ② 채권자는 청산절차에 따라 그가 통지한 청산금의 금액에 관하여 다툴 수 없다.
> ③ 공사대금채권에 대해서는 가등기담보법이 적용되지 않는다.
> ⑤ 가등기담보권자는 담보목적물에 대한 경매를 청구할 수 있다.

06 甲은 乙에게 빌려준 1,000만원을 담보하기 위해 乙소유의 X토지(시가 1억원)에 가등기를 마친 다음, 丙이 X토지에 대해 저당권을 취득하였다. 다음 설명 중 옳은 것은? (다툼이 있으면 판례에 따름) 제28회

① 乙의 채무변제의무와 甲의 가등기말소의무는 동시이행의 관계에 있다.

② 甲이 청산기간이 지나기 전에 가등기에 의한 본등기를 마치면 그 본등기는 무효이다.

③ 乙이 청산기간이 지나기 전에 한 청산금에 관한 권리의 양도는 이로써 丙에게 대항할 수 있다.

④ 丙은 청산기간이 지나면 그의 피담보채권 변제기가 도래하기 전이라도 X토지의 경매를 청구할 수 있다.

⑤ **甲의 가등기담보권 실행을 위한 경매절차에서 X토지의 소유권을 丁이 취득한 경우, 甲의 가등기담보권은 소멸하지 않는다.**

> **해설**
> ① 피담보채무의 변제의무는 담보가등기의 말소의무(저당권등기 말소의무 등)보다 먼저 이행하여야 할 의무이며 동시이행관계가 아니다.
> ③ 채무자가 청산기간이 지나기 전에 청산금에 관한 권리를 양도하거나 처분한 경우 후순위 권리자에게 대항하지 못한다.

④ 후순위권리자는 청산기간 내에는 자기 채권의 변제기가 도래하기 전이라도 목적부동산에 대해 경매청구를 할 수 있다(제12조 제3항).

⑤ 경매의 경우, 담보가등기는 선순위이든 후순위이든 모두 소멸한다.

07 乙은 甲으로부터 1억원을 빌리면서 자신의 X토지(시가 3억원)를 양도담보로 제공하고 甲명의로 소유권 이전등기를 마쳤다. 그 후 丙은 X토지를 사용·수익하던 乙과 임대차계약을 맺고 그 토지를 인도받아 사용하고 있다. 다음 설명 중 틀린 것은? (다툼이 있으면 판례에 따름)   제29회

① 甲은 피담보채권의 변제기 전에도 丙에게 임료 상당을 부당이득으로 반환 청구할 수 있다.

② 甲은 특별한 사정이 없는 한 담보권실행을 위하여 丙에게 X토지의 인도를 청구할 수 있다.

③ 乙이 피담보채무의 이행지체에 빠졌을 경우, 甲은 丙에게 소유권에 기하여 X토지의 인도를 청구할 수 없다.

④ 甲이 乙에게 청산금을 지급함으로써 소유권을 취득하면 甲의 양도담보권은 소멸한다.

⑤ 만약 甲이 선의의 丁에게 X토지를 매도하고 소유권이전등기를 마친 경우, 乙은 丁에게 소유권이전등기의 말소를 청구할 수 없다.

해설

① 일반적으로 부동산을 채권담보의 목적으로 양도한 경우 특별한 사정이 없는 한 목적부동산에 대한 사용수익권은 채무자인 양도담보설정자에게 있으므로, 양도담보권자는 사용수익할 수 있는 정당한 권한이 있는 채무자나 채무자로부터 그 사용수익할 수 있는 권한을 승계한 자에 대하여는 사용수익을 하지 못한 것을 이유로 임료 상당의 손해배상이나 부당이득반환청구를 할 수 없다(대판 2007다37394·37400).

②③ 채권담보를 위하여 소유권이전등기를 경료한 양도담보권자는 채무자가 변제기를 도과하여 피담보채무의 이행지체에 빠졌을 때에는 담보계약에 의하여 취득한 목적 부동산의 처분권을 행사하기 위한 환가절차의 일환으로서 즉, "담보권의 실행으로서" 채무자에 대하여 그 목적 부동산의 인도를 구할 수 있고 제3자가 채무자로부터 적법하게 목적 부동산의 점유를 이전받아 있는 경우에는 그 목적 부동산의 인도청구를 할 수도 있다 할 것이나 직접 "소유권에 기하여" 그 인도를 구할 수는 없다(대판 91다21770).

④ 甲이 乙에게 청산금을 지급함으로써 소유권을 취득하면 甲의 양도담보권은 혼동으로 소멸한다.

⑤ 만약 甲이 선의의 丁에게 X토지를 매도하고 소유권이전등기를 마친 경우, 선의의 丁은 보호되므로(제11조) 乙은 丁에게 소유권이전등기의 말소를 청구할 수 없다.

정답 05 ④ 06 ② 07 ①

08 乙은 甲에 대한 1억원의 차용금채무를 담보하기 위해 자신의 X건물(시가 2억원)에 관하여 甲명의로 소유권이전등기를 마쳤다. 이에 관한 설명으로 옳은 것은? (다툼이 있으면 판례에 따름) 제31회

① 甲은 X건물의 화재로 乙이 취득한 화재보험금청구권에 대하여 물상대위권을 행사할 수 없다.

② 甲은 乙로부터 X건물을 임차하여 사용하고 있는 丙에게 소유권에 기하여 그 반환을 청구할 수 있다.

③ 甲은 담보권실행으로서 乙로부터 임차하여 X건물을 점유하고 있는 丙에게 그 인도를 청구할 수 있다.

④ 甲은 乙로부터 X건물을 임차하여 사용하고 있는 丙에게 임료 상당의 부당이득반환을 청구할 수 있다.

⑤ 甲이 X건물을 선의의 丁에게 소유권이전등기를 해 준 경우, 乙은 丁에게 소유권이전등기말소를 청구할 수 있다.

해설

②③ 채권담보를 위하여 소유권이전등기를 경료한 양도담보권자는 채무자가 변제기를 도과하여 피담보채무의 이행지체에 빠졌을 때에는 담보계약에 의하여 취득한 목적 부동산의 처분권을 행사하기 위한 환가절차의 일환으로서 즉, "담보권의 실행으로서" 채무자에 대하여 그 목적 부동산의 인도를 구할 수 있고 제3자가 채무자로부터 적법하게 목적 부동산의 점유를 이전받아 있는 경우에는 그 목적 부동산의 인도청구를 할 수도 있다 할 것이나 직접 "소유권에 기하여" 그 인도를 구할 수는 없다(대판 91다21770).

① 양도담보권은 저당권과 마찬가지로 물상대위성이 인정된다.

④ 일반적으로 부동산을 채권담보의 목적으로 양도한 경우 특별한 사정이 없는 한 목적부동산에 대한 사용수익권은 채무자인 양도담보설정자에게 있으므로, 양도담보권자는 사용수익할 수 있는 정당한 권한이 있는 채무자나 채무자로부터 그 사용수익할 수 있는 권한을 승계한 자에 대하여는 사용수익을 하지 못한 것을 이유로 임료 상당의 손해배상이나 부당이득반환청구를 할 수 없다(대판 2007다37394·37400).

⑤ 청산절차를 종료하지 못한 채권자 甲이 제3자에게 처분한 경우 선의의 제3자는 보호되므로, 乙은 선의의 丁에게 등기말소를 청구할 수 없다(제11조).

09 甲은 乙에게 무이자로 빌려준 1억원을 담보하기 위해, 丙명의의 저당권(피담보채권 5,000만원)이 설정된 乙소유의 X건물(시가 2억원)에 관하여 담보가등기를 마쳤고, 乙은 변제기가 도래한 甲에 대한 차용금을 지급하지 않고 있다. 다음 설명 중 틀린 것은? (다툼이 있으면 판례에 따름)   제35회

① 甲이 귀속정산절차에 따라 적법하게 X건물의 소유권을 취득하면 丙의 저당권은 소멸한다.

② 甲이 乙에게 청산금을 지급하지 않고 자신의 명의로 본등기를 마친 경우, 그 등기는 무효이다.

③ 甲의 청산금지급채무와 乙의 가등기에 기한 본등기 및 X건물 인도채무는 동시이행관계에 있다.

④ **경매절차에서 丁이 X건물의 소유권을 취득하면 특별한 사정이 없는 한 甲의 가등기담보권은 소멸한다.**

⑤ 만약 청산금이 없는 경우, 적법하게 실행통지를 하여 2개월의 청산기간이 지나면 청산절차의 종료와 함께 X건물에 대한 사용 · 수익권은 甲에게 귀속된다.

해설

① 甲이 X건물의 소유권을 취득하더라도 선순위저당권인 丙의 저당권은 소멸하지 않는다.

집합건물의 소유 및 관리에 관한 법률

01 집합건물의 소유 및 관리에 관한 법령상 집합건물에 관한 설명으로 틀린 것은?

(다툼이 있으면 판례에 따름) 제26회

① 집합건축물대장에 등록되지 않더라도 구분소유가 성립할 수 있다.

② 공용부분의 사용과 비용부담은 전유부분의 지분비율에 따른다.

③ 집합건물의 공용부분은 시효취득의 대상이 될 수 없다.

④ 관리인 선임 여부와 관계 없이 공유자는 단독으로 공용부분에 대한 보존행위를 할 수 있다.

⑤ 구분소유자는 규약 또는 공정증서로써 달리 정하지 않는 한 그가 가지는 전유부분과 분리하여 대지사용권을 처분할 수 없다.

해설

② 각 공유자는 공용부분을 전유부분의 지분비율이 아니라 '그 용도에 따라' 사용할 수 있다(제11조).

02 집합건물의 소유 및 관리에 관한 법률의 설명으로 틀린 것은? 제30회

① 규약 및 관리단집회의 결의는 구분소유자의 특별승계인에 대하여도 효력이 있다.

② 구분소유건물의 공용부분에 관한 물권의 득실변경은 등기가 필요하지 않다.

③ 관리인은 구분소유자가 아니더라도 무방하다.

④ 재건축 결의는 구분소유자 및 의결권의 각 5분의 4 이상의 결의에 의한다.

⑤ 재건축 결의 후 재건축 참가 여부를 서면으로 촉구받은 재건축반대자가 법정기간 내에 회답하지 않으면 재건축에 참가하겠다는 회답을 한 것으로 본다.

해설

⑤ 재건축 결의 후 재건축 참가 여부를 서면으로 촉구받은 재건축반대자가 법정기간 내에 회답하지 않으면 재건축에 참가하지 않겠다고 회답을 한 것으로 본다.

03 집합건물의 소유 및 관리에 관한 법률에 관한 설명으로 옳은 것을 모두 고른 것은?

제31회

> ㉠ 각 공유자는 공용부분을 그 용도에 따라 사용할 수 있다.
> ㉡ 전유부분에 관한 담보책임의 존속기간은 사용검사일부터 기산한다.
> ㉢ 구조상 공용부분에 관한 물권의 득실변경은 그 등기를 해야 효력이 발생한다.
> ㉣ 분양자는 원칙적으로 전유부분을 양수한 구분소유자에 대하여 담보책임을 지지 않는다.

① ㉠   ② ㉢   ③ ㉠, ㉡

④ ㉠, ㉣   ⑤ ㉡, ㉢, ㉣

해설

㉡ 전유부분에 관한 담보책임의 존속기간은 구분소유자에게 인도한 날부터 기산한다.

㉢ 구조상 공용부분에 관한 물권의 득실변경은 그 등기가 필요하지 아니하다.

㉣ 분양자는 전유부분을 양수한 구분소유자에 대하여 담보책임을 진다.

04 집합건물의 소유 및 관리에 관한 법률에 관한 설명으로 틀린 것을 모두 고른 것은? (다툼이 있으면 판례에 따름)

제32회

> ㉠ 구분건물이 객관적·물리적으로 완성되더라도 그 건물이 집합건축물대장에 등록되지 않는 한 구분소유권의 객체가 되지 못한다.
> ㉡ 집합건물구분소유권의 특별승계인이 그 구분소유권을 다시 제3자에게 이전한 경우, 관리규약에 달리 정함이 없는 한, 각 특별승계인들은 자신의 전(前)구분소유자의 공용부분에 대한 체납관리비를 지급할 책임이 있다.
> ㉢ 전유부분은 구분소유권의 목적인 건물부분을 말한다.

① ㉠   ② ㉡   ③ ㉢

④ ㉠, ㉡   ⑤ ㉡, ㉢

해설

㉠ 구분건물이 물리적으로 완성되기 전에도 건축허가신청이나 분양계약 등을 통하여 장래 신축되는 건물을 구분건물로 하겠다는 구분의사가 객관적으로 표시되면 구분행위의 존재를 인정할 수 있고, 이후 1동의 건물 및 그 구분행위에 상응하는 구분건물이 객관적·물리적으로 완성되면 아직 그 건물이 집합건축물대장에 등록되거나 구분건물로서 등기부에 등기되지 않았더라도 그 시점에서 구분소유가 성립한다(대판 전합2010다71578).

정답   01 ②   02 ⑤   03 ①   04 ①

ⓒ 구분소유권이 순차로 양도된 경우 각 특별승계인들은 이전 구분소유권자들의 채무를 중첩적으로 인수한다고 봄이 상당하므로, 현재 구분소유권을 보유하고 있는 최종 특별승계인뿐만 아니라 그 이전의 구분소유자들도 구분소유권의 보유 여부와 상관없이 공용부분에 관한 종전 구분소유자들의 체납관리비채무를 부담한다(대판).

05 집합건물의 소유 및 관리에 관한 법률상 공용부분에 관한 설명으로 옳은 것을 모두 고른 것은? (다툼이 있으면 판례에 따름) 제33회

> ㉠ 관리단집회 결의나 다른 구분소유자의 동의 없이 구분소유자 1인이 공용부분을 독점적으로 점유·사용하는 경우, 다른 구분소유자는 공용부분의 보존행위로서 그 인도를 청구할 수 있다.
> ㉡ 구분소유자 중 일부가 정당한 권원 없이 구조상 공용부분인 복도를 배타적으로 점유·사용하여 다른 구분소유자가 사용하지 못하였다면, 특별한 사정이 없는 한 이로 인하여 얻은 이익을 다른 구분소유자에게 부당이득으로 반환하여야 한다.
> ㉢ 관리단은 관리비 징수에 관한 유효한 규약이 없더라도 공용부분에 대한 관리비를 그 부담의무자인 구분소유자에게 청구할 수 있다.

① ㉠
② ㉡
③ ㉠, ㉢
④ ㉡, ㉢
⑤ ㉠, ㉡, ㉢

해설

㉠ 공유물의 소수지분권자가 다른 공유자와 협의 없이 공유물의 전부 또는 일부를 독점적으로 점유·사용하고 있는 경우 다른 소수지분권자는 공유물의 보존행위로서 그 인도를 청구할 수는 없고, 다만 자신의 지분권에 기초하여 공유물에 대한 방해 상태를 제거하거나 공동 점유를 방해하는 행위의 금지 등을 청구할 수 있다. 이러한 법리는 집합건물의 공용부분(제11조)에도 마찬가지로 적용된다. 따라서 집합건물의 구분소유자가 관리단집회 결의나 다른 구분소유자의 동의 없이 공용부분의 전부 또는 일부를 독점적으로 점유·사용하고 있는 경우 다른 구분소유자는 공용부분의 보존행위로서 그 인도를 청구할 수는 없고, 특별한 사정이 없는 한 자신의 지분권에 기초하여 공용부분에 대한 방해 상태를 제거하거나 공동 점유를 방해하는 행위의 금지 등을 청구할 수 있다(대판 2019다245822).

06 집합건물의 소유 및 관리에 관한 법률상 집합건물의 전부공용부분 및 대지사용권에 관한 설명으로 틀린 것은? (특별한 사정은 없으며, 다툼이 있으면 판례에 따름)

제34회

① 공용부분은 취득시효에 의한 소유권 취득의 대상이 될 수 없다.
② 각 공유자는 공용부분을 그 용도에 따라 사용할 수 있다.
③ 구조상 공용부분에 관한 물권의 득실변경은 등기가 필요하지 않다.
④ 구분소유자는 규약 또는 공정증서로써 달리 정하지 않는 한 그가 가지는 전유부분과 분리하여 대지사용권을 처분할 수 없다.
⑤ 대지사용권은 전유부분과 일체성을 갖게 된 후 개시된 강제경매절차에 의해 전유부분과 분리되어 처분될 수 있다.

해설

⑤ 경매절차에서 전유부분을 낙찰받은 사람은 대지사용권까지 취득하는 것이고, 규약이나 공정증서로 다르게 정하였다는 특별한 사정이 없는 한 대지사용권을 전유부분과 분리하여 처분할 수는 없으며, 이를 위반한 대지사용권의 처분은 법원의 강제경매절차에 의한 것이라 하더라도 무효이다(대판 2009다26145).

07 집합건물의 소유 및 관리에 관한 법률상 관리인에 관한 설명으로 틀린 것은? 제35회

① 관리인은 구분소유자여야 한다.
② 관리인은 공용부분의 보존행위를 할 수 있다.
③ 관리인의 임기는 2년의 범위에서 규약으로 정한다.
④ 관리인은 규약에 달리 정한 바가 없으면 관리위원회의 위원이 될 수 없다.
⑤ 관리인의 대표권은 제한할 수 있지만, 이를 선의의 제3자에게 대항할 수 없다.

해설

① 관리인은 구분소유자임을 요하지 않는다.

01 부동산 실권리자명의 등기에 관한 법률상의 명의신탁에 관한 설명으로 옳은 것을 모두 고른 것은? (다툼이 있으면 판례에 의함) 제22회

> ㉠ 탈법적인 목적이 없다면 사실혼배우자 간의 명의신탁은 허용된다.
> ㉡ 이 법에서 허용되는 상호명의신탁의 경우, 공유물분할청구의 소를 제기하여 구분소유적 공유관계를 해소할 수 없다.
> ㉢ 무효인 명의신탁약정에 기하여 타인명의의 등기가 마쳐졌다면 그것은 당연히 불법원인급여에 해당한다고 보아야 한다.
> ㉣ **명의수탁자가 제3자에게 부동산을 처분한 경우, 그 제3자는 선의·악의를 불문하고 소유권을 취득하는 것이 원칙이다.**

① ㉠, ㉡   ② ㉠, ㉣   ③ ㉡, ㉢
④ ㉡, ㉣   ⑤ ㉢, ㉣

해설

㉠ 법률혼의 경우에만 허용된다.

㉢ 명의신탁약정은 그 자체로 선량한 풍속 기타 사회질서에 위반하는 경우에 해당하지 않으므로, 무효인 명의신탁약정에 기하여 타인명의의 등기가 마쳐졌다는 이유만으로 그것이 당연히 불법원인급여에 해당한다고 볼 수 없다.

02 甲은 조세포탈·강제집행의 면탈 또는 법령상 제한의 회피를 목적으로 하지 않고, 배우자 乙과의 명의신탁약정에 따라 자신의 X토지를 乙명의로 소유권이전등기를 마쳐주었다. 다음 설명 중 틀린 것은? (다툼이 있으면 판례에 따름)　　　제28회

① 乙은 甲에 대해 X토지의 소유권을 주장할 수 없다.

② 甲이 X토지를 丙에게 매도한 경우, 이를 타인의 권리매매라고 할 수 없다.

③ 丁이 X토지를 불법점유하는 경우, 甲은 직접 丁에 대해 소유물반환청구권을 행사할 수 있다.

④ 乙로부터 X토지를 매수한 丙이 乙의 甲에 대한 배신행위에 적극가담한 경우, 乙과 丙사이의 계약은 무효이다.

⑤ 丙이 乙과의 매매계약에 따라 X토지에 대한 소유권이전등기를 마친 경우, 특별한 사정이 없는 한 丙이 X토지의 소유권을 취득한다.

해설

③ 조세포탈·강제집행의 면탈 또는 법령상 제한의 회피를 목적으로 하지 않는 배우자 간의 명의신탁은 유효하므로 대외적 소유자는 수탁자인 乙이다. 따라서 신탁자 甲은 불법점유자인 丁에 대하여 직접 소유물반환청구권을 행사할 수 없으며 '乙을 대위'하여 행사할 수 있을 뿐이다.

03 甲은 법령상의 제한을 회피하기 위해 2019. 5. 배우자 乙과 명의신탁약정을 하고 자신의 X건물을 乙명의로 소유권이전등기를 마쳤다. 이에 관한 설명으로 틀린 것은? (다툼이 있으면 판례에 따름)　　　제31회

① 甲은 소유권에 의해 乙을 상대로 소유권이전등기의 말소를 청구할 수 있다.

② 甲은 乙에게 명의신탁해지를 원인으로 소유권이전등기를 청구할 수 없다.

③ 乙이 소유권이전등기 후 X건물을 점유하는 경우, 乙의 점유는 타주점유이다.

④ 乙이 丙에게 X건물을 증여하고 소유권이전등기를 해 준 경우, 丙은 특별한 사정이 없는 한 소유권을 취득한다.

⑤ 乙이 丙에게 X건물을 적법하게 양도하였다가 다시 소유권을 취득한 경우, 甲은 乙에게 소유물반환을 청구할 수 있다.

정답　01 ④　02 ③　03 ⑤

해설

⑤ 양자간 등기명의신탁에서 명의수탁자가 신탁부동산을 처분하여 제3취득자가 유효하게 소유권을 취득하고 이로써 명의신탁자가 신탁부동산에 대한 소유권을 상실하였다면, 명의신탁자의 소유권에 기한 물권적 청구권, 즉 말소등기청구권이나 진정명의회복을 원인으로 한 이전등기청구권도 더 이상 그 존재 자체가 인정되지 않는다. 그 후 명의수탁자가 우연히 신탁부동산의 소유권을 다시 취득하였다고 하더라도 명의신탁자가 신탁부동산의 소유권을 상실한 사실에는 변함이 없으므로, 여전히 물권적 청구권은 그 존재 자체가 인정되지 않는다.

04 甲은 법령상 제한을 회피할 목적으로 2023. 5. 1. 배우자 乙과 자신 소유의 X건물에 대해 명의신탁약정을 하고, 甲으로부터 乙 앞으로 소유권이전등기를 마쳤다. 다음 설명 중 틀린 것은? (특별한 사정은 없으며, 다툼이 있으면 판례에 따름)

제34회

① 甲은 乙을 상대로 진정명의회복을 원인으로 한 소유권이전등기를 청구할 수 있다.

② 甲은 乙을 상대로 부당이득반환을 원인으로 한 소유권이전등기를 청구할 수 있다.

③ 甲은 乙을 상대로 명의신탁해지를 원인으로 한 소유권이전등기를 청구할 수 없다.

④ 乙이 丙에게 X건물을 매도하고 소유권이전등기를 해준 경우, 丙은 소유권을 취득한다.

⑤ 乙이 丙에게 X건물을 매도하고 소유권이전등기를 해준 경우, 乙은 甲에게 불법행위책임을 부담한다.

해설

② 甲과 乙이 체결한 명의신탁약정은 무효이고, 甲으로부터 乙 앞으로 이루어진 소유권이전등기도 무효이다. 따라서 乙이 얻은 부당이득이 없으므로, 甲은 乙을 상대로 '부당이득반환을 원인으로 한' 소유권이전등기를 청구할 수 없다. 다만 甲은 乙을 상대로 소유권에 기하여 진정명의회복을 원인으로 한 소유권이전등기를 청구할 수 있다.

① 甲은 乙을 상대로 무효등기의 말소를 청구하거나 진정명의회복을 원인으로 한 소유권이전등기를 청구할 수 있다.

⑤ 명의수탁자가 양자간 명의신탁에 따라 명의신탁자로부터 소유권이전등기를 넘겨받은 부동산을 임의로 처분한 행위는 명의신탁자의 소유권을 침해하는 행위로서 형사상 횡령죄의 성립 여부와 관계없이 민법상 불법행위에 해당하여 명의수탁자는 명의신탁자에게 손해배상책임을 부담한다(대판 2016다34007).

05 甲은 친구 乙과의 명의신탁약정에 따라 2024. 3. 5. 자신의 X부동산을 乙명의로 소유권이전등기를 해 주었고, 그 후 乙은 丙에게 이를 매도하고 丙명의로 소유권이전등기를 해 주었다. 다음 설명 중 옳은 것은? (다툼이 있으면 판례에 따름)

제35회

① 甲은 乙을 상대로 불법행위로 인한 손해배상을 청구할 수 있다.
② 甲과 乙의 명의신탁약정으로 인해 乙과 丙의 매매계약은 무효이다.
③ 甲은 丙을 상대로 X부동산에 관한 소유권이전등기말소를 청구할 수 있다.
④ 甲은 乙을 상대로 명의신탁약정 해지를 원인으로 하는 소유권이전등기를 청구할 수 있다.
⑤ 만약 乙이 X부동산의 소유권을 丙으로부터 다시 취득한다면, 甲은 乙을 상대로 소유권에 기하여 이전등기를 청구할 수 있다.

해설

② 乙과 丙의 매매계약은 유효하다.
③ 丙이 소유권을 취득하므로, 甲은 丙을 상대로 X부동산에 관한 소유권이전등기말소를 청구할 수 없다.
④ 명의신탁약정이 무효이므로, 甲은 乙을 상대로 명의신탁약정 해지를 원인으로 하는 소유권이전등기를 청구할 수 없다.
⑤ 양자간 등기명의신탁에서 명의수탁자가 신탁부동산을 처분하여 제3취득자가 유효하게 소유권을 취득하고 이로써 명의신탁자가 신탁부동산에 대한 소유권을 상실하였다면, 명의신탁자의 소유권에 기한 물권적 청구권, 즉 말소등기청구권이나 진정명의회복을 원인으로 한 이전등기청구권도 더 이상 그 존재 자체가 인정되지 않는다. 그 후 명의수탁자가 우연히 신탁부동산의 소유권을 다시 취득하였다고 하더라도 명의신탁자가 신탁부동산의 소유권을 상실한 사실에는 변함이 없으므로, 여전히 물권적 청구권은 그 존재 자체가 인정되지 않는다.

정답 04 ② 05 ①

06 甲은 2013년에 친구 乙과 명의신탁약정을 하고 丙소유의 X부동산을 매수하면서 丙에게 부탁하여 乙명의로 소유권이전등기를 하였다. 다음 설명 중 옳은 것은? (다툼이 있으면 판례에 의함) 제24회

① 乙이 X부동산의 소유자이다.
② 甲은 명의신탁 해지를 원인으로 乙에게 소유권이전등기를 청구할 수 있다.
③ 甲은 부당이득반환을 원인으로 乙에게 소유권이전등기를 청구할 수 있다.
④ 丙은 진정명의회복을 원인으로 乙에게 소유권이전등기를 청구할 수 있다.
⑤ 만약 甲과 乙이 사실혼 관계에 있다면 甲과 乙 사이의 명의신탁약정은 유효이다.

> **해설**
> ① 3자간 등기명의신탁에 해당하므로, 丙이 X부동산의 소유자이다.
> ②③ 甲과 乙 사이의 명의신탁약정은 무효이므로, 甲은 명의신탁 '해지'를 원인으로 乙에게 소유권이전등기를 청구할 수 없고, 부당이득반환을 원인으로 乙에게 소유권이전등기를 청구할 수 없다.
> ⑤ 법률혼 관계에 있는 경우에만 유효가 될 수 있다.

07 X부동산을 매수하고자 하는 甲은 乙과 무효인 명의신탁약정을 하고 乙명의로 소유권이전등기를 하기로 하였다. 그 후 甲은 丙에게서 그 소유의 X부동산을 매수하고 대금을 지급하였으며, 丙은 甲의 부탁에 따라 乙 앞으로 이전등기를 해 주었다. 다음 설명 중 틀린 것은? (다툼이 있으면 판례에 따름) 제30회 변형

① 甲과 乙 사이의 명의신탁약정은 무효이다.
② 甲은 乙을 상대로 부당이득반환을 원인으로 한 소유권이전등기를 구할 수 있다.
③ 甲은 丙을 상대로 소유권이전등기청구를 할 수 있다.
④ 甲은 丙을 대위하여 乙명의 등기의 말소를 구할 수 있다.
⑤ 甲과 乙 간의 명의신탁약정 사실을 알고 있는 丁이 乙로부터 X부동산을 매수하고 이전등기를 마쳤다면, 丁은 특별한 사정이 없는 한 그 부동산을 취득한다.

> **해설**
> ② 甲은 乙을 상대로 부당이득반환을 원인으로 한 소유권이전등기를 구할 수 없고, 丙을 대위하여 乙명의 등기의 말소를 구할 수 있다.

08 甲은 법령상의 제한을 피하여 乙 소유의 X부동산을 매수하고자 자신의 친구 丙과 X부동산의 매수에 관한 명의신탁약정을 체결하였다. 그에 따라 2021년 5월 丙은 乙과 X부동산 매매계약을 체결하고, 甲의 자금으로 그 대금을 지급하여 丙 명의로 등기 이전을 마쳤다. 이에 관한 설명으로 틀린 것은? (다툼이 있으면 판례에 따름)

제32회

① 甲과 丙 사이의 명의신탁약정은 무효이다.

② 乙이 매매계약 체결 당시 그 명의신탁약정이 있다는 사실을 알았다면 丙은 X부동산의 소유권을 취득할 수 없다.

③ 乙이 매매계약 체결 당시 그 명의신탁약정이 있다는 사실을 몰랐다면, 그 후 명의신탁약정 사실을 알게 되었어도 丙은 X부동산의 소유권을 취득한다.

④ 丙이 X부동산의 소유권을 취득한 경우 甲은 丙에게 제공한 X부동산의 매수 자금 상당액을 부당이득으로 반환청구할 수 있다.

⑤ X부동산의 소유권을 유효하게 취득한 丙이 명의신탁약정 외의 적법한 원인 에 의하여 甲 앞으로 X부동산에 대한 소유권이전등기를 마친다고 해도 그 소 유권이전등기는 무효이다.

해설

⑤ 명의수탁자가 사후적으로 명의신탁자와의 사이에 매수자금반환의무의 이행에 갈음하여 명 의신탁된 부동산 자체를 양도하기로 합의하고 그에 기하여 명의신탁자 앞으로 소유권이전등기 를 마쳐준 경우에는 그 소유권이전등기는 특별한 사정이 없는 한 유효하다(대판).

09 2022. 8. 16. 甲은 조세포탈의 목적으로 친구인 乙과 명의신탁약정을 맺고 乙은 이에 따라 甲으로부터 매수자금을 받아 丙 소유의 X토지를 자신의 명의로 매수하여 등기를 이전받았다. 이에 관한 설명으로 틀린 것은? (다툼이 있으면 판례에 따름)

제33회

① 甲과 乙의 명의신탁약정은 무효이다.

② 甲과 乙의 명의신탁약정이 있었다는 사실을 丙이 몰랐다면, 乙을 丙으로부터 X토지의 소유권을 승계취득한다.

③ 乙이 X토지의 소유권을 취득하더라도, 甲은 乙에 대하여 부당이득을 원인으로 X토지의 소유권이전등기를 청구할 수 없다.

④ 甲은 乙에 대해 가지는 매수자금 상당의 부당이득반환청구권에 기하여 X토지에 유치권을 행사할 수 없다.

⑤ 만일 乙이 丁에게 X토지를 양도한 경우, 丁이 명의신탁약정에 대하여 단순히 알고 있었다면, 丁은 X토지의 소유권을 취득하지 못한다.

해설

⑤ 명의신탁의 경우, 수탁자와 거래한 제3자는 원칙적으로 선의·악의를 불문하고 소유권을 취득한다. 따라서 乙이 丁에게 X토지를 양도한 경우, 丁이 명의신탁약정에 대하여 단순히 알고 있었다면, 丁은 X토지의 소유권을 취득한다.

정답 09 ⑤

MEMO

제36회 공인중개사 시험대비 **전면개정판**

2025 박문각 공인중개사
김화현 기출문제 **1차** 민법·민사특별법

초판인쇄 | 2024. 12. 15.　**초판발행** | 2024. 12. 20.　**편저** | 김화현 편저

발행인 | 박 용　**발행처** | (주)박문각출판　**등록** | 2015년 4월 29일 제2019-000137호

주소 | 06654 서울시 서초구 효령로 283 서경 B/D 4층　**팩스** | (02)584-2927

전화 | 교재 주문 (02)6466-7202, 동영상문의 (02)6466-7201

저자와의
협의하에
인지생략

정가 24,000원
ISBN 979-11-7262-461-3